「社会モデルで考える」ためのレッスン

障害者差別解消法と合理的配慮の理解と活用のために

松波めぐみ

生活書院

はじめに

「やまのこぐちゃん」をご存じでしょうか。『いやいやえん』（中川李枝子作／大村百合子絵、福音館書店、一九六二年）というロングセラーの児童書があり、そのまんなかからへんに出てくる、くまの男の子の名前です。

こぐちゃんは、人間の子どもが通う「ちゅーりっぷほいくえん」の先生に手紙を書き、OKの返事をもらって入園します。――いや、別にここで心あたたまるお話をしたいわけではありません。ともかくこぐちゃんは、わりとすんなりと受け入れられます。

園の子たちと会話し、お弁当を食べ、お絵かきもします。

歌を歌う時間になりました。こぐちゃんは、知らない歌だったので、「むーむむ、むーむー」と歌って、やり過ごしました。

それだけ。その後も、何か劇的なことが起こるわけではありません。

＊

幼い頃に読んだこの本を、私はずっと好きでした。わからない授業とか、退屈な会議とかのたびに、脳内にこぐちゃんが出てきて、「むーむむ、むーむー」と歌ってやり過ごす、ということをしてきました。わからないんだから、しかたがない。わからないことが悪いわけではない。こぐちゃんがそうだったように。

＊

二〇一四年ごろから私は――本書のＰＡＲＴ２で書きますが――障害者差別解消法や「合理的配慮」について、行政や企業の人を中心に研修をおこなってきました。私は法律についてはド素人で、苦手意識が今もあります。ただ、この法律は国内外のたくさんの障害のある人たちの長年の努力の結晶であり、「きちんと知って、活用されてほしい」と強く思っていたので、がんばって研修にのぞんでいました。

しかし、どんなにかみくだいて話しても、研修の場の空気はかたくなりがちでした。仕事上の義務で参加している人が多い場合、なおさらです。「むーむむ、むーむー」と脳内で歌ってはいないとしても、下を向いて、ただ研修が終わるのを待っている人の姿がどうしても目に入ります。ううむ、つらい。

でも、自分が逆の立場だったら？　強制的に受けさせられる研修で、眠い話を聞かされたら、私もただやり過ごすかもしれない。

けれども、せっかくこういう場があるのだから、少しでも「意味あるもの」として差別解消法を理解する人を増やしたい、法律に息を吹き込みたいと思い、工夫を重ねてきました。

この本は、その延長線上にあります。

差別解消法のベースにある「障害の社会モデル」の考え方を知ってほしい。それが本書の第一の目的です。

＊

「障害の社会モデル」（以下「社会モデル」）とは、障害のある人が制限や不利益を受けるのは、その人の心身の損傷（機能障害）のせいではなく、「多数派に合わせて社会がつくられてきたために、さまざまな社会的障壁（社会のバリア）があるから」と捉える枠組みのことです。

「社会モデル」はちょうど、フェミニズム・性差別の分野でいう「ジェンダー」（社会的性差）と同等の概念だと私は考えています。その視点を持っているかどうかで世界の見え方がまるで違ってくるし、個々人が経験する「生きづらさ」や差別といった問題に対処する方法も変わってくるからです。

＊

なぜ「社会モデル」を知ってほしいと思うのか？　三つ理由を挙げてみます。

まず、実際的な理由として、二〇二四年四月に法改正された「障害者差別解消法」において事業者にも義務化された「合理的配慮」を理解するには、「社会モデル」の理解が不可欠だと思うからです。「社会モデル」を知らないままであれば、合理的配慮に対する誤解――「障害のある人に何かしてあげること」「思いやり」「特別なサービス」「優遇」……といった誤解もなくならないと考えています。

次に、障害のある人が直面しているさまざまな差別（理不尽な状況）を、「そういう障害があるから、しかたない」ではなく、「多数派中心の社会の側がバリアをつくっているせいで」起こっている問題だと捉え、バリアに気づく人やバリアをとりのぞくために行動できる人が増えて欲しい、という理由です。バリア（社会的障壁）は、少なくとも減らして行くことができるものです。

三つめは、マイノリティが声をあげ、さまざまに取り組んできた結果、「社会モデル」の考え方をベースとして「差別を禁止する」法律ができた、という事実が、他のマイノリティに属する人たちを力づけ、変化に繋がってほしいと思うからです。

＊

本書はエッセイであり、「社会モデルとは何か」という学問的議論をすることが目的ではありません。私とは違う「社会モデル」の説明の仕方をする人もいますし、それでいいと思っています。

＊

本書は二部構成になっています。

ＰＡＲＴ１は、『ヒューマンライツ』という雑誌に連載（2014～2018）していたものを、シャッフルして再構成したものが中心になっています。（連載の経緯は、ＰＡＲＴ２の中で書いています。初出一覧は本の末尾に）。「ゆっくり考えていきたい合理的配慮」というタイトルの連載でしたが、ほどなくして隠しテーマは「社会モデル」やな、と思うようになりました。

時系列ではないし、記事によってトーンが違ったり、当時の強い感情が出ていたりするのものもありますが、あえてそのままにしています。読み進める中で、**行きつ戻りつしながら「社会モデル」の考え方になじんでもらえれば**と思います。

一点、ことわっておきたいことがあります。本来なら、「はじめに」なり、PART1の冒頭なりに「社会モデルとは」「合理的配慮とは」といった説明があるべきなのでしょうが、そうはなっていません。

そこで、**「社会モデル」「合理的配慮」の説明を最初に読みたい方は**、先にレッスン5の「2 『ずるい』という声にどう答えるか?」や、レッスン9の「2 多様性を隠してきた学校を変える」を先に読むとよいかもしれません。どちらも初出が『ヒューマンライツ』連載ではないため、初めて読む人向けの説明があります。

PART1の冒頭、レッスン1「特権をもつ側であること」は共通性のない三つのエッセイの寄せ集めですが、これはやや「自己紹介」的なものといえます。つまり私は企業で働いていたことがあり、現在は大学で非常勤講師をしており、障害のある人が身近にいる環境で暮らしている、と。いずれにせよ、本書はどこから読んでもらってもかまいません。

PART2は書下ろしです。私がどのような経緯で「障害の社会モデル」を知って納得したのか、そしてなぜ「障害者権利条約」に関心を持ち、なぜ京都の条例づくり運動に関わったのか、そしてどのように現在のライフワーク（研修などを通した、「社会モデル」の考え方の普及）にたどりついたのかを話しています。

「いや、あなた個人のお話なんて、別に聞きたくないんですけど……」というのが当然の反応でしょう。ただ私はこれまでに、自分の経験を通して話すことで伝わることがある、と何度も感じてきました。「社会モデル」も、条約や法律も、一筋縄ではいきません。私自身、「なるほど、こういうことか」と思えるのに時間がかかりました。教科書的な説明とは別に、「私は」どういうふうに理解してきたか、どのように「使える」と思ったか、という経験を語っています。私の試行錯誤のプロセスを記すことが、誰かのヒントになればいいと思っています。

（なおＰＡＲＴ２で時々あるコラムの「インターミッション」とは、「途中休憩」の意味です）。

「社会モデルで考える」ためのレッスン

障害者差別解消法と合理的配慮の理解と活用のために

目次

PART 1　「社会モデルで考える」ためのレッスン

PART 2 「社会モデル」にまつわる個人史から

PART 1 「社会モデルで考える」ためのレッスン1

レッスン1 「特権」をもつ側であること

1 社員食堂の風景――変わりたくない企業文化を考える

「なんでもかんでも」？

ある企業研修の打ち合わせの時、「合理的配慮」ということばに関わって、「障害者から要求されたら、なんでもかんでも応えないといけないんですかね？」と私に尋ねてきた担当者がいた。「視覚障害のある人が、社内の書類を全部点字にしてくれ、と言ってきたら、しないといけないんですか？」という人もいた。明らかに「無理難題」と思える事例を挙げてくるのだ。これに対する私の答えは、たとえば次のようになる。

「いや、相手が誰であれ、『なんでもかんでも要求を呑まなければならない』なんてことはありえません」

「あくまでも個別の場面で、必要なことについて対応するという性質のものですよ。採用面接なら、求職者からの申し出に応じて、他の人と平等に面接ができるように、ご本人と対話したうえで適切なやり方を探って実行する、というのが合理的配慮です。それ以上の特別扱いを求めているわけではありません」
「もちろん予算や、人手が足りない等の制約があって、どうしても求められた通りにできないことはありえるし、その場合は事情を説明すればいいんです。対話によって解決策を探ろうとしないまま、拒否するのはダメ、ということです」等々。

だがそもそも、「なんでもかんでも」申し立てるどころか、最低限の「こうしてほしい」という要望を伝えることさえためらう障害のある人が多いのが現状だろう。なのに、なぜこんなモンスター的な要求が想定されるのか。こんな表現が出てくる裏には、障害者雇用を進め「なければならない」ことや、障害者のために何かコストがかかることを「しなければならない」ということへの、「理不尽だ」という感情があるように思えてならない。表立って「非難」するのが難しい相手（=障害者）だからこそ、頭の中に「なんでもかんでも要求する」モンスターを作り上げ、無茶な要求の「被害者」になる自分たちを想像し、「そんなの、困りますよねえ?」と同意を求めているかのようなのだ。

そのような発言が、ごく普通の（と思う）企業関係者から出てくる背景をもう少し考えてみたい。

社員食堂の風景

私は二〇代のほとんど（ほぼ一九九〇年代に該当する）を、一般企業の正社員および派遣社員として過ごした。長短あわせて四つの職場を経験したが、その間に、障害のある同僚や上司と一緒に仕事をしたことがあるか?　と尋ねられると、「ノー」である。障害者が「いない」ことが当たり前の職場。

企業とはまさに「健常者中心の社会」の典型のような場所であった。そして私自身、何もそれを不思議に思うことはなかった。

――話をそこで終わりにしたかったのだが、正直に書こう。

新卒で入った最初の会社には、総務部に（いま思えば）「歩ける脳性まひ」の社員Aさんがいた。新人の頃、詳しい表現は覚えていないが、「一定規模の会社は、障害者を雇わないといけないことになっている。そういう『枠』があるから、あの人はそこにいるのだ」という説明を先輩社員から聞いた。それで納得したように記憶しているから、それだけAさんの存在は「見るからに異質」だったのだろう。

外見でわかる身体のまひがあり、ゆっくりと歩き、言語障害もあったAさんは、最上階にある社員食堂で、いつも一人で昼食をとっていた。しばしばその姿を見かけては、見てはいけないものを見たような気がしたことを覚えている。

障害のある友人も知り合いもいなかった当時の私は、Aさんを直視することができなかった。どう接していいかわからなかった。総務部のAさんと技術系の部署にいた私に職務上の関わりはなかったので、「接する」「話しかける」必要があったわけではなかった。それに、もしかしたらAさんは単に、一人でご飯を食べるのが好きだっただけかもしれない。

それでも、どうにもうしろめたい記憶だ。障害者がぽつんと一人で昼食を食べている風景を、私は「見たくない」と感じた。おそらくだが、私と同じように感じていた人は、他にもいたのではないか。

「たくさんいる社員の中には、障害のある人も当然いるよね」ではなく、「一社員Aさん」としてニュートラルに見られているわけでもなく、「特別な枠があるから、そこにいる人」と了解され、誰も特段のコミュニケーションはとらない。そんなあり方は、一つの典型的な「障害者雇用のあり方」だったのではないかと思う。

鎖国したままの「健常者中心の国」

ひとつの記憶をひっぱりだしたのは、一般企業の平均的労働者の感覚や態度を表していると思えたからだ。

もちろん、進んだ取り組みをしている企業や事業所もあるのだろう。問題なく働けている障害のある労働者もいるだろう。けれども、圧倒的多数の企業、およびそこで働く人たちは、いまだに障害者に対し「どう接していいかわからない」という不安や緊張をもっているように思う[2]。人事担当者も、なんとか無難に雇用の「義務」をクリアできたらいいと思っているのではないか。

ここ数年、京都で条例づくり運動に関わって[3]、「雇用、労働」をめぐる差別事例や体験談を集めたものをたくさん読んできた。そこで思うのは「なんや、自分が働いていた頃と変わってへんやんか」ということだ。明らかに「ひどい」と思える事例もあるが、それ以上に多いのはなんともいえない疎外感が伝わってくるような事例だ。

「二〇年以上働いても、障害があるから嘱託社員と決まっていて、いっさい昇給がない」(車いす使用)

「ヘルスキーパー（マッサージ師）として企業に勤務しているが、雑談できる同僚は一人もいない」（視覚障害）

「他の社員の会話に入れない。必要なことを紙に書いて渡されるだけ。」（聴覚障害）……

事例からは、企業の中で圧倒的にマイノリティである、障害のある社員の姿が目に浮かぶ。他の社員から対等に見られてはいない。「雇ってやっている／もらっている」という力関係が感じられ、不満も呑み込む。そんな雰囲気が伝わってくる。

近年、障害があって一般企業で働く人は、増えてはいる。外見でわからない疾患等をもっている人も相当数いるはずだ。だが、職場で「共に」過ごすことによって相互理解が進み……などというほど甘いものではないようだ。

私が新入社員だった頃から二〇年以上の時間が流れた。法定雇用率[4]は上がり続け、障害者の権利について国内外でさまざまに進んだルールができてきた。障害者差別解消法や改正・障害者雇用促進法は、鎖国したままの「健常者中心の国」に開国を迫る、いわば「黒船」になることが期待されている。それでも、企業の文化（価値観・慣習・慣行）はそうそう変わるわけではない。できるだけ自分の側は変わりたくない（物理的バリアを取り除くのもルール変更もしたくない）、変わらなくて済むような（軽度の）人に来てほしい。「特別枠」で入社させてあげているんだから、文句言わずにいてほしい、という本音も変わらないままだろう。

今のままではヤバイ――そんな危機感も、私が連載を引き受けた理由である。

「変わりたくない」企業文化が変化するには？

「障害者がいないのが当たり前」の企業風土の中でつくりあげられてきたルールや価値観がある。そこに障害のある人が入っても、従来の（健常者を前提とした）職場のルールが見直されることはなかった。障害のある社員は、あくまで例外的な存在でしかなく、他の社員と対等に対話する機会はなく、意見を求められることもほとんどなかったのではないか。

そんな「障害者雇用」のあり方を変えていこうとする実践が、切実に求められる。その際、「合理的配慮」は「面倒な義務」ではなく、「対話していくための道具」と考えてほしい。

「合理的配慮」とは、障害のある人への一方的な恩恵ではなく、そもそも排除的だった職場の環境をより平等なものに変えていく手段の一つだ。まずは「対話」を始めることが大切だが、社会全体が障害のある人たちを排除してきた歴史が長く続いてきたため、障害のある人と率直に対話するのは難しいと感じる企業関係者は多い。けれども、最初はぎくしゃくしていても、時間をかけて、障害のある人の経験や思いに耳を傾けてほしい。さらには、「障害平等研修」（DET）[5]を行っている団体等にも対話の先を広げてみてほしい。

「できるだけ変わりたくない」というこれまでの姿勢から一歩踏み出す時、「多様な人がいること／対話があること」を強みとする新しい企業文化の芽が出るのではないだろうか[6]。

2 「あ、ごめん」で権利を奪わない社会にしていくために

「あ、ごめん」という言葉

合理的配慮は「思いやり」をもってお手伝いすることではなく、権利を保障することである――というようなことをふだん書いたりしゃべったりしている私だが、最近、ヒヤッとしたことがあった。

先日私は、視覚障害のあるQさんと打合せをした。非常勤先の授業にゲスト講師として来てもらうためだ。Qさんはその大学の卒業生なので、大学時代にどんな「合理的配慮」を受けていたかを尋ねてみた。

私　「授業のレジュメは、各先生から事前にメールで（データを）送ってもらってましたか？」

Qさん「ええ、一応。そうなってました。データでもらったら、（読み上げソフトを使って）聞いておけるし。点字プリンターで印刷もできるし」

私　「ちなみに、ついうっかり忘れる先生とか、いなかったですか？」

思わず尋ねてしまった。キャンパスにおいて「障害のある学生への合理的配慮」がなかなか徹底しないという話を聞くし、ましてQさんが在学していた時期には、障害者差別解消法など影も形もなかったからだ。

Qさんは苦笑して、「それはもう……。いっぱいありました。『あ、ごめん。間に合わなかった』っ

て言われて」

やっぱりそうか……と私は思った。ところが、その次にQさんが言った言葉に、私は不意をつかれたようなショックを受けた。

「思い出したことがあります。ある授業で、やっぱり事前にデータをもらえなかったんです。ところが授業が始まって、チャイムも鳴ってから、先生はレジュメが何枚か足りないことに気づきました。もう授業が始まってたけど、先生はみんなを待たせて、コピー機のある部屋に飛んでいきました。その時、私、思ったんです。『ああ、健常者の学生には、チャイムが鳴ってからでも、授業を中断してまでレジュメを刷ってくるんだな』って。私はいつも、『あ、ごめん』で済ませられる」。

既視感があった。私はギリギリの時間に大学に到着して、慌てて印刷してミスコピーしたり、枚数が足りなかったりして、バタバタと走り回ることがある。彼女が話した教室の風景は、ありふれたものだ。なぜショックを受けたかというと、その「あ、ごめん」で済ませた先生と自分はそんなに違わない、と思ったからだ。

「できる範囲でいいよね」という甘えはどこから？

私は非常勤講師生活十数年の中で、これまでのところ視覚障害の学生に出会ったことはないが、聴覚障害の学生が受講していたことはある。その学生は、ノートテイカー（教員が話す内容をかたっぱしからノートに書き出す人。今はＰＣ使用が多い）二人が隣に座るかたちで受講していた。その学生がいることによって、私はふだんより「ゆっくりわかりやすく話す」ことを心がけたし、映像資料は字幕のあるものを選ぶようにした。字幕がないものを使う場合は、事前に内容を書き出して、当該学生にメールで送るようにしていた。

しかし、それを徹底できたかというと、そうではなかった。本当に恥ずかしい話だが、おおまかな「あらすじ」しか用意できなかった時もある。当該学生が頻繁に授業を欠席したこともあって――もちろん他の学生と同じくその学生にも「サボる権利」はある――、ふと、「出席するとは限らないし……」「できる範囲でいいよね」という気分になっていた。「出席した場合は、あとでフォローすればいいし」と。きちんと情報保障がなされなくても、教員側に罰則があるわけではない。自分に甘くなってしまっていた。

だから、「合理的配慮をいいかげんにする先生」は、まったく他人事ではない。「あ、ごめん」で済ませる先生を批判することは簡単だ。けれど、自分がもし視覚障害の学生を教えることになったとして、必ず事前（「前日の何時まで」といったルールがあるはずだ）に完成したレジュメを送ることができるかどうか、正直なところ自信がない。ギリギリにならないと授業準備に本腰が入らない私は、ルールを守れず、直前にお詫びのメールをするかもしれない。あるいは授業時に「ごめん。間に合わなかった。後でちゃんとしたやつを送るから。授業中は口で説明するから」と言ってしまうかもしれない。そんなダメダメな自分を、ありありと想像できる。

そして、もし一般学生に配るレジュメの枚数が足りなかったら、たとえそれが一人であろうと、コピーをとりに走るだろう。「ごめん。あなた一人だから我慢して」と言って、授業を始めることはないはずだ。

頭ではわかっているのに……。「行き届かなくても許してくれるだろう」という甘えが、自分の中にあることを感じる。視覚障害者も聴覚障害者も、情報バリアに満ちた社会でさまざまな工夫をしながら生活している。スーパーの安売り情報も、災害時の避難情報も、かれらに確実に届くようには、まだなっていない。そんな中で、大学に入学したからには、他の学生と「平等」に授業に参加できるように、「合理的配慮」としてのノートテイクやレジュメの事前送付はなされる。それは、せめて教室の中だけは平等な空間にしようという、本当に最低限の、ささやかすぎる権利保障だ。

差別したくない、だから「しくみ」が必要

なのに、そんなささやかな権利も、「あ、ごめん」で奪ってしまう側に私（たち）はいる。ふだんから健常者社会でサバイバルしているかれらは、「あ、ごめん」的な対応にいちいち怒ってなどいられない。学生という立場の弱さもある。

合理的配慮とは、ある場面でのある人の権利が他の人と「平等」になるように、社会環境を変更・調整することである。特別に何かしてあげることではなく、「権利」を回復するということだ。大学側が何もしなければ、平等に学ぶ権利は奪われっぱなしになるのだから。

にもかかわらず、「配慮」という日本語にくっついている「思いやり」というイメージに引っ張ら

れてしまうのだろうか、どこか「Qさんのために特別にやってあげること」だから、「できる範囲でいいよね」という気分で捉えられがちなのだと思う。私自身、そんな甘えと無縁ではなかったことに、Qさんは気づかせてくれた。

Qさんの言葉を再度反芻する。レジュメが配られないまま放置されることは決してない健常者の学生と、気楽に「あ、ごめん」と言われる障害学生。これが差別でなくてなんだろうか。

「合理的配慮をしないこと」は権利侵害であり、差別である。私も、あなたも、差別をしたくはないはずだから、合理的配慮を当然のように行っていけるための「しくみ[7]」作りが、もっともっと必要なのだと思う。

3　間取り図マニアとして思う

「住みたいところに住む」ことを阻む壁

「自分が当たり前にできること」が、彼女や彼には当たり前ではない。そんなことがたびたびある。

先日、知り合いの車いすユーザーの青年が公営住宅の抽選に当たり、念願の一人暮らし（自立生活）を始めることになった。実家を離れての一人暮らしに不安もあるが、部屋に友だちを呼べるのが嬉しい、と明るい表情で語る彼に、心底「よかった！」と思う。便利、かつバリアフリーな公営住宅はめったに抽選に当たらないらしく、「すごい幸運だ」と彼の職場の人たちも祝福していた。

いや、公営住宅の抽選が当たりにくいことに、障害の有無は関係ないかもしれない。しかし車いすユーザーの場合、そもそもの選択肢が少ないのだ。

車いすユーザーを頻繁に見かけるような大都市であっても、賃貸物件を借りるには多くのバリアがある。マンションなどの集合住宅でエレベーターがないものもあるし、共用部分に二段以上の段差があったりする。部屋の中に段差があって住みにくい場合、「退去時は原状復帰するから、改造したい」と申し出ても、認めてもらえず、賃貸契約に至らないことがある。そもそも車いすユーザーが住みたい物件の目星をつけて不動産屋さんに行っても、大家さんの意向で内覧をさせてもらえず、理由も不明といったことがよくある。

これまでに「住みたい場所に住む」ことが阻まれた事例を数多く聞いてきた。視覚障害のある人は「火事を出す」との理由で、聴覚障害のある人は「緊急時にインターホンで連絡がとれない」という理由で入居差別に遭っていた。精神障害のある人たちのグループホーム（病院から地域へ出るまでの中継地点）からアパートに移ろうとしても、軒並み断られてしまう。そのグループホームの住所が不動産業者の間で共有されているという話まで聞いた。

こんな話は耳にタコができるほど聞いてきた。が、今さらながら「なぜこんなに障害のある人は住みたいところに住めないのか」という怒りを感じている。それは、私が今夏、引越しを実現できたことにも関わっている。

住みたいところに住めた私

私は自他ともに認める「間取り図マニア」（＝間取り図を眺めるのが好き）で、時々ネットで近隣や旅先の賃貸物件を検索するのが趣味である。引越しの予定がなくても、ふと気がついたら物件検索をしている人間だ。

半年前まで、私は古い貸家に住んでいた。風情はあるものの陽当たりが悪く、台所では夜にネズミの運動会が開催される。もうイヤや、ということで引越し願望はあったが、忙しさや初期費用の負担を考えて踏み出せないでいた。

ところが四月下旬のある日、ふと、通りがかった不動産屋さんに入ってみた。「今どんな空き物件が出ているか」を尋ねてみたい衝動に駆られたのだ。ネット上にはない情報があるかもしれない。カウンターに座って、引越す場合の条件（家賃○万円以内、間取り、駅から徒歩圏、陽当たり良好）を伝えた。案の定、先方が出してくる物件は、すでに自分がネットで調べてきたものばかりだ。どこも一長一短。そうそう理想の物件などない。「やっぱりな」と思う。

と、その時。ある物件に私の目は釘付けになった。「隣に建物があるから、陽当たりが悪そう」と思っていたマンションの最上階に空室が出たという。「空いたばかりだから、ネットにはまだ載っていません。見てみますか？」と言われ、心が動いた。「見るだけ」ならいいじゃないか？　間取り図上では魅力的でも、実物はダメな物件だってある。それなら、あきらめがつく。

……かくして私はその物件を見に行き、一目惚れしてしまった。部屋からの景色が素晴らしかったのだ。一度「ここに住みたい！」と強く思ったら、自分で驚くほどのパワーが湧いてきた。

その後、私の賃貸住宅契約が、何もかもスムーズに進んだわけではない。今は非常勤講師が生業なので、「収入の証明」は不安の素だった。非常勤先の一つに依頼した証明書には、「この人は確かに当大学に勤務しています。月収三万円でね（大意）」と書かれており、不動産屋さんに提出する時はドキドキした。保証人のことも心配だった。それでも入居そのものを断られるとまでは考えなかった。

そうして「一目惚れ」から二カ月後、転居が実現した。エレベーターがあり（それも決めるポイントの一つ）、入口もフラットなおかげで、引越しおひろめパーティには車いすユーザーの友人を招待できた。「いい部屋を見つけたね」と皆から言われ、ドヤ顔になる。

ああ、しかし。「住みたい」物件を見つけてそこに住むことは、誰もができることではない。民間の賃貸住宅に断られ続ける人、公営住宅に当選することをひたすら待つ人がいる。引越し祝いに駆けつけてくれた車いすユーザーの友人が、もしこの物件を申し込んでいたら、大家さんはどう反応しただろう。トイレやお風呂の改造を申し出たらＯＫが出ただろうか。さらにその手前で、内覧さえできなかったかもしれない[8]。

そこにある「居心地の悪さ」

私が「できたこと」が、障害のある彼や彼女には「できない」。あるいはとても難しい。あきらめさせられてしまう――こんなことが本当にたくさんある。

雑居ビルの階段を地下に降りた先に、お洒落で美味しいお店がある。エレベーターはない。安くて美味しいいつけ麺屋さんがあるが、そこに行くまでの路地の入口には車いすユーザーの進入を阻む柵が何本も立っている。私が通う中高年女性専用フィットネスジムは、障害のある人の入会を想定しているだろうか？　私が大阪で愛用している一泊二〇〇〇円の安宿は、エレベーターはあっても狭く、車いす対応トイレはない。

通っている手話講座で先月、あるアニメ映画（邦画）が話題になった。難聴の知人はその映画の原作が大好きで、「字幕つき上映」を期待していた。だが、上映開始からしばらくして始まった字幕上映は、一週間で終わってしまい、仕事の都合で観に行けなかった彼は悔しがっていた[9]。私は、今からでもその映画を観に行けるのに……。

こんなことを考えていると、居心地の悪さがまとわりつく。

私とかれらの「できること」に違いがあるのは、「私が非障害者[10]で、彼らはそうでないから」ではない。「この社会が障害のない人のことしか想定しておらず、社会のあちこちに無数のバリア（障壁）があるから」だ。バリアは歴史的・構造的につくられてきたものなので、気づきにくい。たとえば字幕がなくても日本映画を楽しめる私は、字幕上映の有無など気にしたことがなかった。

「障害の社会モデル」の発想を持つということは、自分が無自覚に享受している「権利」を、あらかじめ奪われている人たちの存在に気づくことでもある。

むろん、私とて、いつもこんなことを考えているわけではない。忘れている。いちいち「入れるだろうか？」、「断られないか？」、「字幕があるだろうか？」などと悩むことなく、良さげなお店に入ったり、宿を予約したり映画館にふらりと入ったりできる、そのような「特権」を私は持っているからだ。だからこそ、時々まとわりつく「居心地の悪さ」を大事にしたいと思う。

私が「居心地の悪さ」を感じるのは、多少ともつきあいのある障害のある人たちの顔が浮かぶからだろう。もし、そういう人が一人もいなければ、障害者とは別世界に住む人のように感じ、「字幕のない邦画」や「段差のむこうの美味しいお店」に、居心地の悪さを覚えることもない（私自身、二十代半ばに車いすユーザーの友人と出会うまではまさしくそうだった）。そう思えば、居心地の悪さは対等に生きられる社会を望むからこそだとも思うのだ。

◆レッスン1の終わりに

最初のレッスンでは、自分が非障害者であり、「特権」をもつ側であることを意識したエッセイを集めてみた。マジョリティ[11]である非障害者は、社会のあちらこちらに埋め込まれているバリア（社会的障壁）に気づかない。それは社会がマジョリティ向けにデザインされているからだ。「マジョリティとは、気にせずにすむ人」という言葉は社会学者の故・ケイン樹里安さん[12]によるものだが、ほんとにそうだと思う。

「特権」という言葉になじみがない人もいるだろう。一般には「裕福、セレブ、権力者」などをイメージするのだろうが、そういう意味ではない。米国などの社会的公正教育[13]の文脈で「特権」という語が注目されだしたのは、「白人特権（white privilege）」の研究が進んでからだ。「白人であるというだけで怪しまれずに外出できる、幼い頃からテレビで自分と同じ人種の多様な人たちを見られる」――これらは有色人種にはない「特権」だ。そういう文脈から、〝人権が守られる公正な社会に変わっていくためには、マジョリティである白人自らが特権を自覚することが大切〟という意味で使われるようになった（ダイアン・グッドマンの『真のダイバーシティをめざして——特権に無自覚なマジョリティのための社会的公正教育』（上智大学出版）という本がおすすめ）。この本の訳者、出口真紀子さんは、「特権」という理念を日本社会に応用しようと積極的に発言されている[14]。

特権は「透明の自動ドア」にたとえられる。マジョリティの前ではどんどんドアが開き、そこにドアがあることさえ気づかずに進んでいける。しかしマイノリティの前では、そのドアが開かない。この「自動ドア」のたとえは、健常者中心社会をよく表していると思う（たとえば次のレッスン2では、「欲しい情報が難なく手に入り、目の前の人と意思疎通できる」ことが「透明な自動ドア」になる）。

マジョリティが人権感覚を身につける上で、「特権」概念は役に立つと思う。しかし、障害をめぐる課題を考える際に、もし「社会モデル」（＝健常者中心の社会のあり方がバリアをつくっていて、そのバリアを取り除くのは全体の責任である）を学んでいなければ、特権という言葉が「健常者であることは特権ですよね。健康に産んでくれた親に感謝」のように使われかねない[15]。

障害をめぐる現象を「社会モデル」で考えるようになると、おのずと自分が（少なくともある場面では）「特権」を持っていることを突きつけられる。だがそこにむやみに罪悪感をもつよりは、どんなバリアがどんな不利益が生んでいるのかを具体的に学び、「変えられること」に目を向けられるようになるといいと思う。

■注

1　このPART1の大半は雑誌「ヒューマンライツ」での四年間の連載（二〇一四年五月～二〇一八年五月）がもとになっている（PART2、二七三ページで連載のいきさつ等を述べている）。連載時のタイトルは『ゆっくり考えていきたい合理的配慮』だった。「合理的配慮」について、言葉を尽くして説明してもなかなか伝わらない、ということを折々に感じてきた。どうしたら伝わるのか。少しは「なるほど」と思ってもらえるのか？　いや、自分の理解も、これで合ってるのだろうか？　と試行錯誤してきた軌跡が本書のもとになっている。

2　この不安と緊張をできれば避けたいという動機も、障害のある構成員を集めた「特例子会社」をつくる（それで法定雇用率をクリアする）ことの背景に働いているのではないかと私は考えている。

3　二〇〇八～二〇一五年に京都で展開された、障害者差別をなくす条例をつくる運動のこと。PART2参照。

4　民間企業や国・自治体には一定以上の割合で障害者を雇用するよう義務付ける制度がある。その割合（法定雇用率）は少しずつ引き上げられている。

5　障害平等トレーニングは、イギリスで障害者の権利擁護を行う当事者団体から始まった研修プログラムで、国際的に広がりを持つ。「障害の社会モデル」の考え方に基づき、原則として障害当事者がリーダーとなって研修を行う。日本でも実践が行われている。私も受講したことがあるが、お薦めです。https://detforum.org/（障害平等研修フォーラム）

6　近年、D&I（ダイバーシティ&インクルージョン、多様性と包摂）を掲げる企業が増えているが、内実が伴うのはこれからだろう。「介助つき就労」の法整備もその一つだ。二〇二三年九月に行われた「介助付き就労学習会」（一般社団法人わをん主催）での熊谷晋一郎氏の講演（岩永直子氏による記事）が参考になる。https://naokoiwanaga.theletter.jp/posts/20636b0-5ddd-11ee-b03e-8d7c3dece556

7　ここでいう「しくみ」とは、個々の先生の心がけに頼らずに、結果的に「障害のある学生への合理的配慮」がスムーズに行われるような体制をつくることを意味する。個々の授業担当者が何をどうすればいいのかわかるように、大学のアクセシビリティセンター（大学によって名称は異なるが、障害のある学生を支援する部署のこと）が使いやすいマニュアルを作る、効果的な研修動画を配信する、授業担当者の疑問に答える窓口を整備する、等だ。私自身、二〇二〇年からのコロナ禍で急きょ遠隔授業を行わなければならなくなったとき、「遠隔受業における合理的配慮」のあり方をｗｅｂで積極的に発信している大学による情報提供に助けられた。障害学生への合理的配慮は「余計な負担」ではなく、当然行わなければならないものだという雰囲気を学内に醸成していくことが、今後ますます重要になる。ＪＡＳＳＯ（日本学生支援機構）が各大学における合理的配慮について調査し、たとえば紛争・解決事例を収集して閲覧できるようにしているのも、「しくみ」の好例だろう。 https://www.jasso.go.jp/statistics/gakusei_shogai_kaiketsu/index.html

8 身近な友人がその後、入居拒否に遭った。その後のとりくみについても書かれた文章が以下で読める。https://www.dinf.ne.jp/doc/japanese/prdl/jsrd/norma/n429/n429010.html 『ノーマライゼーション 障害者の福祉』二〇一七年四月号「当事者の声 壁は管理会社だった—車いすで家探し—」（岡山祐美）

9 聴覚障害のある人が楽しめる「字幕付き上映」は、短期間で終わることが多い。ないよりはマシとはいえ、「あくまでも例外」ということだろう。なお、一部の映画館・作品では、日本語字幕を表示するタブレットを貸し出すサービスをおこなっているが、これも広がってほしい。

10 「非障害者」とは、「障害者ではない者」という意味で、「健常者」と同義である（本書ではどちらの語も用いており、あえて統一しなかった）。ただし「障害者ではないが、健常者でもない」と感じている人、流動的な状態にいる人もたくさん存在するので、あくまでも便宜的な表現である。本書でいう「障害者」は、「社会的障壁によって（構造的に）不利益を被っている人」という意味になる。

11 一般に「多数派」と訳されるが、それだと数が多いか少ないかではなく、社会の中の力関係を反映した言葉だというニュアンスが出にくい。

12 ケイン樹里安『ふれる社会学』（二〇一九年、北樹出版）。ケインさんは惜しくも二〇二一年に逝去された。

13 社会的公正教育（social justice education）は、主に米国で発展してきた実践領域で、市民性教育、人権教育、反偏見教育などと呼ばれるものと近い。人種・ジェンダーなど単独の問題に閉じることなく、社会的公正と権利擁護のために行動できる人を育てる教育・研修。

14 出口さんのわかりやすい記事。「マジョリティの特権を可視化する～差別を自分ごととしてとらえるために～」（東京都人権啓発企業連絡会の web サイト）https://www.jinken-net.com/close-up/20200701_1908.html

15 学生に「特権」の説明をしたら、実際こういうふうに書いてこられることがある。こういう「健康でよかった」という感情は、思いやりの感情は喚起するかもしれないが、障害のある人の「見下し、哀れみ」と紙一重だ。いくら悪意がなくても、「障害」と「不幸」を直結させる優生思想的な考え方であり、「社会モデル」とは相容れない。

レッスン2　情報のバリアを放置してきた社会に気づく

1　まだまだ重い扉――「がんばって」という前に

新しい扉を開くニュース

（二〇一五年）四月の統一地方選の時にこんなニュースが流れた。四月二七日付の毎日新聞から一部抜粋する。

『統一地方選：手話の訴え、聴覚障害持つ母当選…明石市議選』

（前略）…兵庫県明石市議選では、無所属の新人、家根谷（やねたに）敦子さん（五五）が当選した。生まれつき耳が聞こえず、手話の訴えを娘たちが通訳した。全日本ろうあ連盟（東京都）によると、耳が聞こえず、声も出ない議員は国政も含めて全国で初めてという。

家根谷さんは会社員を経て一九九五年の阪神大震災でボランティア活動に従事。その際に災害弱者への支援が不十分だと感じ、明石ろうあ協会事務局で障害者の支援活動を始めた。二〇〇七年から明石市の障害者相談員を務めている。

鳥取県で一三年一〇月、手話を言語と認めて学ぶ機会を保障する「手話言語条例」が施行され、政治に興味を持った。昨秋、明石市で同様の条例の検討会があり、必要性を訴えて実現に奔走。条例は今年四月に施行された。

「政治の場でも手話を認めてもらおう」と立候補を決意。「手話で演説中」というカードを掲げ、駅やスーパーの前に立った。「障害のある子が地域の学校に通える制度を」「災害時に障害者に情報を伝える仕組みを拡充したい」。次女（二八）や三女（二〇）が手話通訳を担い、母の思いをマイクで訴えた。

「本当に議員活動ができるのか」。有権者からそんな言葉も浴びせられた。

（略）

全日本ろうあ連盟などによると、〇一年の長野県白馬村議選で聴覚障害の女性が当選して一期四年務めたが、不自由ながらも話すことはできた。耳が聞こえず声も出ない議員は過去に例がなく、明石市議会事務局は本会議での手話通訳者や要約筆記者の配置を検討している。（以上）

ていねいに取材された記事だ。家根谷さんが手話を使うろう者であること、明石市で手話言語条例ができる過程に参画していたこと、政治への思い、選挙演説も手話で行ったこと、聴覚障害者の中でも「声を出さない」議員は過去に例がないこと、議会事務局は「合理的配慮」を検討していること……等がコンパクトに報じられている。いつか、これがニュースなどにならない日が来ればいいと思う。

そのニュースから読み取るのは……家族愛？

この話題はメディアの注目を浴び、先日（五月一五日）初めて家根谷議員が市議会に臨んだ時も報道された。『手話で意思疎通 市議の女性が本会議に』と題したＮＨＫのニュースでは、「明石市議会では新たに議場の中央に手話通訳者を配置し、家根谷さんは手話を介しながら、新しい議長と副議長を決める議題に臨みました」と、情報保障（合理的配慮）にも触れられている。

だが一方で、外野から「家根谷さん、がんばって」「議会事務局、がんばって」と思っているだけでいいのだろうか、このニュースから受け取るべきことが、もっと他にあるのではないだろうか。

以前から私は、障害者をめぐるニュースが健常者社会にとって心地よい物語にされやすく、「感動」を消費されはしても、肝心の社会的障壁が見えないままになりがちなことを問題視してきた。それは、取材された経験をもつ障害のある友人から、嘆きや怒りを聞いてきたからでもある。いくら自分たちが社会的な障壁について訴えても、記事になる過程で「そんなに大変な中でがんばっている人」という感動のストーリーに変換されてしまう。視聴者は好意的に受け取るかもしれないが、障害のある本人の思いが正確に伝えられているわけではない。

このようなズレを私に実感させたのは、先の新聞記事を非常勤先の大学の授業で紹介した時の反響だった。

「聴覚障害」「ろう者」「手話」等について基本的なことを講義した上で、家根谷さんが議会活動を行っていくためには当然の権利として必要な合理的配慮を受けられるのだ、そうなるように整備していかないといけない、と説明したつもりだった。

ところが授業後に回収したコミュニケーションカード（授業の感想や質問を書く紙）を読んで、私は「しまった」という感情におそわれた。

「聞こえないのに議員に挑戦するなんて、すごい勇気だと思う」
「家族がお母さんを支えたことに感動した。がんばってほしい」

といった感想が圧倒的多数だったのだ。このニュースは、ある社会的障壁の一角が崩れた画期的なものだったが、「ハンディがあるのにがんばっている」「家族が支えた」という、定番中の定番の〝物語〟にも読めてしまうことに気づかされた。中には、

「娘さん、忙しくなりますね。これからもがんばってお母さんを支えてほしい」

という感想があって、ギョッとなった。議会でも娘さんがボランティア？　まさか（選挙活動での手話通訳は個人の「持ち出し」にならざるをえず、それがマイノリティの政治参加を阻んでいるともいえるだろう。だが少なくとも、公職に就けば、公費で賄われるのが当然だ）。

しかしまあ、こうした感想が世間では多数派なのだろう。学生の感想にケチをつけるのが本意ではない。私だって、ニュースを見た瞬間は、「ようがんばらはったなあ」「議員としてがんばってほしいな」という感想を、まずは抱いたのだ。

学生たちの「がんばっていてすごい」「これからもがんばってほしい」という気持ちに嘘はない。そういう感想を書くのは、小学校以来の習慣のようなものだろう。けれど、個人を応援する気持ちになるだけでは、社会を変えていく責任を「個人」に押し付けることになってしまう。だから、家根谷さんらが直面し続けてきた情報のバリアや、これから議員として活動していくために解消されなければならないバリアがあることを知る必要がある。それをかみ砕いて説明し、考えてもらえるような授業を用意できていなかったことを私は反省した。

なぜ扉はかくも重かったのか

それにしても、と思う。ろう者の中で政治に関心のある人は多いはずだし、全国規模での当事者運動も長い歴史を持っている。なかなか変わらない社会や政治にいらだち、「それなら自分が議員に」と思う人がいてもおかしくない。それなのにこれまで——「声で話す」議員はいても——ただの一人もろう者の議員がいなかった、という事実はとても重たい。なんと巨大な社会的障壁だろうか。

視覚障害や車いすの議員はこれまでもいた。しかし、手話を母語とする「ろう」の議員がうまれなかったのはなぜか？　おそらく、選挙活動自体のやりにくさ、「本当に議員活動ができるのか」という人々の疑いの目、合理的配慮がなされる見通しの薄さ等が、複合的に壁になっていたのだろう。

今回、家根谷さんが立候補し、その重い扉を開いたのは、もちろん彼女本人の努力はまちがいなくあるものの、日本が障害者権利条約を批准し、障害者差別解消法や地方条例を作ってきたこと、そしてその過程にろう者を含む障害当事者がしっかりと参画してきたことによるところが大きい[1]。

以下は推測だが、とりわけ明石市で「手話言語条例」[2]が策定されるにあたって、自分たちの「声」が行政や議会にしっかり「聞かれる」ことを経験したことが家根谷さんを後押ししたのではないだろうか。権利が「絵に描いた餅」じゃないことに勇気づけられた人が立候補し、議員となり、議会の風景を変えていくのだ。

議会事務局は対話を怠らず、手話通訳等の体制を整えようとするだろう。だがそれでも、説明にタイムラグが生じることに戸惑う議員や、ろう者への無知ゆえに「声で話せないのか?」と思う人なども出てくるだろう。変化の過程でコンフリクト（葛藤）は避けられない。それでも一度の選挙でなく、四年間続く議会活動の中で、ろう者の議員も「いるのが当たり前」の状況がゆっくり醸成されていくだろう。その意義を噛み締めるとともに、まだその重い扉はほんの一ミリほど開いたに過ぎないことを、心にとどめていきたい。「がんばって」という気持ちは本当だが、それだけで済ませてはいけない（自戒を込めて）。ボールはこちらに投げ返されているのだ。

【追記：二〇二三年春の明石市議会議員選挙で、家根谷議員は三選を果たした】

2　病室を出て考えたこと——「意見の表明」を難しくしているのは?

先日、打ちのめされるような出来事があった。「こんなひどいことがあるのか」というショックと憤りでぐらぐら揺れた。そんなことがあっても、通常は、日がたつにつれて衝撃が薄らいでいく。だがこの時は、帰り道で、「今日のことを、潮が引くように忘れていってはいけない」と強く思った。

お見舞いに同行する

あまりに上達が遅いから書くのが恥ずかしいのだが、私は手話を習っている。先日、その手話の先生であるXさん（中途失聴者、声でも話す）から、「お見舞い」に同行しないか？　と誘われた。ろう者である青年Yさんが病気で入院しているという。え？――私は戸惑った。Yさんとはお会いしたことがないし、プライベートな病室に、手話がほとんどできない他人の私が行くのは迷惑じゃないだろうか？　とまどっていると、Xさんは、「大丈夫。まあ、筆談に頼りがちなまつなみさんには、良い勉強になると思う」とおっしゃった。さらに「聞こえる人間が一人いる」だけで役に立つことがあるという。たとえば「看護師が病室をノックした時、それに気づける」等だ。なるほど、それなら……ということで、お見舞いに同行することになった。

事前に私がXさんから聞いたのは、次のようなことだ。Yさんはうまれつき聞こえないが、地域の学校に入学。すぐ不登校になり、そのまま義務教育期間を終えた。おとなになってから手話に出会えたが、日本語の読み書きを習得できなかったため、「筆談」が難しい。声を出すことはない。だから手話こそが命綱、ということだった。病院では少し手話のできるお母さんがつきそっているが、お母さんが不在の時、彼の意思を汲みとる人は誰もいない。以前の病院では、痛みのため暴れ、身体をベッドに拘束されたのだという。

XさんはそんなYさんの窮状を見かねて、時間を見つけては病室に足を運んでいるということだった。

病室で見たもの

さて、Xさんと私が病室に入っていったのは午後二時過ぎ。Yさんは具合が悪そうに横たわっていた。それから三時間。私が病室にいる間にいろんなことがあった。吐き気、体の痛み、薬も飲めない、点滴がつらい、トイレも大変……。医療スタッフが何度も出入りした。この間に現れた看護師や看護助手で、患者であるYさん本人に意思疎通をはかろうとする人は誰もいなかった。

「身振り手振りするとか、絵を描くとか、なんとかして説明しようとしてほしいんだけどね」とXさんは言う。Xさんは、Yさんと医療スタッフのコミュニケーションのために、〝痛い？〟〝お薬は……〟等と書かれたイラスト入りのカードを作成してスタッフに渡したけれど、使われてはいないという。医療スタッフは「Yさんには言葉が通じない」とあきらめているように思えた。

病院を出る時、私は打ちひしがれていた。Yさんの手話が読み取れず、自分から何も伝えられなかったのは残念だが、想定内だった。では、何がそんなにショックだったのか。一つには、看護師たちが「私には優しかった」ことだった。

病室を出て考えたこと

Yさんと手話でやりとりするXさんを横目に、私は病室の椅子にぼんやり座っていた。役に立たない自分が情けなかった。しかし看護師は、私が「聞こえる人」だとわかったとたん、ニコニコと近づいてきた。

看護師は患者Yさんへの質問を、私の顔を見ながらした。その声は、私にしか聞こえない。私は看護師の言葉を（手話で伝える力がないため）紙に書いた。それをXさんが読んで、手話でYさんに語りかける。Yさんは手話で答える。Xさんがそれを読み取って、看護師に声で伝える……それでやっと、看護師とYさんとの意思疎通がなされた。私がその場にいなければ、看護師はYさんとの意思疎通をはかろうともしなかったろう。私はこれを、看護師個人の資質や力量の問題ではなく、しくみの問題だと考えている。

現在の病院は、ろう者の患者には、常に聞こえる家族か手話通訳者がそばにいて、サポートしてくれることを前提にしているかのようだ。しかし、そんな恵まれた状況にいる人はごく稀だろう。

京都の市立病院には、手話通訳派遣の制度がある。だがそれも、週に二日、数時間ずつで、しかも予約制だという[3]。自分で予約できない人は？　急病の場合は？……なんと脆弱な制度だろう。むろんこうしたことは個々の病院の問題ではなく、ろう者や手話に対する理解や、情報保障のための制度が社会全体で欠けていることがより大きな問題だ。

もしもあの時

Yさんを見舞った後、私は十数年前の夜のことを何度も思い出した。バスで帰宅する途中、突然ひどい腹痛に見舞われた。バスを降りて道に倒れこんだ私を見た人が救急車を呼んでくれ、搬送された。その間何度も、周りの人や救急隊員の質問に答えた。入院後も一晩中激痛が続き、眠れなかった。翌日の緊急手術まで、生きた心地がしなかった。

――もしあの時、自分の言葉が一切、誰にも聞かれなかったら？　もしあの時、救急隊員や医療者の言ってることが何もわからなかったら？　想像しただけで恐ろしい。まったくその国の言語を知らない外国で急病になったようなものだ。不安でたまらないし、命の危険もあったはずだ。

「意思」を受けとろうとする社会へ

私がこのお見舞いの日のことをSNS（facebook）でつぶやいたら反響があった。重度知的障害のある人の親御さんから、「娘も同じだった」とコメントされた。入院した娘さんに付き添っていたが、用事で病室を離れた間、医療者から放っておかれたという。知的障害のある人が意思を発信しても、ふだんからその人と接していない人は読み取るのが難しい。精神科病院に入院経験がある友人も、保護室に入れられて「何もわからない人」として扱われた辛い経験を教えてくれた。その友人は説明なしに薬を投与され、ますます発信ができない状態にされてしまったという。

誰もが、人としての感情と意思をもっている。障害者差別解消法における「合理的配慮」は、障害のある人の「意思の表明」をきっかけにして行われるのが原則だ。しかしその人の意思を聴こうとする人がいなければ、それを支える制度がなければ、その人の「意思」はどこにも届かない。意思を受け止めなかった側が、責任を問われることもない。

あなたがたとえば高齢になって耳が遠くなった時、認知症になった時、もう「意思」がない存在であるかのように扱われたら、どれほど悲しく、屈辱的なことだろうか。それを「しかたがない」で済ませることのない、人を人として扱う社会をつくっていかなくてはならない。

3　飲み会の席での情報保障は「ちょっと…」？

当事者にわかりにくい差別解消法

年明けのある日、聴覚障害者の自立生活センター[4]が主催する、障害者差別解消法を「知って、使いこなす」ためのセミナーで話をさせてもらった。あちこちで研修をさせてもらっているが、聴覚障害の当事者を対象とする講座は初めてだ。やりがいがある分、緊張感もハンパない。

事前の打ち合わせに二度、事務所を訪れた。中途失聴の当事者であるスタッフによると、せっかく差別解消法がスタートしたのに、何が変わり、どんなふうに法律が使えるのかわかりにくい。わかりやすい本や資料も見つからないという。私も探してみたが、聴覚障害者向けの解説書は少ないし、用語が難しかった[5]。

打ち合わせ時に聞いたのは、一般企業に就労している聴覚障害者は多いものの、どこの職場でも情報保障（本人にとって必要な手話通訳、ＰＣによる要約筆記等の合理的配慮）が十分受けられないでいるということだった。仕事上のスキルアップのためのセミナーを受講したくても情報保障がないし、公的な通訳派遣の制度も使いにくい。また、雑談の輪に入れない等の人間関係が辛くて、退職転職を繰り返した人もいるという。

本来、差別解消法（および改正障害者雇用促進法）[6]の施行は、彼や彼女らが働きやすくなるよう後押ししてくれるはずだが、現状、そもそも法が知られていない。だからこそ、わかりやすく「これはあなたのための法律です」ということを伝えたいと思った。

「情報保障が無い」(想定されてない)という「社会的障壁」

障害者差別解消法は、社会的障壁(バリア)のために権利侵害を受けている人なら誰でも、状況を良くするために使えるもののはずだ。

しかし「障害の医学モデルから障害の社会モデルへ」のパラダイム転換[7]にしても、法律の中身にしても、肝心の障害当事者にまだ届いていない。法律の条文は難しくて抽象的。だからこそ、もっともっと、それぞれの障害種別等に応じて、エッセンスを具体的に伝える工夫が要るのだと思う。

聞こえない人についていえば、旧来の「医学モデル」では、「耳が聞こえないこと」がすべての困難の原因とされ、治療や補助具で少しでも聴力を上げることや、相手の口の動きを読み取る訓練等が「解決策」とされてきた。当事者自身の「がんばり」が異様なまでに求められてきたのだ。そうして、聴者との会話がうまくいかないことの責任は、聞こえない人の側に押し付けられてきた。

それに対し「社会モデル」では、そもそも「聞こえる人中心の社会」のあり方に困難の原因があると考える。聞こえない人にとっての社会的障壁は、何よりも、手話通訳やPC要約筆記等の「情報保障」の必要性が理解されていないことと、個々に応じた合理的配慮をおこなうための費用負担を助ける制度等がきわめて不十分なことだと考える。

日本社会で「バリア」といったとき、「車いすの人にとっての段差」ばかりが想起されがちだが(自分でもつい、そういう例を使ってしまいがち……)、「情報保障がなされていないこと」は、れっきとしたバリアだ。「情報のバリア」は「情報にアクセスする権利」を侵害する社会的障壁なのである[8]（加えて、「補聴器をつければ聞こえるんでしょ」的な誤解、サービス業の問合せ先が「電話のみ」であること等も、社会的障壁である）。

「情報保障がない」というバリアのせいで困ったならば、当然、合理的配慮を求めてよいし、求められた側はそれに対して最大限努力して応えなくてはならない。

「たった一人から」求めていい

そうして迎えたセミナーの当日、約三〇人の参加者の半分は、聴覚障害の当事者（ろう者、難聴者）だった。聞こえの状況や、必要な情報保障のあり方は個々に異なるため、会場には難聴者が音を拾いやすくするための「磁気ループ」が敷かれており、手話通訳者とPC要約筆記のスタッフたち、総勢八人ほどでフル稼働していた。

私の講義は、〇×クイズに始まり、聴覚障害の人がよく遭遇する「差別」（スポーツクラブの入会拒否、聞こえる人と一緒でないとツアー参加を断る等）や「合理的配慮の不提供」の事例、および好事例を紹介しながら進めていった。法律が施行された今、たった一人からでも、「手話通訳をつけてください」と申し出ることができる。情報保障の要求は決して「わがまま」ではなく、他の人との平等を確保するために当たり前にやっていいこと（＝権利）だ。法律という後ろ盾ができたことの意味は大きい……ということを話した。

「たった一人からでも」と私が強調したのには理由がある。これまでに何度も、「ウチの講演会は五〇〇人ほど参加者がいて、平等に参加費を頂いています。あなた一人だけのために何万円もかけて手話通訳をつけられません」といった理屈で、聴覚障害者が情報保障を断られるというケースを聞いてきたからだ。この多数派の理屈に、なんとなく納得してしまう人は結構いるのではないか？ そんな見当違いの「理屈」を打ち破って、平等を確保するために法律はつくられたのだ。

仮に、申し出た相手方が法律をわかっておらず、ポカーンとしていたとしても、ひるむことはない。すぐには状況が変わらなかったとしても、法律はあなたの味方だ。堂々と情報保障を求めていけばいい。そうした実践を通してこそ、法の理念が社会に根づいていく――そんなことを私は話した。

講演後、参加者全員で「働くこと」をテーマにディスカッションを行った。ある会社員は、社内で「人権講演会」が開かれたが通訳がつかなかったので欠席したところ、後で呼び出されて、二時間の人権啓発ＤＶＤ（字幕なし）を見ることを強要されたそうだ。まるで嫌がらせではないか。

ディスカッションを通して、「情報保障」の必要性を理解していない職場がいかに多いのかを思い知らされた。彼女、彼らは社内で立場が弱く、困ったことがあっても呑み込んでしまう。ハローワークや障害者雇用の専門機関に相談することも非常に難しいという。会社は「中の話を外部に漏らすのを嫌がる」からだ。

そんな中、ある難聴の会社員がこう発言してくれた――「これまでも職場に対して、研修へのパソコン要約筆記を求めてきたけど、実現に三年かかった。今でも上司は文句を言う。でもさっきまつなみさんが〝たった一人からでも堂々と求めていい〟と言ったことに励まされた。これからも堂々と求めていきたい」。この応答には私自身、とても力づけられた。

「たった一人」が排除されないために

たった一人から権利（たとえば情報保障という合理的配慮）を求める、という当たり前のことが、どうも日本社会ではすんなりとはいかない。「ケンリばかり主張して……」「一人だけ特別扱い」といった表現には否定的なニュアンスが濃厚だ。

人権が守られていない人は通常、「一人で」その状況にいる。一人だから救済しなくていいはずはない。適切なたとえではないかもしれないが、もしある施設で一人の利用者に対する虐待が起きているという通報があれば、関係機関が調査に乗り出すはずだ。「一人だから」放置する、ということはありえない。なのになぜ聴覚障害者には、「一人」なら我慢したら？　と言われてしまうのだろう。一人が情報から置いてきぼりにされ、不利益や孤立を強いられることは、たいした問題ではないのだろうか。そんなはずはない。

「ちょっと、そこまでは……」

特に印象に残っているのが、「会社の親睦会、送別会などの飲み会に誘われるのがつらい」という悩みだ。「〇〇さんもどうぞ」と気軽に誘ってくる同僚。「そういう場でのコミュニケーションこそ大事」と言う上司。しかし、実際の飲み会の席では、会話から取り残される。最初は少し筆談してくれた同僚も、そのうち酔っぱらう。皆が笑っていても何がおかしいかわからないし、訊けない。自分は何のためにここにいるのか？

……そんなことが何度も何度もあったから、誘われても参加したくない。でも、断れば「つきあいが悪い奴」と言われる……そんな悩みだった。

息抜きであるはずの飲み会が、悩みの種になる。その苦しさを、自分の身に置き換えて想像してみてほしい。

「社内研修」等と違って、飲み会における情報保障（通訳派遣等）を求めることは、グレーゾーンだろうか。ある難聴の会社員は、一度上司に「飲み会での筆談による情報保障」を提案してみたが「ちょっと、そこまでは……」と言われ、それで終わりだったそうだ。

たとえば、聞こえないAさんの同僚たちが「二〇分ずつ交代で筆談する」といったルールを作ったとする。しかしそれは続くだろうか。逆に「Aさんを誘うのはやめておこうか」という方向に動いてしまうかもしれない。

明確な答えがあるわけではない。だが、「飲み会の席で排除されている人がいても、だれも気づかない」状況が当たり前にあるのがこれまでの社会だった。「そんなもんだ」「しかたない」というかたちで、障害者排除に加担してきたのが、私を含めたマジョリティの「聞こえる」人たちである。

たとえば職場の飲み会だったら、そこでどんな新しい職場の慣行（文化？）をつくっていけるのか。法律の施行だけでは終わらない範囲のことも、一緒に考えていくことはできないだろうか。

4　聴言センターのロビーで見た風景
——「これまで合理的配慮がなかった」ことへの想像力を

改めて、なぜ法律が必要だったのか

この文章を書いているのは（二〇一六年）三月半ば。この原稿が『ヒューマンライツ』誌上に掲載される頃、もう障害者差別解消法は施行されている。そう思うと、なんだか胸がいっぱいというか、不思議な気分になる。法律のスタートをこんな思いで待つのは、初めてのことだ。

二〇〇九年に障害当事者と家族が委員の過半数を占める「障がい者制度改革推進会議」が発足した[9]。「私たち抜きに、私たちのことを何も決めないで！（Nothing about us, without us!）」というスローガンを具体化したのが推進会議（途中から障害者政策委員会）であり、そこに設けられた「差別禁止部会（通称：さべきん部会）」での議論が、解消法のベースになっている。

なぜ法律が必要なのか。それは、これまでは差別を禁じる法律がなく、障害のある人は飲食店やスーパー銭湯から追い払われても、飛行機の搭乗を断られても、情報保障がなくて学びに参加できなくても、あきらめるしかなかったからだ。法律では、不当な差別（正当な理由のない「別扱い」）をしてはいけないことと、社会的障壁をとりのぞくために「合理的配慮」を求めてよいということとが明記されている。

制定プロセスにおける「合理的配慮」

しかしこの障害者制度改革の動きは、世間一般にはあまり知られていなかった。解消法が成立した時の報道も地味だった。「法律が通った」よりも、「こういう障害のある人が音楽コンクールで優勝した！（すごいね）」的な出来事のほうが、ニュースになりやすい。

一連の制度改革の会議はすべて、ネットで中継・配信され、資料も議事録もネット上で公開されてきた。すべての会議で「合理的配慮」——手話通訳、文字通訳、テキストデータの提供等——がなされていた。おかげで、地方在住者や、外出しにくい重度障害者も含め、誰もが内容を知れる。「私たち抜きに、私たちのことを何も決めないで！」という原則のとおり、誰も置き去りにしないで法律や条例をつくるために、合理的配慮をおこなうのは必須だ——ということを、私はこの制度改革のありようから学んだ。

聴言センターのロビーで見たもの

今でも忘れられない風景がある。二〇一〇年の初頭、第一回の推進会議が行われることが決まった時、「インターネット中継をみんなで見よう」という企画が、聴覚障害者団体の主催で行われた。場所は西大路御池の聴覚言語障害センター（通称：聴言センター）である。私は二〇〇八年秋から京都の障害者団体のネットワーク[10]の事務局を手伝っていて、そのイベントに誘われたのだ。

当日、車いすユーザーの友人とともに聴言センターを訪れた。二階のロビーに大きなスクリーンが設置され、推進会議の様子が映し出されていた。私も知っている車いすユーザーの委員の姿が見えて、「お！　××さんや」と思う。スクリーンの左側には手話通訳、下部には字幕が用意されていた。そのロビーには聴覚障害のある人たちが二〇人ほど集まっていた。ろう者である推進会議の委員が手話で発言する場面では、みんなが身を乗り出すようにスクリーンを見ている。「わー、〇〇さん（委員）がこんなこと言ってる！」という感じの盛り上がりが、私にも伝わった。手話で感想を言い合う人々。

音声はなかったが、ろう者である委員の発言はすぐに読み取り通訳されて、画面の下に字幕で表示されるから、私もその委員の発言内容をリアルアイムで知ることができた。

「これまで」に思いを馳せる

これまで、障害者に関わる国の審議会などは無数に行われてきたが、その様子を聴覚障害のある人がリアルタイムで視聴することは不可能だった。今は「合理的配慮」があることによって、この場に集まっている人たちは推進会議の議論に参加できる。しかしそれは、かれらにはずっと、「当たり前のこと」ではなかったのだ。ほぼすべての会議から排除されていたのである。

会議の様子はネット中継されていたから家のパソコンからでも見られた。しかし聴言センターに足を運ぶことによって、あの場の熱気にふれることができた[11]。

実のところ、法律にも制度にも全く詳しくなかった私が（今も詳しくないが）、この間の制度改革の流れを追いかけ、法律の意義や中身をつかもうとがんばれたのは、直接的には、京都で取り組んできた障害者差別をなくす条例の制定をめざす運動と、国の動きがリンクしていたからだ。さらに様々な当事者が実質的に参加してルールを作っていることを、折々に実感できたことも大きい。

「権利の回復」として合理的配慮を理解する大切さ

聴言センターのロビーでの風景を思い出すにつけ、「合理的配慮」とは、障害のある人への「特別な思いやり」でもなければ、「余裕があれば行う追加のサービス」でもなく、「奪われてきた権利の回復」であるということを再確認する。あの時の聴言センターの二階ロビーが熱気で包まれていた背景には、権利を奪われてきた長い歴史がある。そして六年たった今でも、たとえば情報保障という「合理的配慮」がなされていない場面が、社会全体では圧倒的に多い。ほとんどの邦画に日本語字幕がつかないのもあいかわらずだ[12]。

制度改革推進会議は、権利条約を批准するためにどうしても欠かせない法整備をすることが目的で始められた。いわばシンボル的な意味もあったから、そこで合理的配慮がなされたのは、当然といえば当然だ。手話通訳や文字通訳（字幕）がしっかりついていたおかげで、全国のろう者が参加できた。ろう者の委員の発言を私がすぐ理解できたのも、読み取り通訳と字幕のおかげであるから、聞こえる人全員も受益者である。

しかし、「全国のろう者」じゃなく、〝たった一人のろう者〟からでも権利の回復を求めていい、というのが障害者差別解消法の力強さだと私は思っている。

本書で私は、「障害の社会モデル」の理解なしには「合理的配慮」も理解できない、と述べてきた。では「社会モデル」の理解とはどういうことか。それは、定義をすらすら言えることではない。

一つの鍵は、「これまで（歴史的に、構造的に）権利を奪われてきたこと」への想像力をもてるかどうかではないか……と最近考えるようになった。合理的配慮が「ない」ことが当たり前の世界を、障害当事者は生きてきたのである。その状況への想像力をめぐらせ、不公正だと思えるかどうか。変えなければならないと思えるかどうか。そうした想像力をもたないまま、現在の一場面だけを見ていては、気がつかないことがあると思う。

「助けないでいた社会」を想像する

昨年、ある自治体で研修を行った時のことだ。管理職の人が「合理的配慮だとかいって、何も難しく考えることはありません。目の前で困っている人がいたら、助けるのは当たり前でしょう」と訓示していた。ううむ、言いたいことはわかるのだけど……。

差別は構造的なものだ。わかりやすく「目の前で困って」いなくても、平等な権利が保障されていないことは山ほどある。権利を学び、不平等を放置してきた社会のあり方に思いをめぐらせなければ、結局、合理的配慮は「思いやりのようなもの」という認識にとどまってしまうのではないだろうか。

◆レッスン2の終わりに

この社会は「聴こえて、しゃべれる」人を中心にできている。透明の自動ドアが開くように私たちは情報を得、言いたいことを誰かに伝えている。そのドアが開かない人がいることに、なかなか気づかない。このレッスンでは、そのことを突きつけられた体験を集めてみた。

ここに収めた文は二〇一七年までに書かれたもので、今読むと、若干古いと感じる部分があるだろう。たとえば「UDトーク」などの音声認識アプリが進化し、テレビドラマ[13]等を通じて一般に知られつつある。テレビの字幕表示や副音声も増えた。電話リレーサービス[14]の制度も普及しはじめた。その一方で、ICT技術がちょっと発展したぐらいでは容易にとりのぞかれないバリアがあるとも思っている。

私が尊敬するトランスジェンダーの友人は、コロナ禍の前からセクシュアルマイノリティの医療・教育・福祉に関わる研究大会に必ず情報保障をつけるよう取り組んできた。ろう者が参加するかどうかわからなくても、である。「情報アクセシビリティ法ができた（二〇二二年）」「差別解消法が改正された（二〇二四年四月）」というだけでは、人の認識も行動も変わらない。この友人のように「排除しない」重要性を理解している人の粘り強い行動があってこそ、情報保障を根付かせていけるのだと思う。

■注

1 法律や地方条例への「障害者の参画」については、PART2(二五六ページ以降)も参照。障害者権利条約にも定められている(第4条3項)。

2 正式名「手話言語を確立するとともに要約筆記・点字・音訳等障害者のコミュニケーション手段の利用を促進する条例」。二〇二四年四月二日現在、手話言語条例は三八都道府県/二〇区/三五四市/一〇七町/六村、計五二五自治体で制定されている(全日本ろうあ連盟のwebサイト https://www.jfd.or.jp/sgh/joreimap)。

3 この「週二回」は(初出の)二〇一五年時点の話であり、現在は「平日の八時半〜一七時」に手話通訳サービスが提供されている。だがこれで十分なはずがない。

4 聴覚障害者自立生活センター(LIC)。兵庫県にある。https://www.npo-lic.com/

5 もっともこれは二〇一七年当時の「書かれたもの」に限っての話であり、手話動画等が作成されている可能性はある。

6 「雇用・労働」についての差別禁止と合理的配慮義務は、障害者差別解消法ではなく、改正障害者雇用促進法に定められている。いずれも二〇一六年四月に施行されている。

7 「医学モデルから社会モデルへのパラダイム転換」については、レッスン9(一六六ページ)か、PART2(二二八〜二三二ページ)あたりを参照。

8 ここでは聴覚障害のある人への情報保障について書いているが、視覚障害のある人へのテキストデータや音声データの提供、知的・発達障害のある人へのわかりやすいテキストの提供なども、重要な「情報保障」である。

9 国で制度改革推進会議がおこなわれている間、私は京都で、障害者差別禁止法(仮)の地方バージョンともいえる差別解消条例をつくる運動に参加しており、関係が深い制度改革の動きを見守ってきた。PART2、二五三ページ以降参照。

10 ネットワークの名前は、「障害者権利条約の批准と完全実施をめざす京都実行委員会」。

11 こうした集団での視聴は、全日本ろうあ連盟が呼びかけていたことを後で知った。私が聴言センターのロビーで見たような光景が各地であったのだろう。

12 執筆時（二〇一七年）に比べると現在、邦画の字幕つき上映は増え、字幕を表示するタブレット等の貸し出しを行う映画館も出てきたが、まだ全体のものとはなっていない。この間、映画、演劇などエンターテイメントにおける情報バリアフリー化を求めて、様々な団体や活動が立ち上がっている。

13 二〇二二年後半、中途失聴者を主人公とする「silent」というドラマが人気を博し、その中では聴者と聴覚障害者のコミュニケーションツールとしてUDトークを使う場面も多く映し出された。

14 総務省のサイトでは、「電話リレーサービスとは、聴覚や発話に困難のある方（以下「聴覚障害者等」）と聴覚障害者等以外の者との会話を、通訳オペレータが手話・文字と音声を通訳することにより電話で双方向につなぐサービス」だと説明されている。二〇二一年に開始された。

レッスン3 「対話」はなぜ大事で、どんな時に難しいのか

1 一時的に「できなくなった」職員が教えてくれたこと

改札に現れなかったのは……

初秋のある日、私は近県A町の公民館で行われる市民向け講座の講師を引き受けていた。初めて訪れるA町。最寄り駅に着いて改札を出ると、「まつなみさんですか」と声をかけてきた人がいた。「はい、そうです。Bさんですね？　お世話になります」と返す。講座担当の職員であるBさんとは、事前にメールで何回かやりとりをしており、数日前にも「駅まで車でお迎えにあがります」というメールを受け取っていた。

ところがその男性は「いえ、私はBではないんです」と恐縮したように言う。「実は、Bのほうが昨日、スポーツ大会の練習ではりきりすぎて、骨折してしまいまして……」。「えー！」。それで急きょ、同僚であるCさんが送迎に来られたのだった。

稲刈り前の田んぼが広がるA町の景色を眺めながら、公民館に到着すると、入り口で松葉杖をついたBさんが待っていた。包帯でぐるぐる巻きにされ、大きくふくれあがった足が痛々しい。「すみません、こんな格好で」と言うBさんと挨拶をかわす。「大変でしたね……」としばし雑談してから、

講演前の打ち合わせに入った。

「対話」をしてくれた！

この日は、施行を半年後に控えた「障害者差別解消法」がどんな考え方に基づいて作られたのか、どんなことが「差別」にあたるのかを具体的な事例とともに話し、社会的障壁をなくしていくために「合理的配慮」が明文化されたこと、合理的配慮を行うには「対話」が不可欠であること……等を、約三〇人の参加者に話した。

講演と短い質疑応答が終わると、司会のBさんが松葉杖姿で前に出てきた。参加者の中に知り合いもいるのだろうか、どこか照れくさそうな表情だ。Bさんは私に謝意を述べた後、ひと呼吸おいて、参加者に向けて語り始めた。

「皆さん、いきなりこんな格好で失礼します。実は昨日体育館でケガをして、病院に運ばれました。ショックでした。『明日、自分が担当する講座があるのに、なんてことだ。みんなに迷惑がかかる』と思って、自分を責めました。するとCさんが来てくれて、こんなふうに言うてくれたんです。『今の体の状態で、何ができるか？　何はできて、何は難しそうか、ちょっと考えてみてくれ』って。嬉しかったですね。自分の体の状態をみつめてみると、車の運転はたしかに無理です。なんとか歩けるけど、階段はのぼれない。会場はエレベーターがあるからいいけど。でも椅子を並べるのは難しい……。でも受付はできる、司会もできる。一つひとつ、自分ができること、できないことを考えてみることができました。

さっき、まつなみ先生が『対話が大事』ということを言ってたけど、Cさんは僕と『対話』をしてくれはったんやと思いました。もし『休んどけ』と言われたら、こうやって司会を務めることもできませんでした。自分は何もできない人間になったような気がして、落ち込んだままだったかもしれません」。


見事なシメの挨拶だった。Bさんはケガによって松葉杖を使う人になり、一時的にだが「何もできなくなった」ように感じた。だがそこにCさんが声をかけ、対話をするなかで、「できること、できないこと」を整理し、役割分担を決めなおした。その結果、Bさんは自信を取り戻し、自分の役割を果たすことができたのである。

合理的配慮に向かう姿勢

以上は、とてもささやかなエピソードだ。Bさんは法的に「障害者」（障害者手帳を取得した人）になったわけではないし、差別を受けたわけでもない。「こうしてほしい」と意思の表明をしたわけでもない。だがBさんは、Cさんから受けた対応を「嬉しかった」と言い、私の話にひきつけて、語ってくださった。

さて、BさんがCさんから受けたサポートは、「合理的配慮」の事例と言ってよいのだろうか？A町から帰る電車の中でぼんやり考えてみた。おそらく、違う。けれど、「合理的配慮を行う側に求められる姿勢」という点でヒントになると思った。

Bさんのように一時的に松葉杖を使っている人についても、差別解消法は関係ある。そもそもこの法律は、「窓口で相談できる人」を、障害者手帳を取得した人に限っていないのだ。それは、厚労省が定める「指定難病」になっていない難病や高次脳機能障害等、「制度の谷間」におかれている人や、外見や過去の病歴[1]のために差別を受ける可能性がある人などが、排除されないためである。だから、一時的に松葉杖や車いすを使っている人でも、もしそれを口実に不当な扱いを受けるようなことがあれば、公的な窓口で相談できるはずだ。

Bさんはケガをしたことで仕事ができなくなったと思い、混乱していた。そのBさんに声をかけたCさんは、「休んどけ」というざっくりした気遣いをするでもなく、「やれる仕事」を勝手に判断することなく、Bさん本人の判断を尊重しようとして、具体的な問いかけをした。

Cさんの「何ができるかできないかは、本人に聞く」という対話の姿勢は、とても大切なものだ。

勝手に決めないために

私には苦い思い出がある。ある時、新しく知り合った車いすユーザーDさんとご飯を食べに行くことになった。待ち合わせ場所は私がよく知っているエリアだったので、「お店の候補は私が探しておきます」と伝えて、近辺の「バリアフリーの飲食店」を一生懸命ネットで調べた。車いすトイレの場所も調べ、条件に合うお店が少ないことに憤った。

ところがDさんに会って、「バリアフリーのお店」の候補をあげると、「〝入れるお店〟より、〝食べたいものがあるお店〟が優先でしょ」と言われた。言われてみれば、当たり前のことだ。Dさんは私に、自分の場合は「車いすを店の外に置いて、少しの距離なら歩いて席に移動できる」ということ、ただし「堀りごたつの店はＮＧ」であること等を説明してくれた。ガツーンと頭を殴られたような気がした。Dさんがふだんどうしているのか、何を食べたいのかを尋ねることもなく、私はひたすら「バリアフリーの店」をネットで検索していたのである。

あの時の私は、まださほど親しくなかったDさんに対して、「何をどこまで聞いていいのかわからない」と感じて、対話を怠ってしまったのだと思う。しかし、「車いすユーザー」だから「バリアフリーの店じゃないと」と、（無意識にせよ）決めつけて店選びをしたことは、選択肢を狭めてしまっただけでなく、障害者が取り戻そうとしてきた「自己決定」の権利を再び奪うことにもなっていた。顔から火が出る思いだ。

これまで、合理的配慮に関わって「対話が大切」と何度も書いてきた。しかし障害者と話をした経験自体が少ない人は、相手の反応がわからないために緊張したり、「ひとくくり」にしたり、何かと対話を回避してしまいがちだ。私自身、そうした失敗を繰り返してきたのだと思う。

障害者差別解消法でいう「合理的配慮」は、多くの人が避けてきた「対話」をあえて促そうとするものだ。その分、小さな場所からじわじわと社会を変えていく可能性を秘めている。A町での経験は、改めてそんなことを私に考えさせてくれた。

2　忙しい居酒屋では筆談できない？

それは差別、と認められた

障害者差別解消法が施行されてからまだ日が浅い時期（二〇一六年八月）に各紙で次のような例が報道された。

「聴覚障害理由に居酒屋が入店拒む…抗議受け運営会社は謝罪」

滋賀県ろうあ協会の会員七人が兵庫県尼崎市の居酒屋を予約しようとした際、聴覚障害を理由に入店を断られていたことが一日、協会への取材で分かった。協会側の抗議に、居酒屋の運営会社（横浜市）は「関係者の方々に不快な思いをさせてしまい、誠に申し訳ない」と謝罪した。

滋賀県ろうあ協会によると、七人は尼崎市で五月に開かれた近畿ろうあ者体育大会の卓球選手。同月九日、試合当日の二一日夜に食事をしようとファクスで予約を申し込んだ。

しかし、翌一〇日に居酒屋の店長から「手話のできるスタッフがおらず、筆談での対応もしていない。通訳がいない場合は予約を取れない」と断りのファクスが届き、七人は別の店を予約した。

協会の抗議に、運営会社は謝罪し「従業員に対し、教育、周知の徹底に努める」と回答した。同協会の辻久孝会長は「筆談も断られるとは大変遺憾だ。安心して暮らせる社会になっていないことが明らかになった」と話している。

四月施行の障害者差別解消法は、障害を理由とした差別を禁止しており、全盲の大胡田誠弁護士は「正当な理由がないのに入店を拒否するのは、明らかに法に反している」と批判した。

（二〇一六年八月一日　S新聞）

拒否された人たちの無念さを思うとつらいのだが、法が始まったことによる効果はあるんだなあと感じた事件だった。抗議によって、会社がことの重大さに気づき、再発防止策をとるに至ったことは、明らかに肯定的な変化だ。会社として差別解消法に則ったポリシーを持っていても、各店舗で働く人に周知されないことはよくある。法律の施行が、ろうあ協会の人の「相談」という行動を後押ししたのだろう。法の重みを感じる。

「大変そう」から思考停止に陥らないために

この事件のあと、ネット上では、「これは店側に酷ではないか。商売である以上、対応に限界がある」など、店側を擁護する声があがった。おそらく、店側としては「障害者ばかりが来店する」ということに対し過剰に緊張し、「大変そう」と予測し、「対応しないといけないけど、余裕がない、予想できない、自信がない」と考えたことが拒否につながったと思われる。そのあたりの「常識」的な思考に共感する市民は、相当数いる。「大変そう」という漠然としたイメージと、「不十分な対応をして迷惑をかけるかも。それならいっそ……」という善意。しかしこれは、聞こえない人と実際に接した経験が少ないことを背景にした思考停止だ。悪意がなかったとしても、拒否すれば「差別」である。

この「大変そう」という漠然とした不安は、実際に接客を経験すれば解消することもあるはずだ。実のところ、居酒屋での注文に複雑な筆談が必要なわけではない。私は聴覚障害のある人が多く参加する忘年会や送別会にお邪魔したことがあるが、かれらはメニューを指さして注文していた。ビールの追加を頼む時は空いたグラスを指さして、指で数字の「1」や「2」を表現することで十分通じる。考えてみれば私たち（聞こえてしゃべる人）だって、同じようにして追加注文しているではないか？「生ビールをもう一杯、持って来て下さい」とわざわざ言ったりしない。騒がしい店内では、空いたジョッキを店員に見せることが「注文」になるのだ。

私の難聴の知人は、「はい、〝焼き鳥盛り合わせ〟ですね」といった店員の復唱や、「おあいそですか」ぐらいは口の動きでわかるし、確認したいときだけ、紙やスマホ、タブレットも使って「筆談」しているそうだ。障害のある人たちはこれまで生きてきた中での膨大な経験に基づいて様々な工夫をしているし、ちょっとぐらい「不十分な対応」でうろたえたりしない。かれらは「何もかもしてあげなければならない」脆弱な人たちではない。ここでも鍵は「対話」である。

相手に聞けばいい、と思えるまで

私自身の歴史（?:）を振り返っても、車いすユーザーの親しい友人ができる以前には、「どう接していいかわからない」と思って身構えることが多々あったと思う。ひとり友人ができ、その後さらに介助に携わるようになっていろんな人と出会ううちに、「ああ、相手（障害のある人）は自分のことをよくわかってるんだ、人生で何百回と説明してきたんだ、だから相手に聞けばいい」と心から納得することが何度もあった。そこから、だんだん緊張がとれていった。

改めて思うのは、学校や社会教育における「障害者理解」の学習内容が、「このように手助けしましょう」という内容になっていて、障害者を無力な「客体」として描いてしまっていることの弊害だ。「健常者は常に助ける側」という思い込みが、かえって「十分に対応できないなら、手前で断ったほうが」という誤った対応を招いていると思えてならない。

差別事件を変化のきっかけに

さて、先述の居酒屋のケースついて、ある弁護士は以下のようにコメントしている[2]。

「手話ができるスタッフがおらず、手話通訳もいないとしても、筆談で対応することが、はたして『過重な負担』といえるでしょうか。一般的な居酒屋であれば、メニュー表などが備えられているでしょうし、専門の手話通訳がいないと注文ができないとは考えられません。筆談であれば特別なスキルは不要ですから、常識的に考えて、筆談で注文を取ることが『過重な負担』になるとは思えません」

そして、その弁護士は、「店側にも客を選ぶ権利がある」などというネット上で見られる意見に対しては次のように語っている。

「『手話通訳がいないと居酒屋も利用できない』というのは、聴覚障害のある人が社会生活をする上で重大な不利益です。そのような不利益を我慢しろというのはまさに差別にほかなりません」

その通りなのだ。店側が不安だからといって、ろう者が飲食店を利用するという「当たり前の社会生活」を制限されていいはずはない。同じように生活している人、と認識することがまず第一だ。

今回の拒否事件を起こした居酒屋チェーンは、これを機にしっかりした社員教育をして、評判のいいお店になってほしい。たとえば、かつて違法改造問題を起こしたホテル「東横イン」[3]は、その後企業姿勢を改めてバリアフリー化を推進し、現在では、車いすユーザーに評判の良いホテルチェーンになっている。

障害のある人を「無力で、傷つきやすい」センシティブな人と思い込んだり、逆にモンスターを想定したり、という両極端な語りをする人に、私は多く出会ってきた。その現実離れした障害者像を崩すのは、やはりリアルな障害のある人と対話の機会を持つ、場数を増やす、ということなのだと思う。

3 「安全」を理由に対話をサボるところで差別は起きる

苦手意識はどこから

「結局、我々の中にある苦手意識でしょうな。対話っていうても、なんか構えてしまう」

これは観光客も多く訪れる寺院の関係者に研修した後、懇談の場で言われたものだ。同様の言葉はあちこちで聞いてきた。障害のある人に対してつい「構えて」しまう背景には、接した経験が少なくてどうしていいかわからないということの他に、「うまくやらなければ（適切な接し方をしなければ）」との思い込みがあるように思う。脳内であれこれ考えて、それだけで疲れているようなのだ。

構えてしまうのは、障害者には思いやりをもって、正しく手助けすべし、と学校等で教えこまれてきたことと無縁ではないだろう。相手のことがわからないのは当然。ぎこちなくてもいいし、うまくいかないかもしれないけど、まずは対話しよう」とは教えられてこなかった。

二つの事例から（体育館と料理教室）

次の事例を読んで、どのように思われるだろうか。

〈ケース1〉視覚障害のあるAさんが市立体育館のトレーニングコーナーの利用を申し込んだ。そこにはダンベル等の器具が置かれ、ストレッチ等をするスペースもある。体育館の職員はAさんに、ヘルパーか家族と一緒に来て説明を聞いてほしいと伝えた。Aさんはガイドヘルパーと一緒に説明を聞いた。どこに何があるかも把握したので、翌週Aさんは一人で白杖をついて来館した。すると職員は「えっ」と驚いた。職員はAさんに、今後もヘルパーを同行してほしいと告げた。「ダンベルを落として誰かに当たったら大変なことになります。体育館にはお子さんも来てますし、もし何かあったらAさんもお辛いでしょう」

〈ケース2〉電動車いすを利用するBさんは料理教室に申し込んだ。ところが料理教室側は「規定により、車いす、杖を使用している方は参加できません」と断った。拒否の理由として、車いすでの移動の困難さのほか、鉄板を持つ、お皿を持つ、包丁を持つことがあることを挙げ、「皆さまに安全に参加していただくためにご理解ください」と頭を下げた。Bさんは、自分が見た範囲では広さも十分で、安全に料理が行えると判断したことを伝えたが、担当者は「規定ですので」の一点張りだった。

ここに出てくる体育館の職員や料理教室側の言い分に「一理ある」と思った人は、それなりにいるのではないか。

もう少し細かい情報があればどうか。たとえばAさんが会社員でパラリンピックに出たアスリートだと聞けば「大丈夫そう」と思うかもしれない。Bさんが「ベテラン主婦で、長年ずっと料理してきた人」なら、許可してもいいと思うかもしれない。

もし、そのように考えたのだとしたら、私たちは間違いをおかしている。そもそもなぜ、「ある人が安全にスポーツできるか、料理できるか否か」を判断できると思うのだろうか。障害のない人は、ジムでうっかりダンベルを落としたり、料理中に包丁で指を切ったりしないのだろうか。少なくとも私はどちらも（後者は数えきれないほど）やったことがある。

なぜ「障害がある」というだけで、諸々のリスクが一気にビヨーン！と跳ね上がるような感覚をもってしまうのだろう。障害のある人は自分の身体のことをよくわかっており、どういうときにどんな方法をとればいいかを、経験から考え抜いている、と私はこれまで何度も感じてきた。しかし、障害のある人が身近にいたことがなければ、なかなかそこに考えが及ばないのだろう。

「もし何かあったら」と、さも思いやっているように言うけれど、障害のある人を「起こりうるリスクを判断することもできない人」と思い込んでいることに気づいていない。具体的な動作等、わからないことがあれば本人に尋ねてみればいい。しかし、そうした対話をせず、リスクを回避するためには手前で断っておこうと思ってしまう。ここにも、障害者を「何かをしてもらうだけの受動的な存在」と印象づけてきた、これまでの教育のあり方の影響を見てしまう。

「対話」を想定しないところで差別は起こる

この二つのケースは、障害者差別解消法に照らすとどうだろうか。答えは「不当な差別的取り扱い」、つまり行政・民間に関わりなく、障害を理由とした差別だといえる。

ケース1は、「介助者をつけないとスポーツ施設を利用できない」という条件をつける点で、Aさんが平等に体育館を利用する権利を侵害している。視覚障害者がそうそう長時間のヘルパー利用ができるわけではないという制度の壁もあるが、何よりAさんは一人で利用したいし、実際できるのだ（そのうえで、たとえば「掲示物を読んでもらう」等の合理的配慮を求める場面はありうる）。しかし体育館の職員は、過剰なほど危険なケースを想定して拒否してしまった。

ケース2の料理教室も、車いすユーザーが参加することを全く想定しておらず、ありうる「危険」を並べ立てて、参加を拒否している。法的根拠のない「規定」は、それだけでも大問題だ。何ら話し合うこともなく料理教室への参加を拒否することは典型的な差別なのである。

いやいや、そうは言っても、車いすユーザーが熱い鉄板を持って移動できるのか？――と疑問に思う読者もいるだろう。だが、障害のある人が参加していない通常の料理教室では、すべての場面ですべての受講者が、全く同じ作業手順を踏んでいるものだろうか？　料理教室に通ったことがある私の友人に聞いてみた。すると、実際には、体力や料理のスキルはさまざまなので、「この作業は全員がやらなくていい」とか、「不安に思う人は、手伝ってもらって」等の細かな指示が行われるのだという。そりゃそうだ。料理教室側もケガや事故は避けたいから、均一ではない参加者に配慮している。だから、車いすユーザーというだけで、入口で拒否するのではなく、もし具体的に危なそうな動作や場面があるのなら、事前に（あるいはその場で）話し合えばよいだけだ。

実際的な「対話」をせず、「前例がない」「もし何かあったら」と言って拒否する。これこそ典型的な現代の差別事象だ。これまで幾度となくあったことだが、ようやく法的にも「差別」といえるようになったのだと言える。

思いやりではなく、対話を

Aさんも Bさんも、あきらめずに相談機関を頼った。それによって問題が顕在化した。障害のある人に抱く漠然とした苦手意識は、顔の見える関係の中でこそ解消されやすい。「障害者のための特別な場所」に出かけていくのではなく、自分が住む地域、自分が働く職場、自分が通っているスポーツジムや料理教室、そういったところで障害のある人と出会い、対話する機会が増えることは、ゆっくり社会を変えていくはずだ。

◆レッスン3の終わりに

障害者差別解消法のマニュアル的な文章（基本方針ほか）には、「対話」ないし「建設的対話」という言葉がひんぱんに出てくる。対話がなぜ大事かというと、相手をまず「一人の人」「対話できる存在」と認めて、ちゃんと向き合おうといった（やや倫理的な）意味もある。

対話というと、「心を開いて……」といった「心がけを変える」イメージが持たれやすい。だがむしろ「手続き」として対話が必要だということが広まる必要があると思っている。

■注

1 アザ、治療痕など「外見」を理由に差別される場合や、現在は治癒しているが過去にある疾患にかかっていたことを理由に差別される場合なども、障害者差別解消法に基づく窓口で相談することができる。

2 弁護士ドットコム https://www.bengo4.com/internet/n_5018/（二〇二四年四月二日現在）

3 二〇〇四年に東横インは、自社の運営する多数のホテルを建築基準法・ハートビル法（当時）・地方自治体条例等に違反する形で新築・改造していたことが発覚した（東横イン不法改造問題）。当時、車いす客は年に一人か二人だ」といったコメントが報道され、大きな社会的非難を浴びた。しかしその後、障害当事者の声を聴いた上で施設の改良につとめ、二〇一〇年ごろには車いすユーザーが泊まりやすいホテルに変身を遂げた。「東横インにしか泊まらない」という声を複数の車いすユーザーの友人知人から聞いている。

レッスン4　文化的障壁（社会の慣行、価値観などのバリア）を考える

1　バスの中とお通夜の風景──「待つ」という新しい慣行

障害者差別解消法がスタートするにあたって、駅にポスターが貼られたり、パンフレットが作られたりするようになった。気になっているのは、あいもかかわらず、「思いやりをもって障害者の人を助けること」を合理的配慮だと思わせるようなトーンのものが多いことだ。

解消法は、「障害者に親切にしましょうキャンペーン」ではない。健常者中心社会のあちこちにあるバリアを（時間はかかるけど）少しずつなくしていき、不平等な状況を変えていこうとするものだ。だから、「〇〇障害の人をどうお手伝いするか」ではなく、もっともっと、「社会のあり方」の方に関心を向けてほしいと思う。だが、なかなかそうはなっていかない現状がある。

学生さんとの会話

「何かしたい」という声は学生さんからも聞く。

先日、非常勤先の授業の後、学生の一人（Pさんとする）が話しかけてきて、しばし雑談した。

P「最近、バスの中で、車いすの方を時々見かけるのですが……。私はどんな合理的配慮をすべきですか？」

え、どういうこと？　私は一瞬、意味がわからなかった。

私「乗りこむ時に、渡し板（スロープ）を出す操作は、運転手さんがしますよね。安全に乗せるのはバス会社の責任です。乗客のPさんが何かしなくてもいいと思いますよ。『何かしなきゃ』って思うんですか？」

P「近くで見ていて、なんか時間がかかってるし、大変そうだなって思うんですけど……」

私「もし周囲の人の助けが必要なら、本人が自分で言わはると思います。私だったら特に何もしませんね」

P「そうですか……」

Pさんは、がっかりした様子だった。「何かしたい」という気持ちが満たされなかったからだろうか。

次の瞬間、思い直せばいい

私はふと、車いすユーザーの友人からしばしば聞く話を思い出して、次のように語りかけた。

私「車いすユーザーがバスに乗り込むのに、少し時間がかかりますね。その間に、まわりの乗客が嫌そうな顔をしたり、舌打ちしたり、『何もこんな混んでる時間帯に乗らなくても』などとキツイ言葉をかけたりすることがあるみたいなんです」

P「私はそんなことしません」

私「そうですよね、ごめんなさい。ただ、実際にあることなんです。それがつらくて、極力バスに乗らないようになった人もいます。だからPさんは、途中で車いすユーザーのお客さんが乗ってきて、乗り込むのに時間がかかっても、『当たり前のこと』と受け止め、悠然としていてほしいです。……まあ私も、ものすごく急いでいる時だったら、一瞬、脳内で『あちゃー』と思ってしまうかもしれないけど」

P「まつなみ先生でも、『あちゃー』と思うんですか?」

私「人間だもの。一瞬思ってしまうことはあるでしょう。でも、すぐ次の瞬間、思い直すんです。『誰にでもバスに乗る権利がある。バスが遅れる要因なんていくらでもある。幼稚園児の集団が乗り込んでくることもあるし、渋滞もしょっちゅう。自分がギリギリに飛び乗ることでバスを遅らせることもある。まちがっても、車いすユーザーが乗りこむから遅れるわけじゃない──と、こうやって思い直してみることが大事なんだと思ってます。誰でも、乗りたい時に乗る権利がある。文句を言われる筋合いはない。そう頭の中でつぶやくんです」

……そんな会話をした。

「待てる」人が増えれば、バスは乗りやすくなる

学生Pさんとの会話で私が伝えたかったことは、認識を変えるだけでも一歩前進だということだ。どんな障害のある人もバスを使うのは「当たり前」と思うこと。たとえばバスの中でぶつぶつと独り言をつぶやき、突然大声を出す人がいたとする。乗客の誰かから「迷惑ですよ！ 降りてもらいましょう」というような声があがったとしても、決して同調しないことだ。「これ（独り言など）はこの人にとっての『普通』だ。特別なことじゃない」と考えるようにすれば、そのうち気にならなくなってくる。

障害のある人が社会のどんな場所にいても「当たり前」だと感じるように、自分を慣らしていけばいい。待てばいい。こうした「特に何かするわけではない」ことも、多様な人が暮らせる社会のための一歩ではないか。

まだ広まっていないだけ

「合理的配慮」の実践例として紹介されているものは――視覚や聴覚に障害がある人への情報保障であれ、発達障害のある人への音や明るさの調整であれ――、まだ行われたことがないものは一つもない。それを求めてきた人たちがいて、どこかで既に行われているが、「まだ広まっていない」ものなのだと思う。障害のある人が地域のなかで生きていく中で試みたこと、それに応じてほかの人も手を貸したこと、対話して調整したこと、ルールを変えてみたこと……。法律ができる前からそうした積み重ねの歴史があって、それらの一部が、今は法律上「合理的配慮」と呼ばれるようになった。先

人がやってきた変更・調整・工夫を、社会全体で共有していこうとしているのが現在なのだと思う。

あるお通夜での風景

思い出す風景がある。数年前、私は少しご縁があった女性障害者Kさんのお通夜に駆けつけた。市会議員をつとめた人だが、議員になる前から、「重度障害者でありながら地域で暮らす」草分けの一人であり、障害者運動や作業所の設立に関わるとともに、出産・子育てをした先駆者でもあった。

とても多くの人たちがその場にいた。車いすユーザーだけでも二〇人。議会や福祉関係者はもとより、Kさんが四〇年間地域で暮らす間に介助に入った人、近所の人、かつての保護者仲間や学校の先生らしき人も多かった。

「お別れの言葉」を最初に指名されたのは、Kさんの運動仲間で脳性まひの男性だった。その人は言語障害がきつく、正直、何を話されているのか私は全然わからなかった。隣にいる介助者も、なかなか聞き取れなくて焦っていると、参列者の誰かから「〇〇って言ってはるで！」と助け舟が出た。たくさんの参列者がひたすら「待つ」時間だった。一五分以上かけて、実際に話された（私たちが聞けた）言葉の分量は、わずかだった。それでも、彼のスピーチを途中で止めようとする人はいなかった。言語障害のある人の言葉に耳を傾けることの大事さを、故人を知る人たちは、多かれ少なかれ共有していたのだと思う。

いつしか育っていた「一五分待つ文化」

私はこの時、不意に、「ああ、Kさんは確かに地域を、社会を変えてきたんだなあ」と思った。Kさんが地域で四〇年間生活してきたことが、どれほど大切な「学習」を周りの人にもたらしたか？お通夜では、Kさんの功績だけでなく、「商店街でばったり会うたびに、うちの子のことを気にしてくれた」といったような、生活感のあるスピーチを聞いた。

四〇年前には、少なくとも、「多数の参列者が言語障害のきつい人の話を黙って一五分聞く」ようなことは、ありえなかったはずだ。

Kさんに限ったことではないが、重い障害のある人が地域で暮らしてきたことは、「言語障害のある人の話は、わかったふりをせずにちゃんと聞くもんだ」という価値観（慣行）が根付いた小さな場所をたくさん作り、新しい慣行、もっといえば新しい「文化」を作ってきたといえるのではないだろうか。

排除されがちな人の言葉をしっかり聞こうとする態度は、「法律で決まっているから」という以前の、尊厳の問題ともいえる。

お通夜の場で、言語障害の人の話をゆっくり聴くという「文化」に初めて触れた人もいたかもしれない。最初はとまどっても、周りの人がみんな当然のようにじっくり待っている場面を体験すれば、「そうか、待てばいいのか」と学べるだろう。生活の中に根付いた文化には、伝わっていく力がある。

2　「相談」しにくいのはなぜ？──「クレーマー扱い」が怖い社会の中で

ある入店拒否事件の投稿

先日、ＳＮＳの一つであるTwitter（現Ｘ）で、面識のない車いすユーザー（Ａさんとする）の投稿が目にとまった。次のような内容だ（要約）。

──Ａさんはある日、洋食店を訪れた。事故で車いす生活になる前によく来ていたお店である。入口に段差はあるが、Ａさんの場合、何かにつかまれば立って一、二歩は歩くことができる。なんとか店内に入り、座席に体を滑り込ませた。通路が狭かったので、車いすは店の外に置いておくしかなかった。さて注文、とメニューを眺めていると、店主がやってきた。

店　主「車いすを置いたの、お客さんですか？」

Ａさん「はい、私ですが……。場所がまずかったでしょうか」。

店　主「困るんですよ。当店は車いすの方はお断りしています」

え、どうして？　Ａさんは頭が真っ白になってしまい、何も言葉が出てこなかった。結局、久しぶりの店で特製ロールキャベツを食べることは叶わず、追いたてられるように店を出た。

──このような経過を受けてＡさんは、「本で読んだことはあったけど、車いすを使ってるだけで、こんな目に遭うことがあるんですね。好きなお店だったのにショックです」と投稿していた。

明白な差別なのに

あからさまな差別に、今さらながらため息が出た。いや、差別は減っているはずだと言いたいわけではない。混んでいる時間帯を避けろ、平日に来い、介護者と一緒に来い等、条件をつけてくる店は珍しくない。また、段差があるので手伝ってほしいと頼んで断られることもある（＝「合理的配慮の不提供」）。

だが、Aさんはすでに席に着いていて、食べる気満々のお客さんだった。追い払ったのはなぜだろう。投稿には書かれていなかったのだが、ちょっと推測してみる。

「店の外に車いすが置かれている」こと自体が嫌だったという可能性はある。「この店は車いすユーザーが使える店」と示したくないと考える人は、実際、存在する。私は以前、「ひとり（車いすユーザーに）OKを出したら、続々とそういう人がやってくるのが嫌なんや」という差別丸出し発言をする飲食店主に遭遇したことがある。

Aさんが遭遇したことは、明白な差別（＝不当な差別的取り扱い）である。民間事業者である街の洋食屋さんだからといって、「仕方がない」とはならない。もし、店外に車いすが置かれているのが都合悪いなら、どこにどうやって置くか（たとえば畳めるタイプなら、店内の目立たないところに置くこともできるはず）、Aさんと相談すればいい。いずれにせよ、店側に正当な理由はみつかりそうにない。

遠い「法律」

この投稿を見て私はまず、「Aさん、行政の窓口に相談すればいいのに」と思った。Aさんが住む

X県にも障害者差別解消法に基づく行政の相談窓口が設けられているはずだ。全国どこでも、質の高い相談が受けられるとは限らないが、これほど明白な差別に対して、さすがに「そうでしたか、Aさん残念でしたね。お気の毒ですが、店には営業の自由があります」とは言われないはずだ。相談員は、Aさんと店側双方の話を聞いて事実確認を行った上で、店側の「車いす客は断る」という方針が違法であることを指摘し、改善を求めることはできる。店側は当初は反発するかもしれないが、受け入れた方が店にとってプラスだと理解し、改善することは十分ありうる。

Aさんの投稿にどんなレス（返信）がついているかを見てみた。すると直接の友人とおぼしき人たちは、「悔しかったね、ひどいね」と共感を示している。同時に、「Aさん、つらかったけど、お店にもきっと事情があるよ。恨まないで。明るく行こう！」とか、「車いすでも気持ちよく入れるお店を探そう」といった、「ポジティブな」言葉が目立った。みんな優しい。そして誰も障害者差別解消法のことは知らなさそうだ。

最近（注：二〇一七年）の内閣府調査では、障害者差別解消法の存在を「知らない」市民が七七％だった。Aさんや周囲の人たちが法律のことを思いつかないのは無理もない。

窓口への相談を勧めてみようか……

SNSで面識のない人に話しかけるのは勇気がいる。けれど、Aさんに情報提供すべきじゃないかという思いが、むくむく沸いてきた。

「はじめまして。私は障害者差別解消法の研修等を仕事にしている者です。X県にも相談窓口があるので、連絡してみたらどうでしょうか。きちんと調べてくれると思います。その洋食店がやったことは法律違反ですし、相談することで対応が改善される可能性がありますよ」という趣旨のリプライを送ろうか？――私が悶々としていたところ、「Twitter上で別の人（Bさんとする）が、Aさんに対し、まさにそのようなメッセージを送っていた。BさんはAさんに懇切丁寧に法律の効用を説明し、その県の相談窓口が記されたサイトのURLもつけていた。私はそれを読んで安堵し、AさんがX県の相談窓口につながればいいなと思っていた。

「相談？ いいえ、そんな大げさな……」

ところが翌日、「Twitter上でAさんからBさんへの返信を読んで、ガックリきた。Aさんは礼儀正しい文面でBさんに感謝の意を伝えながらも、「わざわざ相談するような大げさなことはしたくありません」「家族も行くことがあるお店ですから、お店の人を悪者にしたくないし……」と書いていた。ううむ。なんとも言えない気分になった。まだ若く、中途障害者であるAさんにとって、行政の相談窓口に電話することは、とてもハードルが高いのだろう。相談したことで、お店に連絡がいき、店の人がネガティブな感情を持てば、自分の家族までがその店に行きづらくなる、と心配したのかもしれない。

Aさんに限らず大多数の市民にとって、役所に電話して「文句を言う」かのごとき行為は、極力やりたくないものだろう。バニラエア事件（レッスン10を参照）の時のように、差別を受けた人による正当な申し立てであっても、「クレーマー」扱いをされかねない社会の空気がある。

それにしても。Ａさんは差別を受けたんだから、それについて相談することは「大げさ」でもなんでもない。かつて美味しく食べていたお店から拒否されるのは悲しいではないか。ロールキャベツを食べられなかったのは、「Ａさんが障害者になったから」ではなく、「お店が差別しているから」である。Ａさん、このままじゃお店が「変わる」チャンスも逃してしまうよ。Ａさんが味わったような悔しく悲しい思いをほかの人にさせないためにも、相談窓口に連絡してくださいませんか……。そうTwitterで語り掛けようとも思ったが、知らない人から立て続けにリプライをもらってもしんどいだろうと思い、私は結局何もしなかった。

「相談」のハードルを下げるには？

どうすればＡさんが、「そうだ、窓口に行こう」（窓口に連絡しよう）と思えるのだろう。Ａさんは自分を追い出したお店を「悪者にしたくない」と言っていたが、相談は告げ口ではない。間違った姿勢を改めてもらって、みんなが喜んで食事できるより良い店に変わってもらうための行動だ。

障害者差別解消法は、障害のある人が「差別かな？」と思われる対応を受けた時にどんどん相談し、事例を蓄積していくことが力になりうる法律だ。「どんな場面でどんなことが起こりやすいか」という実態と、「どうしたら解決できたか」という道筋が明らかになれば、対策もとりやすくなる。

相談が大事なのは、何も障害者差別解消法に限ったことではない。「窓口に相談する」ことがもっともっと市民の当たり前に、ハードルの低いものになればいい。だがそれは、自分の権利が奪われたら「おかしい」と声をあげていいのだという権利意識と、具体的な情報がベースにあってこそ可能なのかもしれない。そもそも「クレーマー」と「権利の主張」が混同されている状況では、声をあげることは抑制されてしまう。

学校や大学でも、自分の権利を知る機会、権利が侵害された時にとれる行動について学ぶ機会、そして「練習」できる機会が与えられるべきではないか[1]。「相談しにくさ」という文化的障壁が、障害のある人たちと、その周りだけ変わるなんてことはないだろう。

もう一点つけ加えると、Aさんの友人のような一般市民も、障害者差別解消法について知らされる機会があるべきだと思う。差別を受けた当事者だけに「がんばって相談してね」というのはどこか変だ。Aさんが声をあげ、窓口に相談することを応援する人が増えてこそ、この社会に障害者差別解消法が根付いていくのではないか。

3 「まず、排除しない」から始めよう

ズレたパンフレット――「心配り」の客体？

障害者差別解消法がスタートしてからも、障害のある人への「マナー」や「思いやり」について障害種別で並べただけの冊子が、「心のバリアフリー・ハンドブック」等のタイトルで各地で使われている。一定の有益な情報もあるが（例：見た目でわからない内部障害のこと等）、基本は「こういう障害の人には、こんな心配りをしましょう」という記述が羅列されている。

たとえば車いすユーザーについて。「車いすを使う方と話す時は、しゃがんで、同じ目の高さで話

しましょう」……え、これそんなに大事？　そんなん私、やったことないぞ。せいぜい「マナー」の話。本人が切実に求めている合理的配慮はこういうものじゃないはずだ。「知的障害のある方には、ゆっくり、わかりやすい言葉で話しかけましょう」というのも、「心がけ」の域を出ない。

二〇〇六年の国連総会で採択された障害者権利条約のキャッチフレーズは「（障害のある人を）保護の客体から権利の主体へ」だった。

今度は、「心配りの客体」にするつもりだろうか？　と、その種のハンドブックを見るたびに思う。

重度の知的障害がある人にとって最大のバリアは？

研修の時にしばしば、重度の知的障害のある人にはどうやって合理的配慮をすべきか？　と質問される。特に知的障害と自閉スペクトラム症の特性をあわせもつ人への接し方だ（かれらの中には「強度行動障害」と呼ばれる状態にあって、「行動援護」という福祉サービスを利用する人もいる）。街なかでかれらがパニックになったり、大きな声を出していたりしている場面に遭遇したときに、どうすればいいのでしょうか？――この質問に、「こうすればいい」という万能な答えはないと思う。

私がよく知る重度知的障害者のAさんは、時々自分の思いが伝わらないいらだちから大声を出すことがある。ご家族によると、Aさんが「通える歯医者さん」や「通える美容院」を見つけるのには何年もかかったという。また知的障害と自閉スペクトラム症のあるBさんの支援者に聞いた話だが、Bさんがバスの中で野球選手の名前をぶつぶつ唱えていたところ、他の乗客が運転手に「あの人を降ろしてほしい」というクレームをつけ、騒然とした雰囲気になったことがあるという。

Aさんや Bさんが経験している困難を「障害の社会モデル」で説明するならば、とりあえず次のようになるだろうか。

——その人たちが一般に「その場にふさわしい」とされる行動をとれないこと、それ自体が問題なのではない。かれらの存在や特性が、多くの人たちには知られていないことや、「ふさわしい振る舞いができないなら排除してもいい」という世間の価値観のほうが問題なのだ。特に、教育の場が分離されてきた影響は大きい、知的・発達障害のある人と一緒に多くの時間を過ごした経験のない人が多いこと、かれらも同じ地域に暮らしている住民だという認識が乏しいこと、かれらと継続して接することで「慣れる」機会が少ないこと、「一見わかりにくい行動にも本人なりの理由がある」といったことが知られていないこと——等々重なって、大きな社会的障壁になっているといえるだろう。かれらを「何をするかわからない」「迷惑だ」とみなす社会の認識が、かれらを歯医者や美容院から、バスから、地域から、排除することを正当化してきた。

「よくわからなくても、排除しない」を出発点に

実際のところ、知的障害や自閉スペクトラム症についてのさまざまな特性や行動の特徴について、世間の人たちに知ってもらう努力は続けられているが[2]、十分に知れわたることは難しい。「これだけ周知すればOK」などといった目標が定めにくいことも、かれらをとりまく困難の一つだと思う。

「合理的配慮」という言葉の意味を理解するためには、「障害の社会モデル」を理解しておくことが不可欠だ、という私の考えには、変わりがない。だがここのところ、もう一言付け加えないといけ

ないと強く感じている。それは、どんな人であっても、「まず、排除しない」ということが大原則だということだ。

バスで声を出す人に対して、「どうしてこんな方が路線バスに乗っているのかしら？　ご家族の車か、介護タクシーを手配すればいいのに。そのほうがご本人も快適でしょう？」といった声が注がれる場面に居合わせたことがある。大声で独り言をつぶやく人は、アパートの隣人から「こういう人が行く施設があるんでしょ？」と言われたそうだ（支援者に聞いた）。

本人の言葉や行動の理由がわからなくても、排除しないでまず見守る。否定しないということが大事だ。「うまくやりとりする」ことができなくてもいい。不断の「対話」をしていこうとする態度を持つことこそが、特に知的障害や自閉症の人が当たり前に「そこにいる」社会に変えていくために必要なことなのだと思う。

私は、Aさんの「通える歯医者さん」「通える美容院」が現に存在する、ということを考えたい。おそらく最初からスムーズにいったわけではないだろう。スタッフも、お客さん（患者さん）も戸惑い、葛藤があったかもしれない。同行するヘルパーに「なんとかしてほしい」という目が向けられることもあっただろう。それでも最終的には「Aさんらしい行動」を見守り、少しずつ排除しない雰囲気ができてきたのかもしれない。

まず「いらっしゃい」と迎える。一緒に試行錯誤する。話はそこからだ。

4 「見えない」障害とは、何が「見えない」のだろう?

一〇〇人に一人?

ふと思いついて、一時期、人権研修の最初の方で、次のようなクイズをやっていた。

「みなさん、日本の全人口の中で、〝障害者手帳をもっている人〟ってどれぐらいいると思いますか? カンで結構ですので、このへんかなと思うところで手をあげてください」

そしてホワイトボードに次のように書く。

一〇〇人に一人
七五人に一人
五〇人に一人
二五人に一人

上から順に、「一〇〇人に一人と思われる方は?……」と聞いていって、手を挙げてもらう。これまで、一番多かった答えは「一〇〇人に一人」か「七五人に一人」だった。

「二五人に一人」のところで手を挙げるのは、多くて一割、少なければゼロだ。こういう問いを出されると、みなさん、自分の身の周りを振り返るのだろう。障害をもった同級生は学年に一人か二人だった、大きい駅では、時々車いすの人を見かける……そんな感じで「一〇〇人/七五人に一人」という数字が出てくるのだと思う。

正解は、「約二三人に一人」ということになるので、選択肢では「二五人に一人」が一番近い。「なおこれは二〇一三年時点の数字。二〇二三年には約一六人に一人になっている」[3]。そう説明すると、会場は必ずどよめく。ほんとに？　そんなに多いの？――という戸惑いの表情が見える。つまり、「これぐらい」と多くの人が思っているよりもずっと多くの障害者（手帳取得者に限っても[4]）がいるのだ。

しかし実感がわかない。「実際の障害者手帳をもっている人の数」と、一般の人が「実感として思う数」との間に、なぜこれほどまでギャップがあるのだろうか。答えがあるわけではないが、主に二つの背景が挙げられるだろう。

隔離されている人たち

一つめの背景は、「隔離されていて、存在を知らない人たち」が多くいるということだ。入所施設に入っていたり、長期入院している人たちは、そもそも出会うことがない。それも、幼少期から支援学校の寄宿舎に入っていれば、「近所の友達」はできないし、入所施設に入れば終生そこで暮らすことになる。精神科病院に長年入院している人は、症状は軽快していても「受け皿がないから」退院できなかったりする。かれらは「障害が重いから」ではなく、根強い偏見や地域資源の不足といった社会のあり方のせいで、ほかの人と分け隔てられている。

外見でわからず、言わない人たち

二つめの背景は、隔離されているわけではないが、「外見でわからず、気づかれない人たち」が非常に多いということだ。たとえば聴覚障害、内部障害（心臓疾患、オストメイト着用者など）、精神障害、軽度の知的障害のある人などは、まず気づかれない。実際のところ「外見でわからない」場合のほうが圧倒的に多いのだ。

私は非常勤先で「障害者と人権」という講義をもっているが、授業後に提出してもらうコミュニケーションカードで、「実は……」と自分の障害や持病を打ち明けられることがしばしばある。オープンにしているという学生もいるが、誰にも言ってない、家族しか知らないという学生もいる。個人情報であり、「特に言う必要がない」ことでもある。ただ、やはり気になるのは「怖くて言えない」という声だ。「変な目で見られたくない」と思ったり、就職活動への影響を心配したり……というコメントだ。

「見えない障害」を〝見える化〟する――ヘルプマークについて

「ヘルプマーク」という赤色のタグを持ち物につけている人が増えてきた。

自分には「助けてほしい」と思う瞬間がある、ということを示すマークであり、具体的には難病、精神障害、聴覚障害などなど見た目で分かりづらい障害の人がつけていることが多い。このマークには障害の証明を求められないことが画期的で、自分が「なんらかの配慮を受けたい」と思ったら誰でも持つことができるマークである。

「見えない（外見でわからない）障害」については、行政による啓発も行われている。「知られていないために困ることがある人たち」がいるからこそ、「ヘルプマーク」が考案され[5]、普及啓発がなされている。「ヘルプマークをつけた人を電車で見かけたら席を譲りましょう」といったキャンペーンが学校や社会福祉協議会で行われ、電車の中の吊り広告でも見かける。ヘルプマークは、「なんらかの事情がある」ことを伝える道具であり、「対話のきっかけ」として使えるものだ。その有用性は確かにある。

「見えない障害」の複雑さ

けれども、外見でわからない障害をもった人は「常にヘルプマークをつけ、求めれば説明しなければならない」と捉えられてしまっては、それも抑圧になりかねない。

私には難病をもつ友人がいる[6]。彼女は一見、元気な「関西のおばちゃん」だが、体力の電池が減りやすく、一日出かけたら、翌日はふとんで過ごさなければならない。痛みやしびれ、だるさを慢性的に抱えている。私が難なく使える調理器具や洗濯ばさみが、彼女にとってはハードな物体になる。体力を消耗しないよう工夫をしたり、自分の身体にあった道具などを用意したりしても、「あたかも健常者しかいないかのような社会」の中では、万策尽きて倒れるような事態が起こる。私は彼女と仲良くなってはじめて、こうも複雑な体調不良があることを知った。友人はある難病の患者会の事務局をきりもりしているが、同じ病名でも症状のあらわれ方は千差万別で、治療の段階によっても違うし、体調の波もあるし、何ひとつ一般化できないのだそうだ。

「わかりやすさ」を求めてしまうことも障壁になる

個々の難病患者団体は、「私たちの病気についてもっと知ってください」というパンフレットを作っていたりする。それは有意義なものだが[7]、限界もある。そして、すべての難病に詳しくなることは、誰にもできない。

ヘルプマークをつけていることで安心して電車に乗れるという人がいる一方で、目立ちたくない等の理由でつけない人もいる。さらに、私が授業で「ヘルプマークをつけている人の中にも、席を譲られることを希望しない人もいる（立つ、座るという行為が身体に負担になる場合など[8]）と説明すると、学生はめんどくさそうな顔をしてくる。席を譲るべきなのかどうか、はっきりしてほしい、とマジョリティは思ってしまう。

しかし難病者はマジョリティの「わかりやすさ」への期待にこたえるために生きているわけではない。その時その時の必要性や体調に合わせて、どこまで説明するかを決めたり、やり過ごしたりしてサバイブしているのである。「説明してもわかってもらえないから、いっそ何も言わない」という人もいる。

明らかに「大変そう」に歩いている人には、サッと手がのびる。だが、大変そうに見えない難病者が「このドアが重たくて開けられないので、手伝ってください」と合理的配慮を求めても、信じてもらえなかったりするそうだ。健常者中心の社会でできあがってきた「価値観や慣行（習慣、常識、当たり前）」は変わりにくい。それが障壁になりうることも、もっと知られるといいと思う。

◆レッスン4の終わりに

このレッスンは、バリア[9]の中でも「文化のバリア＝文化的障壁」（価値観、慣習、生活様式が健常者中心にできていることによるバリア）について考えるための文章を集めてみた。「こういう障害の人には、こうすればいい」という単純なマニュアルがはたらかない世界は広大にひろがっている。

なぜこんなに難しいのか。どうしたらいいのか、簡単な答えのない問いをぐたぐたと考えていくことが「社会モデルのレッスン」では必要なのだと思う。

■注

1　自分の権利を学んで、必要な行動をとるための書籍は近年いくつか出ている。たとえば『15歳からの社会保障』（横山北斗、日本評論社）等。

2　関連してレッスン7（「理解」は、らせん状にしか訪れない一二三ページ）参照。

3　原稿を書いた時点で参照した内閣府のデータでは「身体障害者三九三万七〇〇〇人、知的障害者七四万一〇〇〇人、精神障害者三二〇万一〇〇〇人」（平成二六＝二〇一四年）だった。二〇二三年では「身体障害者四三六万人、知的障害者一〇九万四〇〇〇人、精神障害者六一四万八〇〇〇人」。これは発達障害の診断を受ける人の増加等が背景にあるだろう。とはいえ、「十六人に一人」が障害者手帳を持っている現在においても、このクイズを行ったら「一〇〇人に一人」のところで手を挙げる参加者が結構いた。

4 手帳取得者に限ってというのは、誰が「障害者である」のか「ない」のかは複雑なグラデーションがあるからである。手帳を取得することは福祉サービスを受ける根拠になるが、そもそも制度に問題が多い。「手帳を取得できると知らない」「持ちたくない」などの理由で、手帳を持たない人がいる一方で、難病等により生活上の困難があるのに、機械的に「疾患名」で切られてしまって、手帳を取得できずにいる人もいる。実際のワークショップではこのようなことも適宜説明している。

5 内部障害に特化した「ハート・プラスマーク」など、別のマークも考案され、使われているが、ここでは省く。

6 本書PART2でインタビュアーをつとめる尾下葉子さん。二一八、二八六ページ参照。尾下さんには、この【4「見えない」障害とは何が「見えない」のだろう?】全般に助言をいただいた。

7 たとえば難病を持つ人が進学や就職に際して、概要を知ってもらうために提出する等。

8 また、万が一の時（発作が起きた時など）の対応等を示すためにヘルプマークを携帯している人もいる。

9 「バリア」というと反射的に思い浮かべられるのは、あいかわらず段差などの物理的なバリアだ。しかしそれだけでなく、レッスン2で述べた「情報のバリア」や、より複雑な文化のバリア（観念や慣行も含むもので、「文化」という語が最も適切かどうかはわからない）にも焦点があたってほしい。なお、世間では「心のバリア」という語もよく使われているが、社会モデルの視点がないまま、「思いやり」のニュアンスで使われがちなので私は使わない。

レッスン5　学びの場と「合理的配慮」①――学ぶ権利を保障する

1　「魔法の杖」でなく、「対話を始める合図」として

「これが合理的配慮です」？

障害のある児童生徒への合理的配慮は、保護者の間でも教員の間でもホットな話題である。しかしそれが何を指すのか、共通理解はできていない。学校に関わって、私が実際に見聞きした話を紹介したい。

ケース①　小学校高学年の知的障害のある児童の保護者の話

うちの子は最初は普通級だったけど、高学年から支援級に移りました。教室でじっとしているのが限界だったみたいで。支援級なら少人数だし、一人ひとりをよくみてもらえると思ったんです。体育や給食は普通級の子と一緒だし、いいか、と。……ところが今は後悔しています。「わからないこと、できないことは無理にやらなくてもいい」というのが先生の考えらしく、ちょっとでも嫌がると、すぐ○○学習という名の遊びに切り替えていることがわかったんです。「無理にやらなくても」っていうけど、健常児だって多少は無理して教室に座って勉強しているんじゃないですか？　ほかの保護者も疑問をもって

います。学校に話を聞きに行きましたが、先生は「その子に合った合理的配慮をしています」「お子さんは普通級でしんどい思いをしてきたでしょう。無理をさせないのが合理的配慮です」という一点張りです。

ケース② ろう学校（聴覚支援学校）高等部につとめる先生の話

うちの学校の生徒は、ずっとろう学校で育ってきた子、インテ（インテグレーションの略。統合教育の意味で地域の学校に通ってきた）の経験者、いろいろですし、生徒の使用言語やコミュニケーション方法も多様なんです。できるだけ保護者の話を聞き、生徒さんの将来のことも考えて対応していますが、十分できないことも多いです。そんな中、「合理的配慮」という言葉を最近よく聞くようになりました。たとえば、ある親御さんは、日本語対応手話ではなくて、「日本手話[1]」でわが子を教えてほしいという要望をもっています。現在の担任の手話のレベルが低いと思われることから、「今の先生を換えてくれ、それが合理的配慮だ」と主張します。手話による教育の大切さはよくわかっていますが、残念ながら日本手話が堪能な教員は少なく、親御さんの要望に完全に沿うことはできません。

何が答えかはわからない、けれど

私は特別支援教育に詳しいわけでも、実践を行っているわけでもない。ケース①と②のいずれも、一方の言い分を聞いただけであり、私が何か言える立場にはない。だが、ケース①と②は全く違う地域・場所・障害種別のことであり、かつその言葉を発した人の立場も異なっているが、不思議と共通点があると思った。それは、「合理的配慮」という言葉が、ある主張や要求を突きつけるときの「切り札」のように使われており、そして、「相手と対話を重ねながら調整していく」という要素が見えないことだ。

ケース①の場合、ただ、先生が「これが合理的配慮だ」と言っていることは、先生個人の「自分がいいと思うやり方」と言い換えられそうだ。学校内では話し合った結果かもしれないが、本人・保護者と話し合って合意形成をする、という「合理的配慮」の趣旨とは違っている。「ちゃんと考えて指導しています」といった意味合いで、「これが合理的配慮です」と言っているのかもしれない。あたかも「切り札」「印籠」のようにこの言葉が使われると、対話は閉ざされてしまう。

ケース②は、保護者からの要求の中で使われる「合理的配慮」という言葉である。個々の保護者が、わが子にとってより良い教育のあり方を考え、情報を集め、判断し、学校側に求めていくのは当然のことだ。予算や人員の限界もあり、シビアな話し合いになるとしても、双方で話し合ってよりよい着地点を見つけることができればよい。だが、保護者にとっては不十分な対応しかしてもらえないということも多く耳にする。中には、学校側の職務怠慢や知識不足と思えるケースもあろうが、どう努力しても難しいこともあるだろう。

②のケースでは、「先生の変更」が要求されている。確かに、（障害者権利条約でも明記されている通り）ろうの子どもには「手話による教育」が保障される権利がある。手話の質も大切だ。それでも学校側の事情とすりあわせようとすることなく、先生の変更を要求するのは、やはり「合理的配慮」の本来の意味からははずれていると言わざるを得ない。

対話の先に何があるかはわからない、けれど

「学校における合理的配慮」の基本は、あくまでも、障害を理由に分け隔てられることなく、他の子どもと平等に教育を受けられるようにすることだ。共通的なバリアの除去（すなわち基礎的環境整備）に加え、個別に環境の調整を求める声があれば、本人・保護者と学校側が対話の席につかなければならない。

そうは言っても。「立場が弱い親は、なかなか先生と『対話』にならないんですよ」という保護者の嘆きが聞こえてきそうだ。「われわれも限られた予算の中、精一杯やっているのに、親御さんに強く言われるとつらい」という先生の声も聞こえてくる。教育において何をどうすれば「平等」なのかは一概に言いにくく、とても難しい。だからこそ、強く主張したい時、目新しく、キーワードらしき「合理的配慮」という言葉を使ってみたくなるのかもしれない。だが、それは「魔法の杖」ではない。

対話の場をつくること、相手の話を聞くこと、折り合える方法を探すことは、地道で忍耐力が要るし、望んだ結果が得られるとも限らない。だがそんな面倒で時間のかかるプロセスの向こうにしか、「教育におけるバリアの解消」は見えてこないのではないだろうか。

2 「ずるい」という声にどう答えるか？——教育現場における合理的配慮

心配なのは……

学校現場の先生向けの研修で、よく受ける質問がある。たとえば以下のようなものだ。

「合理的配慮が大事だ、というのはわかるんです。でも……。発達障害の特性がある児童の保護者から、『授業の板書をタブレットで撮影させてほしい』という要望を受けました。しかし一人にだけ板書をタブレットで撮影するのを許可したら、ほかの子から『ずるい！』という声があがりませんか？　そうなったら、本人がつらいですよね。どうすればいいと思われますか？」

その先生によると、その児童は書くことに困難さがあり、また「話を聞きながら同時にノートをとる」ことが難しく、板書がいつも間に合わないそうだ。手書きよりもタブレット入力のほうが容易だが、入力しようとすると先生の話が耳に入ってこないようだ。そこで、家で復習できるように、「板書をタブレットで撮影することを許可してほしい」と保護者から要望されたということだった。

この保護者からの要望を断ったらどうなるか。その児童は家で復習することもできず、学習内容が身につかず、ますます学びから排除されていくだろう。「板書撮影の許可」は、その児童が「自分に合った方法で学ぶ権利」を守ることだといえる。そのことを先生は理解しつつも、周りの子からその児童に対し「ずるい」「自分だって書くのは面倒なのに」といった声が出てくることを特に心配していた。ただでさえ、学校の教室は「みんな同じでなくては」という圧力が強い空間だ。

では、先生は「○○さんにはこういう障害があるから、特別な道具を使うんだよ」と説明するのがよいのだろうか。本人はそれを望まないかもしれないし、説明したところで他の子たちが納得するかどうかもわからない。

「社会モデル」の考え方を身につける

この先生からの質問に対し、〝こうすれば（こう説明すれば）絶対大丈夫〟――そんな魔法のような「正解」は存在しないだろう。ただ、まずは念頭に置いてほしいのは、「障害の社会モデル」の考え方である。「〇〇さんにはこういう障害（困難さ）がある、だから特別な配慮が必要なんだよ」という通り一遍の説明を、アップグレードしてほしいのだ。

障害のある人の生きづらさは、その人の医学的欠損に原因がある、という従来からの考え方は「障害の医学モデル」と呼ばれる。そうではなく、健常者仕様で社会ができていて、多様な心身をもつ人たちのニーズを置き去りにしてきてしまったことこそが、生きづらさの原因である、と考えるのが「障害の社会モデル」だ。置き去りにされてしまった人が、たとえば学習に参加するのにバリアがあるなら、そのバリアをとりのぞくのは当然だ、と考えるのが「社会モデル」だ。この「社会モデル」は、今や国際標準の障害観であり、障害者権利条約のベースにもなっている。

「〇〇さんに発達特性があるから、時間内にノートをとることができない。だから特別な配慮として撮影を許可する」と考えるのであれば、それは「医学モデル」である。

そうでなく、「実際に多様な特性をもった人たちがいて、自分に合う学習方法も人によって違うはずなのに、あたかも全員が定型発達であるかのように教科書や学習方法が定められてきたこと、それ自体が問題だったのだ。自分に合わない学習方法を押し付けられることは苦痛であり、学習効果もあがらない。本人に最適な方法で学べるように環境を調整するのが当然だ」と考えるのが「社会モデル」である。

「基礎的環境整備」＋「合理的配慮」

学校の環境を変えていくための方法として、「基礎的環境整備」と「合理的配慮」という二つの概念が導入されている。大切なので、ちょっと寄り道してその説明をさせてほしい。

「基礎的環境整備」のほうは、校舎にエレベーターを設置するなど、あらかじめ行っておくもの。特定の「車いすを使う児童が入学してきたから」というのではなく、学校はそもそも最低限、物理的なバリアをなくしておく必要があるということだ。「児童生徒はもちろん、教職員にも保護者にも車いすを使う人がいるかもしれない」「災害があれば学校は避難所になる」といったことを考えれば、こうした環境整備はふだんから「全体として」進めておく必要があるものと言える。

それに対して、「合理的配慮」はもっと個別的な調整のことを指している。同じ障害（疾患）名でも、どんな調整が最適かは一人ひとり異なってくる。本人、保護者と学校が対話しながら調整し、随時見直していくことが必要なものだ。「これだけ整備しておけば、あとは合理的配慮はいらない」ということはありえない。合理的配慮は、個々の生徒が学ぶ権利を守っていくため不可欠なものなのである。

これまでの学校のあり方、画一的な学習方法には構造的に問題があった。私（現在五十代）の同級生にも、きっとAさんのような子どもがいただろうと思う。発達障害について今よりも知られておらず、合理的配慮という概念もなかった時代、ノートがとれないことは単に本人の学力不足、努力不足として扱われてきたのではないか。そう思うと、胸が痛む。

みんなと同じ学習方法が合わない子がいることが問題なのではなくて、「画一的な学ばせ方でよしとしてきた学校側のあり方」が問題だった。そう考えると、少し風景が違って見えるのではないか。

それでも「ずるい」という声があがったら

よくある質問に戻りたい。一人の児童に「板書の撮影を許可」すると、確かに他の子たちから「ずるい！」という声が上がるかもしれない。そのとき教師は子どもたちに何を伝える必要があるだろうか。

忘れてはいけないのは、その児童だけが「みんなと違う」のではなく、「人は一人ひとり違う、勉強のしかたも違っていていい」ということだ。違いを認めることは、一人ひとりを大事にすることなんだ、ということを、折に触れて（子どもにとってわかりやすいたとえを用いながら）伝えていくといい。

板書をノートにとることで学んだことが頭に入るのなら、それは自分のためになる。でも書こうとすると「ものすごく疲れてしまう」人もいるんだよ。タブレットで板書を撮影するのは、サボりじゃなくて、みんなと同じように頭に入れるためなんだよ。――そんな風に伝えたうえで、「板書の撮影」は○○さん一人にだけが認められることではなく、「その方が勉強しやすいと認められたら、誰でもしていいこと」だと伝えてほしいと思う。

もし、それでも「ずるい！」と言い続ける子どもがいたら、その子自身が学びづらさを感じているのかもしれない。その子の話をゆっくり話を聴いてみてほしい。

◆レッスン5の終わりに

「合理的配慮」という言葉は、学校現場には一定広まった。しかし依然として「障害児への個別支援」という意味で使われることが多い。「お友達への配慮を（健常児に）どう学ばせたらいいでしょう？」と質問される時、「ああ、配慮＝思いやり」という認識なんだなあと思わせられる。

そもそも学校の構造、しくみ、ルール、教え方といった諸々が「健常者仕様」でできているという根本問題に、もっと目が向けられてほしい。「ふつうの教室、ふつうの教え方」は常に誰かにとってバリアだという認識をもたなくては、障害者権利条約でいう「インクルーシブ教育」に移行していくことはできないと思っている。

■注

1　日本のろう者の間で使われてきた自然な手話であり、独自の文法を持つ。音声日本語をもとにして作られた「日本語対応手話」と区別される。

日本手話が第一言語の子ども（親もろう者であり、家庭内の言語が日本手話である家庭で育った場合等）にとって、ろう学校の教員の手話能力が低いことは、「学ぶ権利」に関わる大きな問題である。この記事ではあくまでも、「合理的配慮」は合意形成のための話し合いである、という趣旨で書いており、「日本手話で教育してほしい」という保護者の願いは正当なものであることは強調しておきたい。日本手話ができない教員が多くろう学校に着任し、生徒が不利益を被っている状況を変えるには、教員養成課程のあり方も含めた改革が必要である。

レッスン6　学びの場と「合理的配慮」②——障害のある先生

1　お菓子を食べている学生を注意できなかったら教員失格？

教員という仕事の核はなんだろうか？——ある裁判をきっかけに改めて考えさせられる。改正・障害者雇用促進法（いわば雇用分野の「差別解消法」）が施行されてまる一年。今回は、法律の意義とともに、なお残る障壁（バリア）を痛感させられた裁判のことを書いてみたい。

こんな理由で「教員失格」？

法の施行を間近に控えていた二〇一六年三月末、岡山短大（私立）の山口雪子准教授（当時五一歳）は、短大を運営する法人を訴えた。山口准教授（以降は「山口先生」とする）は約一〇年前から「網膜色素変性症」のため視力が低下したが、私費で補佐員一人を雇う許可を得て、授業を続けてきた。試験の採点をする時など、必要な時には補佐員の「目」を借りて職務を遂行してきたのである。

ところが二〇一六年初め、短大側は突然、時間割から山口先生をはずした。教員から事務職に転換させるとして、山口先生に研究室を明け渡すよう要求したのだ。短大側による職務変更の理由は以下のようなものだ。

・授業中、お菓子等を食べていた学生を注意できなかった。
・授業中、教室から出ていく学生を注意できなかった。
・試験の採点の際、答案を第三者（補佐員）に読んでもらった。

報道によると、同短大の学長は、山口先生への職務変更は「差別ではない」とし、「学校には教育の質を保証する責任があり、学生にきちんと教えられていないのであれば教員を変えざるを得ない」と話したという。

これに対し、山口先生と支援者は、「授業の質は保たれていた」と反論した。そして短大側の主張は不当な差別にほかならないとし、職務変更の取り消しを求めて提訴したのである。

「気の毒だが一理ある」？

本書の読者は、おそらく山口先生に共感的だろう。新聞記事や裁判支援のウェブサイトを読むと、山口先生が研究にも教育にも熱意をもっていたこと、誠実で温かい人柄、教え子から慕われていたこと等がわかる。「大変なこともあるだろうに、がんばっている先生」というイメージが浮かぶ。

だが一方、「そうは言っても……」と戸惑う人も世間には多いだろうと私は思う。「全盲」という言葉のインパクトは強い。「本や書類も読めないし、板書できない。そもそも学生の顔も見えないとなると、職務を全うするのは難しいのではないか」、「気の毒だが、短大側の措置にも一理あるのでは……」と考える人もいると思う。

いくら改正された障害者雇用促進法（二〇一六年〜）において全事業主（私立学校も含む）に「合理的配慮義務」があると記されているとしても、なんだか納得がいかないこともあると思うのだ。これは、障害のある人が長い間、教育や労働の場から隔離・排除されてきた結果とも言える。近くで出会ったことがないから「無理では？」と思ってしまう。その思考がバリア（社会的障壁）になって、ますます参加しにくいという悪循環があるように思う。

そして視覚障害のある人の数は（たとえば発達障害のある人と比べて）多くない。「どの学校にもいる」というわけではなく、そもそも出会いにくいのだ。

狭い経験で決めつけないために「権利」を学ぶ

ちなみに、私はどう思ったか。短大側の行為にストレートに腹がたったし、山口先生を応援したいと思った（実際は何もできなかったが）。即座にそう思えたのはやはり、大学院生の頃に全盲の友人知人らと出会っており、かれらから直接話を聞いてきた経験があることが大きい。かれらは一人で電車やバスを乗り継いで研究会にやってきたし、飲み会を楽しみ、一人暮らしのアパートへ帰っていった。かれらの何人かは今、大学や高校で教えている。だから山口先生も「なんとかなる」と思える。かれらはＩＴ機器を活用し、同僚や学生とコミュニケーションし、場面場面で適切に人の手を借りることに長けている。合理的配慮があれば、教員として力を発揮できる。あっさりそう思えるのは、理想主義者だからでなく、ベタに、直接出会ってきた経験ゆえだ。

障害のない人一般が、「まんべんなく様々な障害のある人に出会う」ことは、現実的に不可能だ。

そんな環境にいる人はほとんどいないだろう。私自身ももちろん、出会ってきた人の障害種別に偏りがある。ちなみに「障害当事者が他の障害種別の人のことは全く知らない」のも、よくある話だ[1]。だからこそ、自分の狭い経験にたよって、「これは無理なんじゃ?」と決めつけないように気をつけないといけない。そして障害者権利条約に書かれた諸々の「権利」がどういうことを指すのかを具体的に学んでいくことが大切だと思う。条約や法律はありえない理想を書いたものではない。実現可能な「より公正な社会」への道筋を示しているものなのだ。

教員という職業の本質は?

この裁判の報道に接して、私の心をいちばんザラつかせたのは、短大側が山口先生を授業担当からはずした理由だった。短大側は山口先生が「できないこと」を列挙し、「教育の質」が「低い」と主張した。提訴に至る過程で、山口先生を別室に呼び出し、「できないこと」リストを読み上げることもあったそうだ。端的にパワハラだし、障害者差別というしかない。

教員という職務の本質はなんだろうか。特に短大や大学であれば、自らの専門性をもとに講義やゼミをおこなうこと、学生からの質問に的確に答えること、成績評価……。これらはすべて、視覚障害のある教員も、その時その時に必要な支援(合理的配慮)があればできることだ。

しかし短大側は「目の前でお菓子を食べている学生」等を注意できなかったとして、山口先生が築いてきた専門性も、工夫の数々も否定した。

私自身、数カ所の大学で非常勤講師をしているが、授業中に飲食、お化粧、スマホで動画を見る……という学生はどこにでもいる。他の学生の学びを邪魔しない限りは、いちいち注意などしていられない。むしろ注意するために授業が止まることの方を避けたい。大教室で、学生の出入りを制御するのもムリだ。どう考えても、短大側の言い分は破たんしている。

合理的配慮を得ながら働くことは「権利」

短大側の山口先生への仕打ちの背景は、正直よくわからない。「なんでそこまで、いじめのようなことをするのか」と思う。ただ、現在のところ障害のある教員は全国的に少なく、教員特有のニーズや支援が制度の中できちんと位置付けられているわけではない。それゆえに短大側は山口先生だけが「私的な補佐人」を頼むことを許容できなかったのだろうか。かといって、大学側が補佐人を用意するのは経済的負担だから、やめてもらおうという判断になったのだろうか。もっと素朴に、面倒くさかったのかもしれない。

短大側の「一人の被雇用者のために、別に一人雇うことはできない」という言葉に、もっともだと思ってしまう人は世間に結構いそうだ。だから、この短大を非難するだけでなく、合理的配慮を得ながら働くことを本当に〝権利〟として日本社会に根付かせていくにはどうしたらいいのか、知恵をしぼっていきたい。

判決が出た

提訴から約一年後、岡山地裁から吉報が届いた。

「岡山短大配置転換無効判決　生きがい笑顔の回復　視覚障害准教授喜ぶ」

＝一部抜粋＝

昨年二月、授業中に教室を出て行ったり飲食したりした学生を注意できなかったことなどを理由に、次年度から授業の担当を外れて学科事務のみをするよう短大に命じられた。昨年三月に提訴し、裁判では「補佐人による視覚補助を得ることで問題は解消する」と訴えてきた。

これに対し、短大側は授業をするには視覚が決定的に重要な役割を果たすと主張。「視覚補助者によって解消することは不可能だ」と反論していた。

昨年四月に施行された改正障害者雇用促進法では、障害者が職場で働くにあたり、事業主に改善措置を講じる「合理的配慮の提供」を義務付けている。判決は、山口准教授の授業における学生の問題行動について、短大側が防止策を議論・検討した形跡が見当たらないと指摘した。そのうえで、「望ましい視覚補助の在り方を検討、模索することこそが障害者に対する合理的配慮の観点から望ましい」と短大側の対応を促した。（「毎日新聞」二〇一七年三月二九日地方版（岡山））

よかった。短大側が「正当な理由なく職務変更したことは差別」だと判断されたのだ。新法がスタートしたことの意義を感じる[2]。

記事の中ではさらに、二〇一六年五月時点で「少なくとも二六人の視覚障害者が大学で教えており、画面読み上げソフトを使用したり、補佐人や盲導犬の助けを得たりして授業をしている」ことも明かしている（「全国視覚障害教師の会」の調べによる）。

法は無力ではない

まだまだ「合理的配慮を受けながら働く」ことへの理解は十分ではないし、物理的・人的支援のための制度が未整備なこと等、問題は山積している。山口先生のような権利侵害を受けたわけでなくても、教員人生の途中で障害をもった先生が、「同僚に迷惑をかけている」と感じて退職を選んだという話は少なくない[3]。

しかし、法は無力ではない。障害のある先生が、ことさら「見えないのに（歩けないのに）がんばっている」等と称賛されずとも、ふつうに（合理的配慮を受けながら）働ける社会へと変わっていかなければならない。それは、今のところは障害がない私や「あなた」が、安心して働き続けられる社会にもつながっていく。

2　障害のある先生の体験が語るもの

二〇一八年三月、私は友人たちと『障害のある先生たち――「障害」と「教員」が交錯する場所で』（羽田野真帆、照山絢子、松波編。生活書院）という本を出版した[4]。この本は一六人のさまざまな障害種別（視覚、聴覚、肢体、発達障害等）の、小・中・高・支援学校で働く教員へのインタビューをもとに編んだものである。

「今どんな研究をしているの」と問われて、「障害があって学校の先生をしている人にインタビューをしています」と答えると、驚かれることがしばしばあった。「そんな先生、いるんですか?」という反応もあれば、「あ! 24時間テレビで見た。すごいよね」といった反応もある。実際に「障害のある先生」に教わった経験のある人には、ほとんど出会わなかった。

「確かに不正だけど……」

二〇一八年夏、官公庁が障害者雇用について、雇用者数を不正に水増しして発表していたことが発覚した。当然、社会的な批判が巻き起こったが、一方「仕方がない」という声も聞こえてくる。「確かに不正だけど、多忙な職場で〝障害者でもできる仕事〟をつくるのは難しい」といった声を私は行政や企業関係者から何度も聞いたのだ。そのたびに私の脳裏には話を聞かせてくださった先生たちの姿が浮かんだ。かれらは「障害者でもできる仕事」が用意されているわけではない学校という職場に入り、自らの心身に合った教え方・働き方を工夫するとともに、職場環境の調整を求め、同僚と協力しながら働いてきたのである。かれらの経験には、知られるべきヒントがあるはずだ。

働く権利を守る法律と合理的配慮

障害のある人にといってバリア(社会的障壁)になっているものを取り除くことを「合理的配慮」(環境の調整)という。車いすユーザーにとって職場の机の高さが自分に合っておらず作業できなかったら。聴覚障害のある人が筆談を断られたら。難病で定期的に通院する必要がある人が勤務時間の配慮を認められなかったら――いずれも、持てる力を発揮できないだけでなく、孤立し、体調を崩して退職に追い込まれるかもしれない。そうならないように、職場の責任者に対して、「ここをこのように改善してほしい」と伝え、配慮を求めることができるようになったのである。

改正障害者雇用促進法が画期的なのは、働くうえでバリア（社会的障壁）があれば、それを取り除くのが職場の側の義務になったことである。障害のある人が「手話通訳を手配してほしい」「車いすで行ける会場で試験を行ってほしい」と求めれば、雇用主は応えなくてはならない。少なくとも、対話や検討をしないままに却下することは許されなくなった。以下では、どんな先生がどのように働いているのか、簡単に紹介したい。

障害のある先生はどのように働いているのか――難聴のA先生の場合

難聴のA先生は、三〇年以上のベテラン小学校教師で、音楽以外のすべての科目を教えている。時間をかけて、自分に合った教え方や働き方を構築してきた。A先生のクラスでは「二メートル以内で、一対一で話せば聞こえる」という聴こえ方を児童に説明し、協力を求めている。教室の机の配置はコの字型で、お互いの顔が見えるようになっており、発表するときは「紙に大きな字を書いて、全員に見せる」のがルールだ。常に声だけでなく視覚的に表現することで、コミュニケーションの活発なクラスになっているという。

A先生によると、教室内よりもむしろ職員室で難しさを感じるという。電話で相手の声を聴くことが難しいため、保護者から電話があった時は、同僚の先生の助けを借りる。だがその分、家庭訪問をまめにする、学級通信をつくるなどして保護者の信頼を得ている。職員会議の時は、発言する場合は「二メートル以内」の定位置に来てもらうようお願いし、諸連絡を聞き漏らさないようにしているそうだ。

車いす使用のB先生の場合

中学校で数学を教えるB先生は脳性まひという運動機能障害があり、ふだんから車いすを使っている。手にもまひがあることから、黒板に板書するのは難しい。そのため、かつては映写機、現在はPCを駆使しつつ、わかりやすく説明する工夫を重ねながら授業を行っている。かつての勤務校では校舎にエレベーターがなく、階段に手すりがついていなかったが、そこでは通りすがりの生徒に肩を貸してもらっており、そのたびに生徒に「ありがとう、助かるよ」と伝えていた。自分が「誰かの役に立つ」と思える経験は生徒にとって喜びであるとB先生は語る。

視覚障害（全盲）のあるC先生の場合

高校で英語を教えているC先生は全盲で、点字と音声データを使って仕事している。授業で使う教科書や参考書は、新学期の前に出版社からデータをもらうようにしている。すべて音声変換して聞いたうえで、必要な分を点字で出力している。授業はチームティーチング（見える先生と二人ペアで教える）で行い、生徒とのやりとりにも支障はない。C先生は生徒の声をよく覚えており、直接生徒に話しかけることも大事にしている。

毎年四月には、保護者から「全盲の先生で、大丈夫なのか」という心配の声が囁かれることもあるようだが、そのうち生徒から「大丈夫、ふつうの英語の先生やで」という情報が伝わるのだろう、問題になったことはないという。

学習障害のあるD先生の場合

文字を読み取るのに時間がかかり、手書きで文字を書くことが極度に苦手な特性をもつD先生は、タブレット等のICTを活用することで、教えやすい環境をつくってきた。「職員会議の資料は（読むのに時間がかかるため）前日にデータでもらう」などの合理的配慮を職場で受けている。

発達障害については自身が専門家であることから、発達障害のある生徒への指導や教材作成、保護者との面談は得意であり、同僚の先生たちにも信頼されている。学校外でも研修講師として活躍している。

以上、ほんの断片だが紹介させてもらった。さまざまな先生の働く姿を、少しは想像していただけただろうか。これらの先生たちは、自身の障害と向き合い、（合理的配慮という言葉がなかったときから）環境整備を求めてきた人たちだった。その過程には、「異なる身体をもつ人」が共に働くためのヒントがちりばめられている。

「障害者だけの職場」を別につくるのではなく

これまで、ほとんどすべての職場は、障害のある人とともに働くことを想定していなかった。そこに社会的障壁の根っこがある。学校もまた、先生に障害がある場合を考えてこなかった場所だ。それでも本稿で紹介したように、多様な障害のある先生たちが現に働いている。法律の後押しもあり、その数は今後も増えていくだろう。

しかし、法が施行されても、障害のある人への固定的なイメージから、採用に消極的な事業所は少なくない。法律の普及や啓発は大切だが、同時に、「障害のある人と共に働くこと」による積極的意義をもっと発信していくことも大切だと感じている。紙面の都合で触れられなかったが、障害のある先生から教わる児童生徒だけでなく、ともに働く同僚も多くのことを学んでいることは言うまでもない。

「障害者だけの職場」を別につくるのではなく、多様な人がともに働けるように職場をひらいていく。そうした取り組みが社会全体に広がっていくことを願っている。

◆レッスン6の終わりに

官公庁による障害者雇用の「水増し」が批判された後の二〇一九年、文科省は障害のある教員を積極的に採用していく方向のプランを策定した[5]。だが障害のある教員が増加したという証拠はまだないようだ。大学には障害のある学生が増えており、教職課程をとっている学生も少なからずいるにもかかわらず、だ。

まだまだ、教育実習や教員採用試験の段階で、大学教員や受け入れ側が「教師の仕事は無理ではないか」と思い込んだり、合理的配慮を面倒なものと捉える意識面の障壁が残っていたりするのかもしれない。

障害のある教員は誰かのお手本になるために働いているわけではないが、こうした先生が当たり前に働く姿を見せることが、同僚や子どもを含めた学校構成員に与える影響は大きい。学校は、全国どの自治体にもある「職場」だ。障害のある学生の進路の選択肢を広げるという意味でも、障害のある先生が「いて当然」になっていってほしい。

■注

1 障害当事者も「他の障害種別の人のことを知らない」だけでなく、同じ障害種別の中でも経験やニーズには多様性がある。そのことをよく知っている当事者もいれば、出会う機会がなくて知らない人もいる。一人の人間の生活の範囲、出会える範囲は限られているから当然だ。私は京都で条例をつくる運動をした際にそのことをたびたび痛感させられた。（PART2、二五六、二五八ページも参照）

2 もっとも短大側はこのあと控訴した。二〇一八年一一月、最高裁でも山口先生が勝訴し、判決は確定した。しかしその後、岡山労働局が介入したものの調整がうまくいかず、（二〇二三年の時点でも）教職への復帰が認められていないという。

田中圭太郎（二〇二三年三月一五日）〝「カップラーメンを食べていた学生を注意しなかった」視覚障害のある教員に退職を迫り…岡山短大で起きた〝障害者差別〟〟。文春オンライン（田中の著書『ルポ 大学崩壊』（ちくま新書、二〇二三年）からの抜粋）

3 二〇一六～一七年に障害のある教員へのインタビュー調査を行った際「中途で障害をもった後、退職を選ぶ先生は少なくない」という話を複数の先生からうかがった（羽田野・照山・松波編『障害のある先生たち』生活書院、二〇一八年）。

4 この本『障害のある先生たち』を出版するにあたって、クラウドファンディングを実施した。まだサイトが残っている。なぜインタビューをしようと思ったのか、編者三人のコメントが記されているので、よかったら見てほしい。https://readyfor.jp/projects/shogai-kyoin

5 文部科学省「障害者活躍推進プラン ⑥障害のある人が教師等として活躍することを推進する～教育委員会における障害者雇用推進プラン～」二〇一九年四月

レッスン7　研修、啓発のあり方を考える

1　この既視感は、なぜ？——予定調和を破るために

啓発について相談を受ける

先日、人口四万人ほどの自治体（A市）を、障害者差別解消法の職員研修のために二度訪れた。二度に分けることで、全職員が聞けるよう設定されていた。同じ話を何度もするのは正直疲れるけども、法についてあらゆる部署の職員に周知しようという姿勢は評価したい。なぜなら差別解消法の影響は、農林水産であれ観光であれ、防災安全であれ、人が生活しているすべての場面に及ぶからだ。「障害のことは福祉の部署に」という時代ではなくなっているのである。

さて、そのA市を二度目に訪れた時のこと。事前に連絡があって、市民向け人権啓発を担当している職員（Bさんとする）からの相談を受けた。Bさんによると、A市では毎年何かテーマを決めて、人権問題に関する啓発番組（映像）を制作しており、今年度は法の施行もあって、「障がい者[1]」のことを取り上げることになったという。なるほど。その啓発番組案を作ったので、コメントがほしいということだった。

啓発番組（案）の中身

Bさんの説明は以下の通りである。

A市が前年に行った市民向け人権意識調査では、「関心のある人権問題」の一位が「障がい者問題」だった（一位は高齢者）。さらに「機会があれば、障がい者へのボランティアや支援に関わってみたい」と回答した者は七割。にもかかわらず、実際に行動に移したことがあるのは二割以下にとどまった。そこでBさんは、「何か支援したい気持ちがあっても、身近にふれあう機会がない、どこへ行けばいいかわからない市民が多いのではないか」と推測した。Bさん自身、障害のある人を身近で見かけないという[2]。車がないと移動に不便な地域柄もあるだろう。

ではどうするか。市内には障害者の就労支援事業所があり、地元の名物である農産品からお酒をつくったり、クッキーを焼いて販売したりしている。そこに取材に行き、働いている人やお客さんの声を拾って映像にしたら、「障がいのある人に親しみをもてる」のではないか、とBさんは考えた。

新しい啓発番組（案）は次のような構成だ。

①障害のある人が懸命に働き、地域産業の一助になっていることを映像で紹介する。
②事業所の職員や、取引のある会社の社長さんにもインタビューする。
③最後に、「四月から障害者差別解消法が施行されました。ともに生きる社会をつくりましょう」といったナレーションを入れる。

なんという既視感！

ここまでの説明に、「問題がある」わけではない。市民意識調査に基づいて企画することも、遠くの有名人ではなく地元の障害のある市民に登場いただくのも、まったくもって正当なことだ。おそらく、②のインタビュー部分では、肯定的な声が紹介されるのだろう。私の想像だが、「最初は戸惑いがありましたが、かれらはまじめに働きます。貴重な戦力です」といったような支援者の声が紹介されるだろう。さらには「ここのクッキーはおいしいです」といった市民の声……？

正直なところ、どこかで見たり聞いたりしたような話だ。既視感を覚える。コメントを求められても言葉が出てこない。丁寧に説明くださったBさんには大変失礼な話だが、そのとき私の脳裏に浮かんだ言葉は、「まるで社会的障壁なんてないみたいですね」「これで市民の意識や行動が変わるなら、法律いらないですね」というものだった。

この啓発番組を、たとえば市役所のロビーで流すことを通して、お酒やクッキーの売り上げが少しはアップするかもしれない。「自分や家族が映っている番組」ができて喜ぶ人がいるかもしれない。だが、その先に何があるのだろう。

本稿はBさんを批判したいわけではまったくない。今まで山ほどつくられてきた「啓発」番組の暗黙のルールはおおむねそういうものだった。ふわっとした好感のもてる障害者が登場し、その理解者も現れる。見る者の心に深刻な葛藤を引き起こすことはない。

そこでは、たとえば「学校卒業後の進路の選択肢が少なく、就労しても離職する人の率が高い」だとか「法定雇用率を守らない企業も多い」といった事実は語られないし、コミュニケーションが難しいとされる障害のある人のことをよりよく知るようなヒントもない。現実にはあるはずの葛藤は、どこにも描かれない。

こうした予定調和的な「従来の啓発」が描いているものと、障害者権利条約・障害者差別解消法との間には大きなギャップが横たわっている。上記①②のあとに、③のナレーションが流れることが、私にはコントのように思える。

A市役所の一室で私は、いったい何から話したらいいのか、という思いに襲われた。ようやく私の口から出た言葉は、「すみませんが、この番組で何か変わると思いますか」だった。

予定調和をやめる、しかしその先は?

障害者差別解消法はなぜ必要だったのか。それは、障害のある人が構造的に排除されてきた結果、障害のない人であれば難なく享受している諸々の権利が享受できないでいる実態があるからだ。また、それは市民のちょっとした思いやりや、「親しみ」ぐらいでは解消されないものだからだ。

職員Bさんは「障害者への差別事件は、当市では聞いたことがない」と話していた。だが、「事件」として浮上してこないような日常にこそ、「差別」が埋もれている。たとえば知的障害と自閉スペクトラム症のある人が出かけられる場所がなく、家族も悩んでいるとしたら、そこに「差別はない」といえるのか。「A市で暮らし続けたかったが叶わなかった人」が、今も施設や精神科病院にいるのではないか。家族の障害のことを近所の人にすら話せず、出かけられる場所がなくて孤立している人はいないだろうか。これらは、なかなか表面化はしないが、どんな都市にも地方にもあることだ。「実態を調べる」ことは難しくても、社会のどんなところを変えようとして新しい条約や法律ができたのかを学んだ上で、想像力を広げてみてほしい。

「ほら！　こんなに明るく前向きな障がい者がいます」、そんなトーンの啓発番組では、心をざわつかせるようなノイズはあらかじめ取り除かれている。だから当事者と関わりがない人たちは「安心して」見ることができるが、現実にある社会のバリアを学ぶ契機にはなりえないだろう。

私はBさんに、「社会モデル」の考え方をとりいれてほしいと話すのが精一杯だった。まずは従来の啓発番組の「型」は壊したほうがいい。その先は……。

2　「理解」は、らせん状にしか訪れない——特に知的障害の人に関わって

「しんどい状況」を描くことの難しさ

前節で、これまでの障害者に関わる「啓発」（特に啓発ビデオや冊子）は、多くの場合、予定調和に陥りがちであり、現にある社会のバリアを学ぶ契機になりにくく、「むしろ本当にしんどい状況にいる人は取り残されてしまう」と書いた。これは、私の一五年来の問題意識の一つである。

だが実際のところ、「本当にしんどい状況」を描くのはとても難しい。たとえばこんなケースを考えてみよう。

・入所施設で暮らす重度障害者Aさんは、職員の「人手不足」を理由にトイレの時間を制限され

る等、適切な介護を受けられていない。

・発達障害が疑われるが未診断のBさんは、職場でうまくいかず、転職を繰り返した結果、引きこもっている。

もし、第三者がどこかでAさんやBさんの状況を知り、取材して啓発記事を書こうとしても、気が遠くなるほど難しいことが予想される。本人だけでなく、関係者にも取材することになるし、拒否されることもあるだろう。施設や職場に横たわる構造的な問題が絡み、解決の見通しをたてるのは容易ではない。Aさん、Bさんが置かれた状況が改善され、かつ、関係者全員の了解を得られなくては、取材結果は「公開」されないだろう。いずれにせよプライバシー保護には細心の注意が必要だ。このような難しさを思うと、結果として、「がんばっている人たち」「あたたかい人間関係」が描かれ、誰も傷つかない「啓発」が世にあふれることも理解できてしまう。

「理解」とは何の理解か？

障害者差別解消法でも、各地で制定された条例でも、「啓発」について書かれた箇所がある。「障害のある人への理解促進」といった文言も見える。では、何を「理解」することが啓発なのだろうか。障害種別ごとの具体的な「特徴、特性」だろうか。まちで見かけたときの「接し方」だろうか。

現にそうしたパンフレット類は多くあるし、一定の知識の普及としては有効だ。だが、それだけではなくすべき社会的障壁が明らかにならない。

この問いへの私の結論は、「障害者の権利（人権）」の理解である、というものだ。だが、もちろん「障害者権利条約の条文」をぽーん！　と渡されても、なんのことかわからない。何も伝わらない。障害者権利条約に書かれている一つひとつの「権利」が、どんな社会的障壁によって侵害され、どんなふうに「差別」として体験されているのか、どうすれば権利が回復されていくのか。……そういった理解こそが最終的に目指されると考える。

だが、そこに至るまでには、個々の障害者と、一人の「人」として出会いながら、障害特性についても知っていくことも大切だ。特性が「知られていない」ことも障壁になっていると思うからだ。

やむにやまれぬところから誕生した「警察」向け冊子

そのことを痛切に感じたのは、昨年（二〇一五年）、ある知的障害者の親の会の方から紹介された冊子を読んだ時だった。それは『知ってほしい・知っておきたい―知的障害と「警察」―』（全国手をつなぐ育成会連合会）というものである。知的障害のある人の特性（誤解されやすい行動の背景等）について、警察官や関係者に知ってもらうために作成された啓発冊子だ。親の会では、この冊子を使って、警察官を対象とした研修等もおこなっているとのことだった。

言うまでもないことだが、決して知的障害のある人が犯罪をおかしやすいわけではない。その冊子でも触れられているが、凶悪犯罪はきわめて稀である。世間一般では、知的障害や精神障害のある人は「責任能力がない」ことを理由に、事件を起こしても不起訴になると誤解されているが、実はそのような不起訴は全体の〇・一四％に過ぎないという。

それでも、この冊子がつくられたのには理由がある。地域社会の中で暮らしていれば、誰でも（私も）警察のお世話になる可能性はある。だが現に「警察官の側に障害特性への知識があれば避けられたはずの権利侵害」が起こっているからだ。この冊子では、「障害分野では権利に関する法制度の整備が進み」、知的障害のある人も（施設ではなく）地域で暮らすことが当たり前となってきているにもかかわらず、「社会の目が厳しい」ことを指摘し、そこで起こっている出来事を次のように説明している。たとえば知的障害のある人は、ただ「公園でうろうろしていた」だけで「不審者」に間違えられることがある。「関心のあるものから目が離せない」といった特性ゆえに、子どもや若い女性などを「追いかけた」り、同じところを「じっと見て」いたりする。そうした行動も「不審者」とみなされ、場合によっては警察に通報される。

本人にとってはそれぞれ理由がある行動であって、家族やふだん接している人には概ねわかるが、そうでない人が理解することは難しい（実際に追いかけられたら、怖いと思うのは当然だ）。そこで、この冊子は、せめて通報を受けた警察では「もしかしてこの人は知的障害では？」と疑ってみて、その可能性が高ければ、逮捕する前に、身元を確認して家族に連絡するよう求めている。もし逮捕が避けられないケースであっても、「誘導されやすい」等の特性に配慮することが必要だからだ。

知的障害のある人が警官から「職務質問」をされると、人によっては「感覚が過敏」な特性のためにびっくりして逃げてしまうこともある。身体に接触されることに過敏に反応したり、言葉で表現できないことでパニックに陥る場合もある。警察の側に知識がなかったために、障害のある人が取りおさえられ、痛ましい死亡事件が起こったこともある[3]。

さらに消費者トラブルにも巻き込まれやすい、と冊子は伝える。私はある親御さんから聞いた話を思い出した。

「……キャッチセールスに弱いんですわ。やさしくされたらコロッと騙されてしまう。でも常に誰かが横についてるわけにいかんし」。騙しやすい相手を選ぶ犯罪者には非常に腹が立つが、社会の中で生きている以上、トラブルを一〇〇%防ぐことは難しい。

この冊子を読んで私が痛感したのは、知的障害の人の特性を知らなければ、いくら一対一で向き合っても、「合理的配慮」(対応方法を変えることを含む)は難しく、さらなる問題が起きることもあるということだった。特性を知らないため、「良かれ」と思って言葉かけをしても相手に通じず、すれ違いになり、それによってマイナスの感情を本人に向けてしまう……。そのようなことが、社会全体でどれほど繰り返されてきたことだろう。

「理解」はらせん状に

この冊子は警察関係者だけでなく、まちで知的障害のある人と接する機会がある人に役立つ。また、知的障害のある人が「地域で暮らす権利」を、たとえ時にトラブルがあったとしても、守っていくための方法をも伝えていると思う。

だが、この冊子を「すべての人に」読んでほしいと思うかというと、私は立ち止まってしまう。多様で、一人ひとりちがう、この社会の一員である知的障害のある人たち。かれらと全く接したことがないか、イメージもわかないような人に、この冊子を先に渡すのは、賛成できない。もし「やたらとトラブルが多い人たち」と思われたら、それは誤解だ。

やはりまず知的障害のある人と地域や職場や趣味の場で出会い、言葉をかわしてほしい。その上で、「特性」と、ともに生きていく方法があることを学んでほしい。かれらが困難に遭遇するのは、社会の側が特性を理解せず、かれらを地域から排除しようとしてきたからなのだ。だが、そんな「出会う」機会をだれもが持てるわけではないことも、よくわかっている。

私自身は二十〜三十代にかけて「身体障害のある友人は何人もいるが、知的障害のある人とは接する機会が少ない」時期が長かった。「よく知らない」ことによる焦りがあったし、「へたなことをしてはいけない」という気持ちもあって関わることができなかった。幸い四十代以降、公私ともに知的障害のある人とのおつきあいが増えたことにより、身構えることも減ってきた。本で読んだ知識は役に立たない、と思うこともあったが、それでもやはり知識はあったほうがいいと今は思う。出会うことなしの「理解」には限界がある。だが、「出会いさえすれば理解できる」などという甘いものでもない。一度きり、ステレオタイプを確認するだけの出会いなら、ないほうがいいのかもしれないとさえ思う。

出会いつつ、特性を知りつつ、権利を学びつつ…。いろんな学びが少しずつ積み重なって、はじめて少しだけ「理解」に近づくのだろう。少なくとも、「理解いっちょあがり」などということはないのだと肝に銘じている。

3　障害当事者による「寸劇」という試み

障害当事者発のシンポジウムにて

いよいよ障害者差別解消法の施行を目前に控えた二〇一六年三月二七日、「Coming soon! 二〇一六年四月施行　障害者差別解消法～街や社会はどう変わる？～」と題したシンポジウムが京都アスニーで開かれた。このシンポの正式名は「国際障害者年連続シンポジウム」で、ＪＣＩＬ（日本自立生活センター）が中心になって実行委員会を作り、国際障害者年（一九八一年）から毎年開催しており、三〇回目になる。今回は、地元の新聞の広報もあって、一般市民も多く参加していた。

午前中は行政のとりくみ（京都市の対応要領）紹介と、「要するにどんな法律？」という説明。私が講師を務めさせてもらった。「私たち抜きで、私たちのことを何も決めないで！」の原則を大事にしながら法がつくられたこと、この法は「障害者に何かしてあげる」法律ではなく、障害者を「社会を変えていく主体」にする法律だということ、社会的障壁に直面した時には「こうしてほしい」と言ってバリア除去を求めていっていいこと、その法的根拠ができたこと等を話した。

だがなんといっても、インパクトが大きかったのは、午後の「寸劇」だった。

ふたつの寸劇から

オープニングに一本、午後に三本、「ＪＣＩＬ劇団」による寸劇が上演された。この「劇団」は、

ＪＣＩＬに所属する障害当事者、介助者、スタッフら有志によって三年ほど前に結成された。どの寸劇も、実際に当事者メンバーが体験した出来事に基づいていて脚本がつくられ、当事者およびヘルパーが演じている。これまでも市民向け「人権のつどい」、企業啓発、集会の場で上演されてきたが、このシンポで「新作」も披露された。

寸劇1「レストランにて〜納得できない〜」

おしゃれなレストランの入り口に、車いす客Sさんが入ってきた。店員は「すみませんが今、お席が埋まっています」と言う。しかし空席はある。戸惑うSさん。

すると店員はSさんに次のように説明する。「うちでは『車いすのお客さまが来たらここに案内する』と決めた、特定の席があります。あいにくそのお席が埋まっているので、ご案内できないのです」と。

読者のみなさんは、このケースをどう思うだろうか。実際に車いすの人がいたら通路が狭くなるし、しかたないんじゃないか。誰でも「満席」で断られることはあるんだから、この人もその「特定の席」が空くまで待てばいいじゃないか。「車いすの人はダメ」と断ったわけじゃないんだから「差別」ではない……。そう考える人もいるかもしれない。

だがここで想像してほしい。お腹がすいて入った店で、あるいは楽しみにしてきた店で、自分だけが待たされるという情景を。お金払って食事するなら「眺めがいい席に座りたい」などと思って当然なのに、問答無用で、「あなたはここしか座れない」と決めつけられるという場面を。店員は「店のルールに従っただけ」かもしれないが、そのルールの妥当性は再考すべきだ。

車いすユーザー自身、車いすが一定のスペースをとることはわかっている。「他の人がトイレに行くのに通れない」ようなことがないよう、お店に協力する用意はある。また、車いすから店内の席に移ることが可能な人であれば、最初から自分は席に移って、車いすはできるだけ邪魔にならない場所（店の内か外）に置かせてもらったりしている。

しかし、実際に車いすユーザーがふだんどのように対応しているかを全く知らない人なら、「お店のルールも一理ある」と思うかもしれない。そこに障害当事者・家族・友人・支援者と、かれらとふだん接点がない市民やお店との間のギャップがある。

寸劇は、この社会で葛藤が起きている一場面を鮮明に浮かびあがらせる。役者Sさんの表情や短いセリフから、観客自身が考えることをうながしている。

寸劇2「二つの電器店にて」

一人暮らしをして一〇年になるKさん（脳性まひ）は、冷蔵庫の調子が悪いので、買い換えようと思って大型電器店（A店）にやって来た。大きな買い物だから、当然下調べもしてある。売り場で商品を見ていると、店員が声をかけてきた。「一人？　おうちの人と一緒じゃないの？」。

Kさんは、どんな冷蔵庫がほしいかを具体的に話そうとしたが、店員はまともに聞こうとしない。「ちょっと、わからんなあ。とにかく、おうちの人と相談して、おうちの人と来てや」と子どもに話しかけるように言って、去ってしまった。結果、KさんはA店で買い物できなかった。

Kさんの独り言。「車いすで言語障害があると、大きな買い物はしないと思われているのかなあ。それとも、何もわからない人だと思われてるのかな」

（間）

意気消沈したKさん。しかし冷蔵庫がないと生活に困るので、違う店（B店）に行った。今度は大丈夫だろうか……。

売り場で商品を見ていると、店員が声をかけてきた。「どんなタイプをお探しですか？」。Kさんが「幅六〇センチ、冷凍庫は自動で氷を作ってくれて……」と説明すると、店員はそれに合致した商品を探し、現在のお買い得商品を伝える。Kさんが買う商品を決めたら、支払いの手続きを行う……要するに、全く普通の対応だった。言葉が聞き取りにくければ確認しながら、他の買い物客となんら変わらない対応をした。

この寸劇も、Kさんの実体験に基づいている。A店とB店は同じような大型量販店だが、店員の対応は真逆だった。何が両者を分けたのだろう。

A店の店員は、言語障害のある人にもあたりまえに意思があり、他のお客と同じように来店していると認識できていなかった。おそらく言語障害がある人と間近で、「人」として接した経験がなく、高価な家電を自分で買うことがありえないように思ってしまっていたのだろう。

それに対して、B店の店員は、言語障害のある人と接した経験があったのだろう。学校の同級生にいたのか、バイトや仕事での体験か。あるいはB店できちんとした接遇研修を受けたのか。少なくとも「思いやりがあるから」とか、そんな話ではない。

この寸劇では、演じているKさんの「人として扱われていない」という憤り、「次もまたあんな対応を受けるのでは」という不安が観客に伝わる。そして、観客は二つの店の店員にわが身を重ねたりする。自分がA店の店員のような態度をとってしまったことがなかったか、初めて振り返ることになる観客もいるのではないか。

当事者による「寸劇」の意味

私はこの寸劇に出演している人たちとふだんから交流があるので、本番前の練習風景を何度か見たことがある。見ていて、「この力強さ、勢いはどこからくるのだろう」と不思議に思った。嫌なことを思い出すはずなのに、ありふれた表現ながら、みんな生き生きしている。役者の人たちの集中力はすごかったし、それを見守る人を含めて、その場に「熱」を感じた。

障害当事者はこれまで、数え切れないほど同様の体験をしてきている。その場では一人で言葉をのみこんだり、しかたがないと思ってしまったりしたこともあっただろう。しかし、この寸劇では、「なくしていくべき差別」と明示され、見守っている人たちも本人の悔しさを共有している。それは、その人だけの体験ではないことを皆がよくわかっているからだ。そして、劇が多くの人の目にふれ、観る人の心を動かすことは、個人の体験が「差別」として認識されていくことにつながっていく。そのことが障害当事者を力づけているのかもしれない。

一般の観客にとってはどうか。単に「障害者の感情が伝わる」だけでなく、現実を変えていこうとして主体的に活動する姿を見せること自体が意味をもっているのではないかと思う。この寸劇が、差別や社会的障壁について考えさせる効果をどれだけもてているかは未知数だ。だが私は、大いなる可能性を感じている。

4　社会モデルの視点を欠いた「障害理解教育」にしないために

「何に困ってますか？」

学校での「障害者を理解する」教育実践の定番は「何に困っているかを知る」というものだ。

先日、小中学校に出向いて話をする「出前講座」の講師を長くつとめている障害当事者の人たち（視覚障害、車いす使用者）と一緒にワークショップをおこなう機会を持てた。かれらによると、かつては「小学校の体育館のステージの上で一人が講演。数百人の子どもが一斉に聞く（一部は居眠り）」というような形式が主だったが、近年はできるだけ小規模で、一クラスか二クラス単位で呼ぶ学校が増えているらしい。良い傾向だ。

出前講座の講師をつとめる障害当事者たちは、おおむね子どもたちとの出会いを楽しんでいる。が、それでも「なんだかなあ……」とモヤモヤすることがあるという。主催側の障害者Oさんは私に言った。

「どんなに工夫しても、結局、『かわいそう』とか、『がんばってください』という感想が返ってくることが多くて、なんかガッカリするんです。これでいいのかな、って」

ワークショップでは次のような話が出てきた（数人の意見をもとに再構成）。

Pさん（車いす使用）：学校に行ったら、質問受けるやん？「何に困っていますか」って。これが、小学生でも、学校の先生でもあまり変わらへんね。「Pさんは何に困っていますか？」とか、「どんな時に困りますか」って。

Qさん（視覚障害）：そうそう、言われますね。正直、何を話したらいいか迷う。「ガイドヘルパーを使いたくても、〝何日前に予約〟と決まってて、使いにくい」とか、小学生に言うてもしょうがないし。

Pさん：「困ってますか」は、「助けてあげましょう」がセットやと思う。僕の場合、重たい電動（車いす）やから、車いすを手で押してもらうこともないし。（自分の隣には常に）介助者もいるしね。正直、小学生に助けてもらうことって、あるかなあ。

Rさん（車いす使用）：私も。私の場合は手動車いすで、だいたいどこ行くのも車で（後ろに車いすを積んで）動くでしょ。あ、教室でその話をしたら、「わあ、Rさん、車を運転できるんですか、すごい！」って驚かれて、話が終わってしまった。
Rさん以外の全員：わかるー！（苦笑）
Pさん：まあ、先生の手前、あたりさわりのない「困ったこと」を話すね。「入りたいお店の入り口に段差があったら、困ります」みたいな。
Qさん：自分も、あたりさわりなく、「点字ブロックの上に自転車が置いてあったら困る」とか言う。外出していて、もっと困ることあるけど……。
Pさん：もっと困ってること？
Qさん：外出先のトイレ。水を流すところ、トイレによってまちまちやん？　全然統一されてへん。非常用ボタン押してしまったことも何回かある。めっちゃ恥ずかしい。
Pさん：それは困るね。でもトイレの話ってしにくいね。恥ずかしいし。
Qさん：だからやっぱり、あたりさわりのない「バリアフリー」の話になる。

「障害の社会モデル」の考え方を生かす

こういう話を聞くたびに、「ああ、〝障害の医学（個人）モデル〟健在なり！」と思い、悔しくわびしい気持ちになる。教室に来た障害者が「何に困っていますか？」と聞かれるのには、「車いすだから、見えないから、困っているに違いない」という古い「医学モデル」の発想が潜んでいる。そして「困っていること」を聞き出すのは、その人を「手助けするため」だ。「手助け」が目的だから、「社会のバリア」に興味がない。そもそもなぜそんなバリアがあるのかを考えることもない。

Qさん（視覚障害）が話していたトイレの話を、私はその後何度も思い出している（他の視覚障害の知人からもよく聞く）。いったいなぜ、トイレの水を流すレバーやボタンの位置はあれほどバラバラなのか。なぜ視覚障害者の意見を聞かずに、バラバラのトイレがこれほど増やされたのだろう。規格が統一されていれば、彼女らは何も困らないのだ。Qさんが仮に教室で恥ずかしさを振り切ってトイレの話をしたとしても、先生が「ああ、Qさんは目が見えないから大変だね。皆さん、どうやって助けてあげられるかな？」と子どもたちに投げかける。トイレの問題は「視覚障害があるから、困る」という素朴な医学モデルの話になってしまう。実のところ、視覚障害者の団体はこの問題についてメーカーや自治体などに要望を出す活動は行ってきたようだが、実を結んでいないようだ[4]。こういったことを「障害の社会モデル」の視点から考えさせるような学習があってもよいと思う。

障害理解教育がもつ構造的な問題

従来から学校等で行われてきた「障害理解教育」は、結局のところ「医学的な障害・疾患があるから、何かと大変」「だから理解して助けてあげる」という強固な枠組みがベースにある。そして、社会のバリアの話をしたとしても、「いろいろ大変そうなのに、がんばっている」といった個人モデル的な枠組みで解釈されてしまいがちだった。

近くに住む障害当事者が学校に足を運んで児童生徒と交流することは、顔見知りになる、という利点がある。「一度学校で講演したら、その後、まちで会ったときに挨拶してくれて嬉しかった」という障害当事者の声は何度も聞いたことがある。素朴だけど、おそろかにできない利点かと思う。ただ、せっかく障害のある人が目の前で話しているのに、「助けるべき対象」「すごい！　と感動させてくれる人」としか見られないとしたら、もったいないことだ。障害のある人は、この健常者中心社会で生きてくる中でさまざまな障壁に直面してきた人、バリアを解消する知恵を身に着けている人であって、一方的に「助けを待っている人」ではないのに。

学校の先生たちも「社会モデル」の視点を学んで、講演を機に子どもたちが「自分が住んでいる社会のあり方」をみつめ直せるような、より有効なやり方を考えて欲しいと思う。

私自身、自分の授業によく障害当事者をゲストで迎えているので、まったく他人事ではない。ゲストの話がどれほど差別や社会的障壁に切り込んだものであっても、こちらがなんの準備もしなければ、「前向きな人ですね、感動しました」的な感想文がうみだされる。そうならないよう、あらかじめ「社会モデル」のことを丁寧に話して理解してもらっておくほか、24時間テレビが「感動ポルノ」として当事者から批判されていることや、その理由も話して釘をさしておく[5]。すると、確かに感想の中身は違ってくる。本来、考える力があるのに、学校で「正解」を誤学習してしまったといえるかもしれない。学びほぐすために、ああでもないこうでもないと試行錯誤を続けているところだ。

◆レッスン7の終わりに

「社会モデルで考える」なら、これまでの障害理解教育や人権学習は大きく変わらなければならない。

障害当事者が講師をつとめるDET（障害平等研修）というプログラムが開発されてきたし、ここで紹介した寸劇など、新しい試みがなされてきてはいる。しかしいまだに、社会モデルの視点が全く入っていない教材も多数あると感じる。「社会モデルを学び、社会モデルで考えるためのプログラムや教材作り」は、まだまだこれからだ。それは「障害」以外のマイノリティの人権課題（あるいは複合的な課題）を学ぶためのヒントにもなると考える。

■注

1　自治体によって、「障害、障がい、障碍」の表記はさまざまである。「どれが正しいのか」という質問を頻繁に受けるが、私は「障害の社会モデル」の考え方から、「社会がつくっている障壁」の意味で「障害」を使い続けている。「障害」という語のネガティブな含意は、個人ではなく、健常者中心の社会に原因がある。

2　「このあたりでは障害のある人を見かけない」といった会話はよくなされるが、そこで想定されているのは車いすや杖を使って移動する人だろう。精神障害、内部障害など外見でわからない人のほうが圧倒的に多いはずだが、そのことは考慮からすっぽり抜けている。レッスン4【4「見えない」障害とは、何が「見えない」のだろう?】八九ページも参照。

3 二〇〇七年に起きた「佐賀事件」である。車道を自転車で蛇行走行していた知的障害のある青年をパトカーが追跡し、自転車がバイクと追突して倒れた後、警官がその青年の肩に手をかけたところ「抵抗」したので、警官数名で押さえつけ、その結果青年は死亡した。警察の責任を問う裁判が起こされたが敗訴した。

4 このトイレ問題については、女性障害者の「茶話会」(京都の条例づくり運動の結果できた障害女性のグループが主催)でたびたび話題に出ている。視覚障害者の中でも女性は毎回困る問題だが、男性はそうでもない。「これが男性障害者も毎回困る問題だったら、もっと大きな運動になったのではないか」と指摘した障害女性がいて、確かに！と思った。だからジェンダーと障害とが複合した問題だとも思う。次のレッスン8も参照。

5 二〇二三年前期に授業にお呼びしたゲスト(車いすユーザー)は、講義の最後に「お願いだから、『がんばっている』とか、『感動した』とか書かないでください。仕事で来ただけです」と釘を刺した。私は痛快だったが、それだけ本人はそういう「感想」にうんざりしているということだろう。

レッスン8　複合差別を考える――幾重にも「マジョリティ中心」の社会の中で

1　日常の複合差別――優生保護法は終わっていない

寸劇「保健所にて」

レッスン7で、障害のある人たちが有志で小さな「劇団」をつくっていることを紹介した。かれらは自らの体験をもとに「寸劇」の台本を書き、集会や啓発講座などの場で上演している。

先日、ある集会で劇の「新作」が披露された。その寸劇は、車いすで生活する四十代女性Aさんのもとに、保健所から「乳がん検診」のはがきが届くことから始まる。Aさんは受けてみようと思い、指定された日に、近くの保健所を一人で訪れた。

受付ではがきを差し出すと、問診票を渡された。Aさんは上肢にも麻痺があり、ペンを握って字の細かい問診票に記入するのは難しい。そこで、だれかに代筆してもらえないかと尋ねた。すると受付の人は「少々お待ちください」と言って、別の職員を連れてきた。Aさんはその職員（Bさん）に案内され、机といすがある場所に移動した。職員Bさんは問診票を上から順番に読みあげ、Aさんに質問していく。

Bさん「ではいきますね。〝あなたはこれまで、がんにかかったことがありますか？〟」

Aさんは「いいえ」と答え、Bさんは「いいえ」の箇所に○をつける。続いて……。

Bさん「〝あなたのご家族に、がんにかかったことがある人はいますか？〟」

Aさんは自分の家族のことを思い出しながら、再び「いいえ」と答える。Bさんは「いいえ」に○をつける。

そうやって進んでいき、次の質問。

Bさん「〝あなたは妊娠したことがありますか〟」

そう読み上げたところで、Aさんが口を開く前に、Bさんは小さく「いいえ」と独り言のようにつぶやいて、勝手に「いいえ」に○をつけた。

Aさんは一瞬、何が起こったかわからなかった。

続いてBさんは、少し早口で「〝あなたは、出産したことがありますか〟」と言い、またしてもAさんに確認をとらずに、問診票の「いいえ」に○をつけた。

Aさんは「え？」と混乱したままだ。職員Bさんは、「はい、これを持って、あちらで順番をお待ちください」と言って、Aさんに問診票を手渡した。

「決めつけ」の背後には

寸劇はここで終わる。

Aさんはただ、同年代のほかの女性と同じように、がん検診を受けようとしただけだった。問診票記入の代筆を頼み、受け入れられた。ここまでは標準的な「合理的配慮」である。

職員のすべきことは、Aさんの答えを正確に聞き取って問診の内容を記すことだった。ところが、一部の項目ではAさんの意思を確認せずに、勝手に記入したのである。

この保健所でのエピソードはAさんが一〇年ほど前に体験した実話である。ほんの数十秒の出来事だが、Aさんは大きなショックを受けた。障害があるから、手足が不自由だから、妊娠・出産の経験など「無い」かのように決めつけられた痛み。大人の女性として扱われなかった悔しさ。Aさんのもとにはその後も毎年、同様の検診の案内が届くが、出かける気になれないという。

なぜ職員Bさんは、意思確認をわざとパスしたのだろう。女性特有の経験についての質問は確かにデリケートだが、事実を確認しないで書くことは、「検診」の本来の目的からしても間違っている。

おそらくBさんは、そのような質問をするのは「かわいそう」と思ったのではないか。会ったばかりのAさんのことを何も知らないにもかかわらず。まるで、サッと記入してあげることが「思いやり」であるかのように。

Bさんがとった行動を、「うっかりした」個人の問題と片付けることはできない。この社会で生きるなかで、空気のように吸ってしまった優生思想が背後に見えてくるからだ。

優生思想と「複合差別」

ほんの二〇年前まで存在した「優生保護法」の話を持ち出すまでもなく、障害のある人が子どもを持つことを否定する考えは、ごく一般的だった。遺伝を恐れる優生思想、育てられるわけがないという決めつけなどが背景にある。

そんな逆風の中で自らの家族をつくっていった障害のある人たちはいる[1]。とはいえ、そのような家族をつくった障害者に出会う機会がなかった人も多いだろう。職員Bさんの「決めつけ」の背後には、障害のある女性がどんな人生を送るのか、自ら選びとることを許さなかった社会構造が横たわっている。

障害者権利条約には、第六条「障害のある女性」という独立した項目がある。障害のある女性・少女は、教育を受けにくく、虐待や暴力に遭いやすいのに助けを求めにくいなど、大きな困難を抱えやすい。女性であることと障害があることの不利益が複雑にからみあい、困難から抜け出せない女性も多くいる。権利条約では、各国政府はこのことをしっかり認識し、その改善をはかるべきと明記されている。しかし条約を批准した日本で、障害のある女性への複合差別に対する取り組みは、まったく不十分だ。

Aさんの体験は、「障害があり、かつ女性である」ことによるもので、複合差別そのものだと思う。そして、私自身のことも考える。私は三十代はじめに卵巣の病気で手術を受けたが、それが「妊娠、出産には影響しない」ことを、医師から慎重に、何度も何度も説明されたことを思い出す。「産むかもしれない人」として扱われていたのだと感じる。それから一〇年以上がたった今、私に子どもはいないが、会ったばかりの人から「(まつなみさんは)子どもがいない人」だと決めつけられるような経験はしたことがない。「女性」の中で分断されていることに痛みを感じる。

旧・優生保護法の問題は終わっていない

二〇一七年の二月に日弁連から画期的な「意見書[2]」が出された。これは、旧優生保護法のもとで深刻な被害を受けた飯塚淳子さん（仮名、宮城県在住）からの申し出により、被害からの救済を求めるものである。

「優生上の見地から不良な子孫の出生を防止する」ことを目的とした優生保護法が一九九六年まで存続する中、障害のある人には、「優生上」の理由で行う不妊手術が行われていた。本人の同意を得ることなく、時には強制的に実施され、被害者は公的な統計だけでも一万六四七七人にのぼる。その約七割が女性だ。

同意のない手術。その後の人生への影響。とんでもない人権侵害だが、誰もが知るような人権問題とはなってこなかったことが、非常に重たいと私は思う。

手術を受けた本人としては、恥ずかしい、しゃべってはいけないこととして自分の体験を閉じ込めてきた人が多かったろう。また知的障害のある人で、一方的に処置されながら、その意味を教えられることもなかった人も数多いはずだ。手術にかかわって、家族と医療・福祉関係者は「共犯」してきた。

ほとんど名乗り出る被害者がいない中、先述の飯塚さんの証言は貴重だ。一六歳のときに何も知らされないまま受けた優生手術によってつらい思いを抱えてきた彼女は、二〇一五年六月、日弁連に「人権救済申立書」を提出した。それに応答して出されたのが先の意見書である。意見書は、優生思想に基づく不妊手術と中絶は憲法違反であり、被害者の自己決定権と「性と生殖の健康・権利」を侵害したと指摘し、国に対し、被害者に対する謝罪、補償等の適切な措置を行うよう求めている。また、関連する資料の保全や速やかな実態調査の実施を求めている。

この問題に対し、日本政府の動きは一貫して鈍かった。しかし社会にはびこる優生思想に抵抗していくためにも、もちろんすでに高齢に達している被害者への救済を急ぐという意味でも、今回の意見書が政府を動かす力になってほしい。

そしてこの優生保護法下でのおびただしい人権侵害は、Aさんが保健所で体験したような現代の出来事と、確かにつながっているのだと思う。

〔［追記］その後、二〇一八年一月から全国各地で優生保護法被害者による裁判が起こされていくが、飯塚さんの行動が出発点だ。そして二〇二四年七月三日の最高裁判決（国に賠償を命じる）に結実した〕。

2 障害者運動の中の性差別——京都の条例づくり運動の経験から

複合差別とは何？　を問われたとき

「障害があって、女性であることによる複合的な差別（これを複合差別という）」とはどういうものだろうか？

私は京都で二〇一三年からの二年間、複合差別のことを差別解消条例に入れこむための行動に携わった[3]。この過程で、「複合差別って何？　なぜ重要な問題なのか？」を周囲の人から問われる機会が何度もあった。そのたびに私たちは、ＤＰＩ女性障害者ネットワークによる報告書[4]などを引用して、「性被害」の問題を説明してきた。たとえば次のように。

性被害の中には、身体が動きにくいことや知的障害があること等につけこまれた卑劣な犯罪の被害がある。また日常的に介護・介助を担っている相手から被害を受けた場合、被害を訴えることは非常に難しい。また、被害からの救済にもバリアがある。たとえば本人の証言が信用されない、ＤＶ被害の相談が電話でしか行われていないので聴覚障害者や言語障害が重い人は使えない、ＤＶ被害者のためのシェルターが車いすユーザーには使えない、といった具合だ。被害者の中には障害女性もいるという想定で救済策が用意されていないのだ——このように説明すると、だいたい相手は納得してくれる。確かに深刻な問題ですね、と。

障害者運動の中の性差別

ただ、そういうことだけが複合差別ではない、と思ってきた。条例の運動をしているとき、障害のある女性たちとよく話し合ったのは、「障害者運動の中の性差別」のことだった。障害者運動の中でも女性の声が届きにくい、女性だというだけでちゃんと話を聞いてもらえない——そんな実感を持った女性たちによって運動は活発化したのである。

障害者団体の代表の多くは男性だ。（ＰＡＲＴ２でも書くが）京都府で条例をつくる「検討会議」がはじまったとき、「十数人の障害当事者の委員が選ばれたが、全員男性」というありさまだった。メンバーには女性も多いのにトップは男性、というのは、障害者団体に限らずよくある風景だ。男性のほうが理屈っぽい話ができる、ナメられにくい……と思われているのかもしれない。そもそも女性はグループを代表して意見を言ったり、交渉に参加したりする機会を得にくく、場慣れすることができない、といったことが背景にあるように思う。

「当ててやったらええねん」

京都の運動の中で、その後、くりかえし語られるようになったエピソードがある。

二〇一三年だったと思う。シンポジウムの企画を進めるミーティングの席でのことだ。基調講演をするのも、シンポジストとして登壇する四人も男性ばかりであることを誰かが指摘した。ああ、確かにそうだ。私は初めて気づいた。障害をテーマにしたイベントでは、「障害当事者を登壇させているかどうか（また障害種別のバランス）」を考慮することはあっても、ジェンダーバランスには注意が払われにくい。なるほどなあ、考えないとな、と私が思ったその途端、障害男性Aさんが、次のような発言をしたのだ。

「それやったら、質疑応答のときに女の子を当ててやったらええねん。それにほら、司会の〇〇さん、女好きやろ？　ちょうどええわ」

あきれた。しかし……

Aさんは歴史ある障害者団体の代表をつとめる高齢男性だ（軽度の肢体不自由）。行政に対して「顔が利く」人物だが、女性を呼ぶときに「ちゃん」付けするなど、ちょっと困ったおじいさんだった。これまでも仲間うちで愚痴ってきたことはあるが、高齢の方だから仕方ないとも思ってきた。

それにしても、この発言はひどい。ジェンダーバランスを考慮するのは、そのイベントがより公正なものであるためだから、「質疑応答の時間に、手をあげている女性を当てる」ことで代替できるものではない。だいたい「女の子」「当ててあげる」という言葉自体に蔑視が潜んでいる。「女好き」云々に至っては、ただただあきれるばかりだ。

だが実のところ、この発言の直後、私は何も言わなかった。脳みそには記憶されたが、なんのアクションもとらずにスルーした。おじいさんの戯言は「そんなもんや」と受け流す、という長年の習慣が発動してしまったともいえる。ほかの誰も、何も発言しなかった。結局、このシンポジウムは、男性の登壇者だけで開催された。なぜ受け流してしまったのかを正確に思い出すのは難しい。

「当ててやったらええねん事件」として記憶される

シンポジウムが終わってしばらくして、「あの時のAさんの発言」について、障害女性Kさんや他の女性の仲間に話してみた。「しょうもなすぎる」「ひどい」「なに時代や？」と盛り上がった。私同様、他の女性もあきれたけども、「いつものように」流していたということだった。いちいち怒っても通じないし、時間の無駄、というあきらめもあったと思う。

その後、この「Aさんの当ててやったらええねん発言」について、私は条例づくり運動の中で何度も何度も話すことになった。そのたびにその場にいる人たちは笑い、あきれ、盛り上がった。「こういうのも氷山の一角やね」という思いを、私たちは共有できたのだ。この話をするたびに、「そういえば、こんなこともあった」と新エピソードを誰かが披露することもあった。

運動の中で障害女性が主体になりにくいのは？

もう少し考えてみたい。障害者運動の中で女性が主体になりにくいのはなぜだろう。障害のある人は育ってくる過程で「自己主張せず控えめにふるまい、感謝を欠かさない」ように教え込まれることが多い。これは健常者中心社会で生き抜くため、「他人様に手伝ってもらうことがあるのだから」嫌われないようにするための処世術だ。そしてこれは女性が生き抜くための処世術とも重なる。私が以前お世話になったある障害女性は、親から「ありがとう、ごめんなさい」を叩き込まれたために、言わなくてもいいところで「ごめんなさい」を言ってしまう、と苦笑していた。

障害者運動という、障害のある人が主体的に活動できるはずの場所でも、女性はなんとなく「控えめ」であることが期待されるのは、世間一般と変わらない。進学する、職業訓練を受ける、といった点でも不利だ。障害女性は障害男性と比べても「そこまでがんばらなくても、家にいたら？」と言われたりしがちだ。そういった構造的な差別も、障害女性を運動から遠ざけてきたのだろう。運動に参加したとしても、男性中心の雰囲気に順応し、ニコニコふるまうように仕向けられてきた。その延長線上に、「当ててやったらええねん事件」もあったのではないか。

複合差別、そして差別の「交差性」に目を向けて

障害者運動が男性中心であるということは、障害女性が切実に感じる主題が、運動の主要な課題になりにくいということでもある。京都で障害女性による「茶話会」（一般参加可能）[5]を開いているが、ある時トイレのことが話題になった。車いすユーザーの女性が、「一般の女子トイレには、女性のた

めのDV相談窓口のステッカーが貼ってあるらしいけど、車いすトイレしか使わないから知らなかった」とか、「生理のときに使う汚物入れが、車いすトイレでは蓋のない大きなごみ箱になってて、丸見えだから捨てにくい」といった意見が出た。一方、初参加の視覚障害女性からは、「水を流すためのスイッチやレバーなどの場所と形状がトイレによってバラバラ」なので本当に困るという話を聞いた[6]。こうした切実な悩みが、優先的に解決すべき問題として組織で取り上げられにくいのも複合差別と言えるのではないか。

セクシュアルハラスメントやDVなどについて、日本社会における認識はこの二〇年で（むろん多くの人の努力の結果）けっこう変わってきたと感じる。しかし、こうしたジェンダーに関する「知」がくまなく社会に普及するわけではない。残念ながら障害者運動にかかわっていて、「え、何、いまどきその認識？」と思ったことは何度もある。性の多様性については、もっとそうだ。障害者運動の中ですみっこに追いやられてしまいやすいのは、障害女性だけではない。障害のあるLGBTQ（障害のある性的マイノリティ、セクマイ障害者）は少なくないはずなのに、かれらが生きづらさを語れる場所は少なく、いまだ障害者運動の重要なテーマとなっていない[7]。

近年ようやく、自らの体験を発信する障害のあるLGBTQの当事者[8]が現れてきた。「どこにも居場所がなかった」というその声が聴かれ、いっしょに考えるような場が、障害者運動の側にも、LGBTQの運動の側にも必要だと思う。そして、異なるマイノリティどうしが経験を交流して、連帯できる場がもっともっと広がることを願っている。

◆レッスン8の終わりに

「一人の人が複数のマイノリティ性を持っている」ということは、全く珍しいことではない。しかしそうした人が抱える困難は見えにくく、語られにくい。

「障害の社会モデル」は、そもそも「マジョリティ中心の社会のあり方」を問う考え方だが、問うていく先は「健常者中心の社会」だけでなく、「男性中心」「シスジェンダー・ヘテロセクシュアル中心」「日本人らしい外見をもつ日本国籍者中心」……の社会のあり方でなくてはならない。複雑にからみあった問題があるからこそ、生活や運動の場で紡ぎだされる小さな声を大切にしていかなければならない。

■注

1 障害のある人たちが家族をつくり子育てをした経験を綴った本が以前から出版されてきたが、裏を返せばそれだけまだ「当たり前になっていない」ということだろう。牧口一二他編『ラブ　語る。障害者の性と恋愛』（長征社、一九八三年、絶版）、尾濱由里子・安積遊歩編『障害のある私たちの地域で出産、地域で子育て――11の家族の物語』（生活書院、二〇一七年）。

2 日本弁護士連合会「旧優生保護法下において実施された優生思想に基づく優生手術及び人工妊娠中絶に対する補償等の適切な措置を求める意見書」（二〇一七年二月一六日）

3　PART2の二六四ページ以降を参照。

4　DPI女性障害者ネットワークによる二〇一二年の報告書。二〇二三年に改訂版が出された。Webから注文できる。https://www.dpi-japan.org/blog/workinggroup/women/dpi-women-new-book/

5　茶話会は、京都の条例づくり運動後にできた「女性部会」（PART2、二七〇ページ参照）が主催し、障害のある女性、関心のある女性であればだれでも参加できる。二〇一五年から公共施設で年に一〜二回開いてきた。

6　レッスン7の注4（一四〇ページ）も参照。

7　京都の条例運動の時に、「複合差別というのは、障害と女性だけじゃなくて、障害とLGBTQの複合差別もある」ということを何度か話題にした。だが京都で具体的な事例を得ることが（その当時は）難しく、活発な議論には至らなかった。

8　「セクマイ障害者」ウエキチさんの動画サイト。
https://www.youtube.com/channel/UCTWAzAs3avHz6pITjf-CI4Q　自立生活するウエキチ（植木智）さんは私の知人でもある。自身の体験を発信するようになった経緯を含め、丁寧なインタビューが「一般社団法人わをん」のサイトで読めるのでぜひ読んでほしい。〝障害者からもLGBTQからも孤立して〟https://wawon.org/interview/story/2823/

レッスン9　社会モデルは「障害」のことだけじゃない

1　たとえば「外国人保護者と学校」を考える
――社会モデルは「障害」だけのものじゃない

「人権」全般への理解の底上げを

ここしばらくヘイトスピーチ（憎悪犯罪、差別扇動）の問題を考えてきた[1]。私が障害者の人権について考える際にもこの問題を避けて通れないと思うのは、「障害者も標的になっている（今後悪化するかもしれない）から」だけではない。ヘイトスピーチが行われ容認されていることは、社会への根本的な信頼感を壊すものだと思うからだ。特定の人たちを「ネタ」にして攻撃することがまるでゲームのように行われ、不特定多数の参加者を呼び込む。つい最近（二〇一五年三月）、東京都渋谷区のパートナーシップ登録制度の条例案[2]に反対するという名目でヘイトスピーチ街宣が行われ、同性愛者への酷い偏見に満ちたビラが撒かれた。主催したのは外国人へのヘイトスピーチも行ってきた人々だった。「叩いてもいい」と彼らがみなす対象を次々と見つけていくのも、ヘイトの特徴である。

こんなことが放置されたまま、人権擁護が進むとは思えない。ヘイトスピーチの根絶を含め、人権擁護の取り組みや人権問題全般の理解の底上げをするようなとりくみが必要だ。

「合理的配慮」は、もともと障害者問題に限らない

一年後にスタートする障害者差別解消法は、さしあたって「障害者」（手帳の所持者に限らない）の権利利益の侵害を扱う法律だ。そのうえで私は、合理的配慮の考え方を障害者だけにとどめず、広げて考える発想が大切ではないかと考えている。

実は「合理的配慮」という語のルーツは障害者問題とは別のところにある。この語が一九九〇年にアメリカ障害者差別禁止法（ADA法）に入る前に、公民権法（一九六四年〜）の改正があった。具体的にどんな背景があったかというと、宗教的に少数派であるユダヤ教徒には戒律で「安息日」があるが、そのことが働く上で不利にならないように、という要請があった。マイノリティが自らの宗教の教義を実践することで仕事をクビになるようなことがあってはならない。そのための「調整」の必要が認められ、それを「合理的配慮」（正当な理由がある調整 reasonable accommodation）と呼んだのである。それが障害者にも適用されるようになったのがADA法だ。

文化、言語、宗教の多様性は、日本社会にもある。だがあたかもマジョリティしかいないかのようにできている社会では、マイノリティは蚊帳の外に放っておかれてきた。自分らの存在が考慮されていないがゆえのバリア（社会的障壁）に苦しめられているのは、障害者だけではない。「マイノリティの人も平等に権利を享受できるように社会環境の変更・調整をする」ことが合理的配慮のルーツであるなら、その発想を障害のある人だけに限らず、広げることは、それこそ「合理」的な発想だろう。日本社会の「人権」を守るしくみを底上げすることにもなる。

マジョリティを前提にした社会であるからこそ、マイノリティの権利をとりもどすために合理的配慮が必要になる。本書では「健常者中心の社会」ゆえのバリアのことを書いてきたが、たとえば「日本人中心の社会」であるからこその不利は膨大にある。「異性愛者中心でシスジェンダー中心の社会」であるからこその不利も同様だ。より平等で公正な社会にしていくために、合理的配慮は大切な手段になる。

このように書くと、「障害者がやっと権利を回復しようとしているのに、〝合理的配慮のインフレ〟(次々と対象を広げるようになった結果、意味が薄まるようなこと)を起こしてどうするの?」と心配する人もいるかもしれない。だが、人権は「パイの奪い合い」ではない。職場に、学校に、地域に、合理的配慮という考え方を根付かせるためには、障害者「だけ」に注目することは逆に不自然だ。

こんな「配慮」があったら——外国人保護者と学校

最近読んだブログ記事を紹介したい。題は「外国出身の保護者のために、今すぐ自治体にできること[3]」。外国にルーツをもつ子どもや若者の支援をしている田中宝紀さんのブログだ。田中さんがお子さんの就学前健診のために小学校に赴いたところ、困っている外国人保護者を何人も目撃したという。

私のように日本語ネイティブの親子と、外国にルーツを持つ親子は、その差が一目瞭然でした。どんな差かと言うと、前者は上履きないしスリッパを親子共々持参しており、後者は親子そろってどちらも持ってきていない、ということでした。冷え込んだ学校の廊下に、靴下一枚の親子がちらほら。
なぜこんなことが起きているかというと、就学前健診の案内の文書が全て普通の日本語で書かれていたからです。持ち物の欄には「上履き、筆記用具、記入済みの問診票」とあり、これが読めなかったため上履きも筆記用具もない。問診票は送られてきた封筒ごと持ってきてはあるものの、記入はされていない、という状況でした。（ブログより）

つまり、外国人保護者は学校に足を運んだものの、履物も持っていないし、「問診票」に記入もできていなかった。

冷たい廊下を、スリッパも上履きもはかずに（靴下だけ！）、不安げに歩く親子の姿をちょっと想像してみてほしい。田中さんのブログによると、学校側は問診票の意味を説明するのに四苦八苦していた。たまりかねて田中さんは自主的に、問診票と格闘している外国人保護者数名に声をかけ、手助けした。だが、こうした手助けが得られない外国人保護者が全国各地にいることだろう。

そこで田中さんは、「行政が就学前検診の通知を送る前に外国人保護者であることを把握することくらいはたやすいはず」だとして、二つの提案をしている。

一つは「通知や文書を翻訳して出す」こと。自治体に予算がない場合は、文部科学省が運用している「かすたねっと」[4]というサイトがある。「かすたねっと」は各自治体が作成した学校に関わる通知文書等の翻訳データを集めたポータルで、行事や活動ごとに様々な言語で翻訳された文書を無料で利用できるという。もう一つの提案は、「通知や文書をやさしい日本語か、あるいはローマ字でルビをふる」ことだ。中国出身者のために漢字は残した方がいいし、フィリピン出身者など在住歴が長くて会話程度の日本語はできる人にはローマ字のルビが有用だという。

いずれも実行可能な提案である。こうした実践が行き渡れば、どれだけ保護者の不安や子どもの学校生活上の不利が緩和されるだろう。

「社会モデル」も合理的配慮も、多様な人々を念頭に

田中さんが書いている提案は、まさに日本語を読むことに困難がある人々への「合理的配慮」である。「障害の社会モデル」風に言ってみよう。この社会には多様な民族的ルーツをもつ人、日本語以外を母語とする人が住んでいる。子どもや保護者にもいろんな人がいる。ところが従来の学校は、日本語が読めない人のことを考慮せず、不利益を強いてきた。そんな学校のあり方を改め、場面場面で必要な変更や調整をしていこう。これは実質的平等のために学校側が当然すべきことである――といった具合になる（つまり「外国人だから」不利なのではなく、「多様な人に対応してこなかった学校のあり方」こそが外国人保護者を不利にしているという発想の転換である）。

もし、ある学校が「保護者もいろんな人がいる」ことを念頭において就学前健診を実施するのであれば、当然、保護者の中に障害のある人がいる場合も考えなければならないだろう。弱視や全盲の保護者、学習障害等で読むのが苦手な保護者がいたら、問診票をどう変更・調整すべきだろうか。聴覚障害の保護者とどうすれば十分にやりとりできるだろうか。車いすの保護者は教室にアクセスできるだろうか。内部障害や精神疾患で疲れやすい人が休憩できる場所はあるだろうか。「保護者」が同性

カップルである場合を想定しているだろうか。

学校に、職場に、地域に、「合理的配慮」という概念が定着していく際に、障害者だけではない多様な「不利」を抱える人たちにも思い馳せ、平等を確保することが大切だという考え方を広めていきたい。それは文字通り「すべての人のため」のものだ。もし、ある人の不利は配慮されるが他の人の不利は無視されるということになれば、ひずみを生んでしまう。

合理的配慮は、バリアだらけの社会のなかで、多様な人たちが同じスタートラインに立てるよう、現場で対話をして、調整することだ。そうした発想や実践が、多種多様なバリアを少しずつ減らし、人権に敏感な社会環境をつくっていくだろう。

法律は確かに対象者を限定する。だが「法ができたから仕方なく……」ではなく、「いろんな人がいるから合理的配慮をするのは当然」という考え方が根付いてこそ、障壁／差別は減らしていける。障害者差別解消法が、さまざまな差別に苦しむ人を力づけ、より公正な社会をつくっていくことに貢献するものであってほしい。

2 多様性を隠してきた学校を変える――「社会モデル」で考えてみよう

「ぼくはノーマル」――ある講演依頼の場で

学びの場には多様な子どもがいる。だがその多様性は、意識しなければ見えてこないものだ。

一昨年、近県A高校に勤めているB先生が、人権学習の出前授業（講師派遣）を頼みたいとのことで、私の職場（当時、公益財団法人　世界人権問題研究センター）を訪れた。雑談していると、あるタレントのことが話題になった。B先生は冗談めかして、自分はそのタレントは興味ない、だって「あっち系」でしょ、自分はそういう趣味はないから……とニヤついた顔で言った。これは……。典型的なホモフォビア（同性愛嫌悪）だ。

こういうレベルの認識が、世間にまだまだ多いことはわかっている。性的少数者が直面する課題を「人権」の問題として認知させようとする長年の運動が、近年ようやく実を結んできたと感じるが、それでもまだ蔑視や、「ネタ」にしていいかのような雰囲気は残っている。それにしても、教員の口からそれを聞くと平静ではいられない。A高校にも当事者の生徒さんがいるだろうに……。B先生はおそらく、同様の発言をこれまで何度もしてきただろう。咎めてくれる同僚はいなかったのか。いても、多勢に無勢だったのだろうか。

打ち合わせを始めた時点では、（実績のある）障害者問題についての講演を依頼されそうだった。が、私は急きょ、「性の多様性と人権」をテーマにしませんか？と提案した。正直、このテーマについて講演できるほどの専門性を持ち合わせているわけではないが、ごく基本的なことは伝えられると思ったからだ。

B先生は戸惑った表情で、「そんな生徒、うちにはいませんし」と言う。私は、「いない」とは決めつけられないこと、性は十代の生徒にとって非常に関心が高い主題であり、「自分はみんなと違う」と感じる生徒は、友人関係や将来展望でも悩みを抱えやすいこと等を説明した。B先生は、ようやく興味を示したが、それでも次に出てきたのはこんな言葉だった。

「同性愛は、別にいいと思うんですよ。個人の自由です。でもね、もしそんな生徒がいたとして、告白されてもね、困るんですよね。ぼくはノーマルだから。結婚してますし（笑）」。

ああ。つくづく典型的なフォビアだ。

「学校でそういう話をする人がいる」ってこと

結局、A高校の体育館で、全校生徒を対象に出前授業をさせていただくことになった。QWRC（大阪にある性的少数者と女性のためのリソースセンター）等が作成したインタビュー中心の映像作品やワークシートも使い、基本的な「性のグラデーション」の話をすることにした。

初めて行く学校で性の話をする難しさを前に、前の晩はガチガチに緊張していた私は、トランスジェンダー当事者である友人Cさんにメールした。学校や市民講座で話をすることもある人だ。「Cさんが行けば一番いいのに。私でいいのか？　って思う」とボヤくと、こんなメールが返ってきた。

「大丈夫。必ず生徒さんの中にセクマイ当事者はいるから。その子に届いたらいいと思って、堂々としゃべってきて。今は狭苦しいと感じていると思うけど、一歩外に踏み出したら、手の届くところに仲間がいるから。秋には大阪でもパレードがあるから。そのことも伝えてきて。『学校でそういう話をする人がいる』ってことが、結構大きいと思うから。がんばって」

このメールに勇気づけられて、私は高校へと向かった。慣れない私の話はまちがいなくへたくそだったが、幸い、アンケートの結果は好評だったとのことだ。

なぜ「性の多様性」だったのか

ここで、出前授業に行った際、「性の多様性と人権」というテーマを提案したのはなぜだったかを思い出しつつ、この言葉について少し考えてみたい。

「多様性」という言葉には、なんとなくキラキラした良いイメージがある。近年ビジネス界で、「わが社は多様性（ダイバーシティ）を大事にしています」という宣伝文句を聞く。そうした企業は「女性や外国人も含め、才能豊かな人たちが働いている」ことを売りにしている。画一的でなく、多様な人たちがいることを「強み」だと感じさせる戦略でもあるのだろう。

「差別」「人権」といった言葉のかわりに「多様性」を使うのは、深刻な問題から目をそむけている、という批判もある。だが、性／セクシュアリティに関わる課題を学ぶ際に、「多様性」という言葉が使われているのには相応の理由がある。たとえば、もし「性的少数者の人権」という表題だと、「自分とは関係ない他人の問題」と捉えられかねない。それに対し「性の多様性」は、「性はそもそも多様なもの。みんな一人ひとり違う個性をもっているように、性もその一部。どんな性のあり方もOK」という言い方がしやすい。「多数者＝フツウ?」と「少数者」がきれいに二つに分かれるわけではなく、現実はグラデーションだ。少数者のことを理解しましょう、と言われがちだが、多数者こそ勘違いしていて、自らの性に向き合えていなかったりする。

すべての人が、もちろん教員自身も、自らの性をもっており、広い「性の多様性」のグラデーションの中のどこかに位置している。たまたま数が多い特徴を有していても、そうでなくても、そこに優劣はない。本来、どんな性のありようも、平等の価値があるのに、社会が勝手に型にはめようとしているだけなのだ。一人ひとりが、性の多様性のグラデーションのどこかにいるし、揺れている存在だ。そのことに気づき、自らの〝性のありよう〟を肯定的に考えられるようになること。同時に、自分とは違う他者の〝性のありよう〟も対等なものとして理解し、尊重できるようになる——そのようなことが「性の多様性」を扱う教育ではめざされているのだと思う。

「性の多様性」が隠される学校文化——どうしたら風穴が開く?

しかし、そのような教育は、多くの現場ではまだ理想に過ぎないのだろうか。「性の多様性」という言葉の広がりとはうらはらに、多様性を見せまいとするかのような学校文化は、さほど変わっていないように思える。「異性とつきあって結婚するのが当然」と決めつけるのはおかしいよね、とどれほど話されるようになっただろう。制服やトイレに代表される「男/女でパシッと二つに分かれる」学校環境は、どれほど改革されてきただろうか。

一部の学校では、「性の多様性」に関わって真摯な、熱意ある人権教育の実践が取り組まれていることを聞いている。だが、まだ「やらなくてもいい」メニューとみなされている現場も多くあるだろう。他の人権問題には熱心でも、性のことになると偏見からなかなか抜け出せない先生もいる。

ホモフォビア（同性愛嫌悪）やトランスジェンダーへの無理解から、いじめ、からかい、教師の何げない一言に傷つきながら、息をひそめて中学・高校時代をなんとかやりすごしていく生徒、学校になじめず不登校や退学といった状態に陥る生徒が、依然として多いはずだ。近年、各地の大学で（大学外でも）ＬＧＢＴＱ関連のサークルが雨後の筍のごとく増えているが、それは学校時代には求めても叶わなかった「自分のことを話せる場所」「仲間との出会い」を若い人が切望している証だろう。私の友人Ｃさんが「狭苦しい」と表現したように。学校ではまさに「見えない」ものだったことを思う。かれ、彼女らが味わってきた苦しみは、学校ではまさに「見えない」ものだったことを思う。

性の多様性とは、「めざすもの」ではない。今ここにいる子どもたち、先生たちの中にある、「現実」そのものであるはずだ。しかし意識をもって見ようとしなければ決して見えてこないものでもある。Ｂ先生の、「そんな生徒、うちにはいません」という言葉が典型だ。そんな先生の方がまだ「当たり前」であるような学校において、「少数」の特徴をもった子どもがどうして安心して自分を出せるだろうか。

性のことを含め、自分のことを安心して出せる雰囲気、受けとめられる環境づくりがなければ、「性の多様性」の授業を行っても、それを機に少数者の存在が突然「見える」ようになるものではない。

人権に関わる教育は、あらゆる科目で（授業以外の時間も）、教員集団で共有しながら行うのが理想ではあるが、現実の変化はゆっくりだ。それでも、学校に「違う風」を送り込み、風穴を開け続けることはできると思う。ジェンダーバイアスに敏感になれるような実践を行うこと。自治体のパートナーシップ登録制度の創設など、性的少数者の権利にかかわる肯定的な情報をさりげなく伝えること。「そもそもどうして男女でパキっと制服が分かれているのか？　学校の外に出たらそんな場所はあると思う？」「どんなトイレだったらみんなが使いやすいかな？」と問うてみること等。

文科省「通知」はなぜ「性同一性障害」[5]に特化する？

ここで少し、文科省の通知のことを考えてみたい。二〇一〇年に文科省が各都道府県と市町村の教育委員会宛てに「児童生徒が抱える問題に対しての教育相談の徹底について」という通知を出し、性同一性障害の児童生徒に「十分に配慮した対応」を求めるように求めたことは、画期的なことではあった。むろん、その背景には、ＬＧＢＴＱ当事者の活発なアクションや、実態調査に基づく申し入れ等の努力がある。

二〇一五年に文科省が出した通知には、個々の児童生徒にどのように支援を行えばよいのかについて、制服や宿泊行事等の細かな実例も示されている[6]。

だが、奇妙な話である。学校文化の中で、困難を抱えているのは「性同一性障害」（その疑い）の子どもだけではない。性的マイノリティ全般が、どれほど日常化したホモフォビア（同性愛嫌悪）に苦しめられているか。「自殺」を考えたことがある人が多いというデータ[7]を挙げるまでもなく、息苦しい日々を送る子どもへの視点があまりにも欠落している。

私は以前、性的少数者をめぐる課題がいつ頃から、どのように「人権」の課題として認められ、教育で取り上げられるようになってきたかについて調べたことがある[8]。そこでわかったのは、日本社会にあっては、九〇年代初頭から活発にアクションを起こしてきた同性愛者よりも、トランスジェンダー（性別越境者）の一部、医療による救済を求める「性同一性障害」である人の方が注目され、二〇〇三年の「性同一性障害特例法」の成立後はとりわけ、急速に「人権教育、啓発」で扱うべき対象として位置づけられていった。同性愛者は「その他」という項目の中に羅列されるだけ、しかし性同一性「障害」はかわいそうだから、配慮してあげましょうと言わんばかりの扱いだ。二〇〇〇年代後半以降、「性の多様性」というテーマが以前よりは学校で取り上げられるようになってきたが、「性的指向」よりも、「困っている性同一性障害の人」の方が扱いやすいと思われているようだ[9]。

こう見ていくと、文科省通知は、教員の現状をあらわしているともいえるだろう。「性の多様性」の問題、とりわけ「性的指向」の問題は、教員が自ら内面化してきたホモフォビア（同性愛嫌悪）と向き合わざるを得ない問題である。同性愛嫌悪は、社会全体においても、「男らしくない男」への迫害や、「家族を形成しない者」への差別等とも結びついた非常に根の深い問題だ。また性教育全般について苦手意識をもった教師にとっては、なおさら性的指向の問題は扱いにくいのかもしれない。

「障害」の方は、「医学モデルから社会モデルへ」にパラダイム転換したのに……

文科省の通知が「性同一性障害」の子どもへの個別対応に焦点化していることについて、私は「ああ、やっぱり人権じゃなくて、医療の問題、専門家に権限を与える問題にしときたいんやな」とつぶやいてしまう。

二〇一四年に日本は「障害者権利条約」を批准した。条約も、二〇一六年四月施行の「障害者差別解消法」も、ベースとなっている大切な考え方は「障害の社会モデル」というものだ。少し説明したい[10]。

障害のある人は長らく、家族の厄介者扱いをされるか、せいぜい「保護の対象」であって、権利の主体ではなかった。とりわけ重度の障害がある人は、社会参加は難しいとされ、望んだわけでもない隔離施設に収容された。そこで障害者自身の声が聴かれることはなかった。日本には戦後も「優生保護法」が一九九六年まで存続し、障害者を排除する思想にお墨付きが与えられてもいた。そんな時代から声をあげ、地域社会の中で当たり前に生きることを求めてきた世界各地の障害者自身の運動は、生きるための介助保障(人とお金)、バリアフリーな交通機関、情報保障、偏見の除去などを求めてきた。その中で、「障害」のとらえ方の大転換をもたらしたのである。

伝統的な障害観においては、「身体に医学的な問題があるから」苦労する、不幸だと考えられ、「機能障害を軽減すること」こそ解決の道だとされていた。この(古い)考え方を「障害の医学モデル」と呼ぶ。この障害観のもとでは、障害児は訓練等が最優先され、多様な他者とふれあって生きる時間と場所を奪われてきた。医学モデルは家族(とくに母親)に自責の念を抱かせ、負担を強いる元凶だった。

これに対して障害当事者運動の中から生まれてきたのが「障害の社会モデル」である。これは、バリアに満ちた「社会のあり方」こそが、本人の「苦労」「生きづらさ」「差別」の元になっているのだから、社会が責任をもってバリアを取り除かなければならないという考え方だ。障害者が当たり前に生きることを阻んでいる物理的バリア、情報バリア、忌避感(いわゆる心のバリア)、制度の不備、そうしたものを解消していくことこそ重要だと考えるのだ。

「社会モデル」のもとでは、少数者が「自分たちは普通じゃない」「迷惑をかける」と思わされたり、超人的な努力を強いられたりする必要は一切ない。「変わるべきは社会環境の方」なのだ。この「社会モデル」の発想は、障害のある人だけでなく、性的少数者やエスニックマイノリティなど、他の人権問題にも応用できるものだ。

「社会モデル」で多様性を考えてみる

世界各地でかつて、性的指向が同性に向くのは「異常」とされ、強制的に「治療」を受けさせられることもあった。社会制度も慣行も、異性愛者が当然という前提で成り立っていた。それに対し同性愛者たちの運動は、自らの人として平等な尊厳を主張し、同性愛が「病理」ではないこと、社会の偏見こそが問題であることを訴え、多数者と同等の権利を求めて闘ってきた。医学界はようやく国際疾病分類から「同性愛」を削除するに至った。同性婚など、制度的平等の整備はまさに現在進行形である。

ここで、こんな疑問が出てくるだろう。「同性愛について、社会の認識が変わるべきというのはわかる。しかし性同一性障害の人は、むしろ医療を強く求めているではないか？」と。

もちろん、「性同一性障害」である人が適切な医療にアクセスするのは重要な権利だが、それは、「社会も変わるべき」ということと全く矛盾しない。言うまでもないが、「障害の社会モデル」は医療の必要性を否定しているわけでは全くない[11]。

特に性別違和を抱えた子どもは、思春期に心身が変化する中、将来どのような医療を受けるのか受けないのかを含めて、強く悩む。その子どもにとって周囲との人間関係を含めた社会的環境が大切であり、個別「対応」をすればいいというものではない。文科省の「通知」は、「社会モデル」的ではなく、いまだ「医療モデル」的であるが、だからこそ社会のあり方を変えなくてすんでしまう。だが人権という観点から多様な子どもたちの育ちを考えるなら、「社会モデル」の視点がやはり欠かせない。まず性別違和を持つ子どもの存在が受け入れられ、かれらができるだけ「困らない」で済むような環境がつくられ、その上でオプションとして医療が必要であれば受ける――他のどんな子どもも必要なら医療を受けるのと同様に――それが順序ではないか。

学びの場にはあたりまえに多様な子どもがいて、多様な大人がいて（先生にも多様な人がいて当然だ）、複数の多様性が交差している。性の多様性のグラデーションの中で「少数」の特徴をもった子どももいれば、障害のある子どももいるし、外国にルーツのある子ども、家庭の経済事情が厳しい子どももいる。見た目だけではわからない。いやそもそも多様性は、たえず想像力を働かせなければ、見失ってしまうものでもある。

多様性は、何かキラキラしたものではなく、現実そのものだ。その多様性が覆い隠されることなく、どんな子どもも自身の存在を肯定し、他者とともに生きていく力を身につけるには？　それを可能とするのはどんな雰囲気や実践なのか。先生方は、時には学校の外にヒントを求めつつ、多様性が花開く教室・学校環境をつくりだしていってほしい。

◆レッスン9の終わりに

　日本で暮らす外国にルーツがある子どもや保護者は何に困っているのか？　を考えるときに、学校という場がいかに「日本国籍で、日本語が話せ、見た目も日本人っぽい人」を中心に設計されているかを見直していくことは必須だ。同じく、性的マイノリティの子どもは何に困っているのか？　を考えるときも、「異性にのみ性的関心をもち、性別違和を持たない人」を中心に学校や社会がつくられていることに目を向ける必要がある。つまり、「特別なニーズを持つ個人」に何かしてあげる、という発想ではなく、マジョリティ中心の社会のあり方を見つめ直すことから始めるべきなのだ。

　「マジョリティ中心にできている学校（や社会）」を意識し、より公正な、誰も排除されない学校や社会をつくっていくというときに、「社会モデル」の考え方は、領域横断的に役立つと思う。これは国際的なインクルーシブ教育の理念（障害児だけでなく排除されやすい多様な子どもを視野に入れたもの）とも近いものだ。

　マイノリティの人権擁護にとりくむ人同士が連帯するためにも、複数のマイノリティ性をもった人の権利を守っていくためにも、「社会モデル」の考え方を共通認識にしていきたいものだ。

■注

1　連載の直前の二回（本書には収録していない）で在日外国人へのヘイトスピーチについて書いた。ヘイトスピーチは社会全体の問題だということ、障害のある人を対象にしても起こりうること、むしろ障害者差別解消法や改正障害者雇用促進法がスタートすることによって、これまでは「別の場所」にいると思っていた障害のある人が、職場や身近な生活の場面で可視化し、さらに合理的配慮を受ける場面が増えてくると、「特権を得ている」「むしろ優遇されている」と見られるような事象が多発するのではないか、ということを書いた。

2　渋谷区の条例案は、法的に婚姻できない同性同士のカップルに「パートナーシップ登録書」を発行するもので、社会生活上の不利を軽減することが期待されるものだった。これへの「抗議」は、「同性愛を認めたら家族が壊れる」等、荒唐無稽なものだった。その後、自治体のパートナーシップ条例はこの間に爆発的に増え、二〇二四年四月現在、二七八自治体にのぼる。東京都、大阪府など人口の多い都道府県も含み、日本の人口全体の六八・四％をカバーしている。この間に同性婚（婚姻における平等）を支持する方向に世論も大きく変化しているが、当初の渋谷区に寄せられたような保守派の「抵抗」もまた根強い。

3　田中宝紀さんのブログ（NPO法人青少年自立援助センター　多文化子ども・若者日本語教室）は現在では閲覧できない。

4　かすたねっと https://casta-net.mext.go.jp/

5　「性同一性障害」はすでに国際的には使われなくなり、現在は gender incongruence（訳語はまだ定まっていないが、「性別不合」になる可能性が高い）となっており、精神「疾患」から「状態」に変化している。ただ、国際疾病分類（ICD-11）の導入が日本では遅れているため、今も公的に「性同一性障害」が使われている（なお、【2　多様性を隠してきた学校を変える】」全般を見直すにあたり、友人の土肥いつきさんに助言をいただいた）。

6　通知は「性同一性障害に係る児童生徒に対するきめ細かな対応の実施等」。ただしこれらは「ニーズを持つ個人がいるから個別対応する」というやり方であり、障害の医学モデル（個人モデル）的な考え方に基づくものだ。こうした文書は、現場レベルで制服以外の着用を認めるといった対応を容易にした面がある一方、例示されている以上の要求は認められにくくなったという側面もあるそうだ。

7　ＬＧＢＴＱと自殺念慮に関しては様々な調査が行われてきた。二〇二二年一〇月に発表されたＮＰＯ法人ReBitの調査によると、「十代ＬＧＢＴＱは過去一年に、四八・一％が自殺念慮、一四・〇％が自殺未遂、三八・一％が自傷行為を経験したと回答。なお、日本財団の『日本財団第四回自殺意識調査（二〇二一年）』と比較し、十代ＬＧＢＴＱの自殺念慮は三・八倍高く、自殺未遂経験は四・一倍高い状況にあります」。
https://prtimes.jp/main/html/rd/p/000000031.000047512.html

8　人権課題としての性的少数者について、以下の本にコラムを執筆した。上杉孝實・平沢安政・松波めぐみ編『人権教育総合年表』二〇一三年、明石書店。

9　このように二〇一六年の時点で私はあたかも「性同一性障害についての方が学校で取り組まれている」ように書いてしまった。だが、実際は、トランスジェンダー当事者の多様な実態や困りごとが理解されたわけではなく、またその困りごとをうみだしている「性別二元論」の社会のありようも問われていなかった。その後のトランスジェンダーへのヘイト言説が爆発的に増えたことを思うと、私自身何もわかっていなかったのだと反省する。

10　ここで突然「障害の社会モデル入門」が始まるのは、この文章は「ヒューマンライツ」連載ではなく、性教育に取り組む人向けの雑誌に書いたものだからだ。

11　「社会モデル」と医療の関係については、本書ＰＡＲＴ2の二三一～二三二ページを参照。

レッスン10　障害者バッシング

1　バニラエア事件があぶりだしたもの　前編

「ひどい!」から一転……

（二〇一七年）六月末から七月頭にかけて、私にとっては「嵐のような数日間」だった。

はじまりは六月二八日の朝刊。バニラエアというLCC（ローコストキャリア、格安航空会社）が車いすユーザーである男性の搭乗を拒否し、その結果、男性は腕の力でタラップを這い上がるようにして上がって搭乗せざるをえなかった——という出来事が報道された。インターネット上のニュースでもトップ記事になった。

おそらく読み手にとっては、事件後の経過よりも、記事に添えられていた「タラップを腕で這い上がる男性」のイラストが、インパクト大だったのではないだろうか。ネット上の記事にもこのイラストが出ていたので、印象に残った人は多かろう。

この事件はその後、さまざまな議論を呼び起こしていく。当初は、「障害者をそんな目（＝這い上がらせる）にあわせて、ひどい!」といった声が優勢だったように思う。しかしネット上の論調は早くも六月二八日午後から、妙にねじれていった。

この出来事を訴えた男性（木島英登さん）自身が、「事前に、車いす使用だということをバニラエアに連絡しなかったのが悪い」「クレーマーだ」等と、バッシングされる対象になっていったのである。

事実経過と「印象」は違う

この間、私は、新聞報道、twitter（現X）などのSNS、ニュース記事やブログ（およびそのコメント欄）、木島さん自身のサイト、運動団体の声明などをできるだけ追いかけてきた。それは相当のボリュームで、ふだん障害をめぐる問題に関心のない人も多く参入・発言していることがわかった。最初のうちは、「ふーん、（事前連絡しても乗れなかったりすること等を）知らへんねんな」「ま、こうやって難癖つけたがる人はいるよな」「でも、これを機に少しでも障害者差別解消法のことが広まれば……」等とのんきなことを思っていた。

しかしネット上では木島さんを非難する声も広がっていき、ここぞとばかりに「障害者へのヘイトスピーチ」が書かれているのを多く目にすることになり、私は落ち込んでいった。気分としては「寝込んだ」に近い。

あからさまに攻撃的な書き込みもキツイが、他の問題ではまっとうなことを発言している知人が、事実誤認のまま木島さんを非難している場合など、よけいに堪《こた》えた。

当時をふりかえっていま思うのは、この事件の「事実経過」と、多くの人が抱いた「印象」は違うということだ。事件のことを特にネット上でのみ読んでいた人、たとえば非常勤先の大学生らに聞いてみると、この件についてのイメージは、「最初は車いすの人がかわいそうだと思ったけれど、この人にも問題があるという意見を読んで、なるほどと思った」といったものが多いことがわかった。障害者差別解消法のことが記事に書かれていても、ムニャムニャと読み飛ばしてしまうのだろう。残念ながら、事実そのものや法律のこと等よりも、「かわいそう」「でも、ワガママな人」といった感情だけが印象に残りがちなのだ。

障害者差別解消法がスタートして一年三カ月。今回の出来事は、法律の効力が発揮されたという肯定的な面がありつつ、同時に、社会に潜在する障害者への「ヘイト」（憎悪、うんざりした感情）が噴き出す契機ともなったといえる。そこから見えてきたことを前編・後編に分けて書いてみたい。

事実経過——実は「差別解消法が役立ったモデルケース」

整理のため、報道された内容や木島さん自身のサイト[1]をもとに、大まかな流れを書いてみたい。

・二〇一七年六月三日　大阪在住の木島英登さん（脊髄損傷の車いすユーザー。「バリアフリー研究所」を主宰）が知人らと一緒に、関西空港からバニラエアで奄美大島の空港へ。同行者が車いすごと担いでタラップを降りることで、問題はなかった。

・同　六月五日　奄美空港で、バニラエアの関西空港便に乗ろうとした木島さんが、「歩けない方は搭乗できません」と拒否される。同行者の手伝いも「安全を理由に」拒否される。スタッフも「安全のため」手伝えないとする。往路での対応が間違いだったと。なんとか自宅に帰りたい木島さんは、やむなく一七段のタラップを三～四分かけて自力で上がり搭乗。

・六月六日以降　大阪に戻った木島さんは、大阪府・鹿児島県の差別解消条例に基づく相談窓口に相談。行政の担当者がバニラエア側にも事情を聞いて、問題を確認する。
・バニラエアは六月一四日にアシストストレッチャー（約一五万円）を購入、階段昇降機の購入も決める（六月二九日搬入予定）。これにより、今後は車いすユーザーもバニラエアの奄美空港便を使えるようになった。
・六月二八日　新聞各紙が一斉に報道（朝日新聞〝車いす客に自力でタラップ上がらせる　バニラ・エア謝罪〟」など）。
・しかし同じく六月二八日「バニラエアのホームページには〝車いすを利用されている方は事前に連絡を〟と書いてあるのに、この男性は連絡しなかったらしい」「この木島という人のサイトを見たら、以前にも航空会社とトラブルを起こしている」「当たり屋だ」等、木島さんを非難・中傷する声があがり、拡散されていく。
・六月二九〜三〇日　さまざまな媒体でバニラエアの問題がとりあげられる。
・七月一日　国土交通省より航空各社に対し、今後このような差別的対応がないように指示が出される。

ここまでの経緯を調べてみると、海外を含めて旅行経験の豊富な木島さんは、障害者差別解消法の内容はもちろん、活用方法もよく理解しており、「行政が設けている相談窓口に相談する」という非常に理にかなった行動をとった――ということがわかる。

そして大阪府、鹿児島県の窓口の担当者はきちんとするべき仕事をした[2]。バニラエア側と連絡をとって事実を確認し、明らかに法律違反があったと判明。それを受けての、国土交通省からのバニラエアへの厳重注意であり、木島さんへの謝罪であり、「今後同じような対応をしなくて済むための設備の購入」だったのである。つまりこの一連の出来事は、障害者差別解消法が実際に役立った「モデルケース」といえるのだ。

何が問題か──障害者差別解消法

いまさらだが、少しだけおさらいしたい。「障害者差別解消法」は、二種類の差別を禁止している。バニラエアの件はどこに引っかかるだろうか。一つ目の差別、「不当な差別的取り扱い」は、国や行政はもちろん、事業者も禁止だ。奄美空港でバニラエア側が「歩けない方は、搭乗をお断りします」と木島さんに伝えたことはまぎれもなくこの「差別」にあたる。最終的には搭乗できたとはいえ、いったん「拒否」したという事実は見逃せない（報道によると、木島さんはこれまで一五八カ国を訪れ、多くの空港を利用してきたが、連絡なく車いすで行ったり、施設の整っていない空港だったりしても「歩けないことを理由に搭乗を拒否されることはなかった」（六月二八日　朝日新聞））。

二つ目の差別、「合理的配慮を提供しないこと」については、今のところ民間事業者は「努力義務」だ[3]。しかし公共性の高い交通機関については、合理的配慮を行うことを「義務」にすべく法改正が求められてもいる。このケースの場合、たとえ設備が不十分でも、お客さんが安全に搭乗できるように対話しながらサポートをすべきだった。木島さんの友人らによる手助けの申し出すら拒み、何もしなかったのは差別以外の何物でもない。

バニラエア側の対応は、法に照らして「差別」だ。むしろ、恒常的に「違法」の状態が続いていたといえる。これまでに事前に問い合わせをした結果、奄美便の利用を断念せざるをえなかった車いすユーザーも全国に存在している。今回、木島さんが行動を起こしたことにより、ようやく改善策がとられたのだ。

しかし、この事実経過とは関係なく、木島さんに対する、もっといえば「障害者」全体に対するバッシングが起こった。バッシングまではしなくとも、障害者差別解消法という新たな法律に関心がない、変化を受け入れたくない人の声も多く目にした。次節は、こうした反響について、掘り下げて考えてみたい。

2　バニラエア事件があぶりだしたもの　後編

この一カ月で数回、研修でバニラエア事件のことを話した。「障害者差別解消法がどのように機能しうるか」をわかりやすく伝える事例だからだ。すると毎回、「誤解してたわ」「どっちもどっち（＝バニラエアと木島さん、どちらにも問題がある）と思ってた」等の感想を貰う。

今回は事件後に起こったバッシングから、「障害」をめぐる意識の現状の一端を考えてみたい。

バッシングの始まり

報道初日からバッシングは起こった。私はこの日 twitter（現X）を断続的に見ていたが、「この男性は（車いす使用だと）連絡せずに空港に行ったらしい」という書き込みが、あっというまに拡散していった。根拠は、木島さんが自身のウェブサイトに書いていた事実経過と、バニラエアのサイトに「事前に連絡を」という記載があったことである。そこであたかも「わざと事前連絡しなかった。それこそが騒動を起こした」というミスリード（事実と異なる誘導）が行われた。（実際は同行者もいるし、往路で行けたから復路も大丈夫と考えていたようだ。なお、「事前連絡があれば断っていた」とのバニラエア側のコメントも毎日新聞が報じている）。

この時点ですでに「うさんくさい人物」といった印象がつくられ、嫌な予感がしたのを覚えている。木島さんのサイトには、旅行記とともに過去にも他社で差別的対応に遭って抗議したケースが書かれている。こうした情報は他の車いすユーザーにとって有益なものだ。しかし、もともと障害者の交通アクセス問題に関心も知識もない人たちが、話題に乗じてこのサイトを見、「この男は過去にもトラブルを起こしている」「クレーマーだ」「当たり屋だ」という歪んだ心象を抱き、それをネットで書き込んでいったのである。悪意ある「まとめサイト」がつくられ、ニュースやブログのコメント欄はヘイトスピーチまがいのコメントで埋めつくされていく。

バッシングの様相

ここで、ネット上の報道（二〇一七年六月二九日）への反応の中身を、類型化して見てみたい。以下ａ～ｄはコメントからの抜粋と、私の感想である（ａ～ｄ、複数の要素が混合している場合も）。

ａ「格安航空会社（ＬＣＣ）」であることを根拠に行動を非難するもの

「何で安いのかわかってないのか。配慮してほしけりゃＬＣＣなんて乗るなよ」

「軽く調べたが、東京↓奄美間では半月前予約でＪＡＬとバニラでは四倍以上価格差があるようです。安く移動したいのは分かるがトラブル発生した場合ＬＣＣだって責任を取る必要があるのだからリスク回避は当たり前、たまに使う設備の為にＬＣＣの価格を上げるなんてなったら公共の利益に反する」

「格安航空なので、制約が有るのは当たり前。正規の料金を払えばＡＮＡ、ＪＡＬではきちっとやってくれますよ」

「セルフサービスの店に行って、サービス悪いと言ってるこの男性は単なるクレーマー」

「ＬＣＣは食べ物屋に例えたらファストフードだろ。お前等はファストフード店でフルコース頼むか？」

ここに出てくる「たまに使う設備」といった言葉にゾッとする。

障害者は別に「フルコースの料理を食べたい」わけではなく、（たとえて言えば）「同じように食事をしたい」だけだ。食事する（搭乗する）のに必要な調整が欲しければ四倍の値段を払え、とこれらのコメントは言っている。背後には「もし障害者用の設備のためにＬＣＣが値上げしたら、自分が困る」というエゴも垣間見える。

ｂ「平等」を求めること自体が迷惑だとするもの

「周囲の協力が有ってこそだろ。お前一人の為に何人もの人が時間を取られるんだよ。謙虚さの無い奴は引きこもっていてくれ」

「万が一事故が発生した場合、避難に要する時間は一人三〇秒しかなく、一人で動けない大人がいては正直助けられない現実もある。（健常者の）避難に要する時間が削られ、助かる可能性が低くなるって分かってますか？」

「事前連絡なしに健常者と同等の扱いを求めているが、障がいがあるからと差別するなって言う割に、特例や特別扱いを求めている矛盾を感じた」

ここでのコメントは、「障害者が搭乗するだけで余計に時間がとられるし、災害時の犠牲者が増える」と言っている。「乗るな」と言っているに等しい。「合理的配慮」への徹底的な無知がうかがえる。

c 「クレーマー」というレッテル貼り

「これね。この人プロの活動家ですよね。まともに相手にする価値はない。騒動をわざと引き起こして自分の政治的目的を達成するなんて」

「この人物はプロの活動家で、計画的に事前連絡なしにバニラエアを血祭りにあげたんでしょ」

「ニュースでは航空会社の責任とあるが、本人のワガママ以外の何ものでもない」

「ただのクレーマーとしか思えない」


これらの人格攻撃ともいえる言葉は、木島さんが搭乗を断られた後に他社の便に変更しなかったことと、「世に問題を訴えた」ことの両方を指しているようだ。つまり、障害者は理不尽な扱いにも淡々と受容し、訴えたりすべきでないということだ。先のbで見たように、飛行機に乗ること自体が「迷惑」な存在なのだから。

木島さんがタラップを腕で這い上がったのは、帰宅する必要があり、かつ、たまたま這い上がることが可能な人だったからだ。高価な他社便に乗り換えたくなかったのも、しごく当然だろう。決してパフォーマンスなどではない。そして、この件を相談窓口に訴えたことは、正当な市民の権利行使にほかならない。

d「そんなやり方をしては、ほかの障害者に迷惑」というもの4

「厚かましく善意を要求するのは他の障碍者への風評被害を招く」

「うちの母親も車椅子生活だったけど、そんな事にクレームつけるようなことは一切しなかった。甘えるな。（略）逆に申し訳ないくらいの気持ちでいてほしい。他の車椅子生活を送ってる人達に迷惑をかけないで欲しい」

「こんな自分勝手な人が居ると、よけいに世間の人が偏見をもって見ると思います」

このdグループは、「自分は〝一般の〟障害者の方のことを思いやってるんです」という雰囲気をまとっているだけに、ひじょうに気持ちが悪い。勝手に「望ましい障害者／そうでない障害者」という枠を設け、自分は「望ましい」障害者を知ってますよ、かれらの味方ですよという恩着せがましいふりをしているのである。

バッシングから見えるもの

ここに挙げたのはほんの一部である。たとえば「テロリスト」という語を使うなど、もっと「ヘイト」度合いのキツイものは省いている（もちろんここに挙げたものも十分しんどいし、ヘイトスピーチといえる）。これらのコメントを見ていて、「板子一枚下は地獄」という言葉が脳裏に浮かんだ。

インターネット上には、常にバッシングやヘイトの「ネタ」を探している一群の人々が存在する。

在日コリアンらは常時、そうした暴力に晒されている。そういう一群の人々は、障害者も、「叩きやすい」要素があると見なせばターゲットにする。誰かが叩けば、一斉にわっと群がるという、いじめと同じ構図だ。

しかし、前編でも書いたが、私は、確信犯的なヘイト以上に、「良識ある市民の意見」という装いで書かれた言葉の数々が震えるほど怖かった。「乗り込むのに時間がかかるんだから、迷惑をかけているんだから、不利益はがまんしろ」といった言葉こそは、障害のある人を真綿で首をしめるように抑圧する。今日も明日も、バスを使う車いすユーザーはそうした視線を浴びているのだ。

「障害者にどう対応するか」が問題なのではない。違う。a〜dのコメントを書いた人々は、「障害者を排除してきた社会のあり方」に気づかないまま、生きてこられたのだ。

障害者はどんな社会的障壁に直面しているか、条約や法は何をめざしているか、そんなことにほとんどの人は興味がない。だから「バニラエアの対応は確かに完璧ではありませんでした。でもそれなりの事情があります」「この男性にも、問題はなかったでしょうか」――そんな言い方のほうが、なんとなく世間では「バランスがいい」ように見えてしまう。

普通の市民があっさりとヘイト寄りの意見に流れるのは、障害者の日常生活や移動の様子、「車いすユーザー」の中の多様性などを、知識としても経験としても、ほとんど持っていないことにも起因すると思う。私自身、かつて車いすを使う友だちと一緒に旅行しようとして、あまりの障壁の多さに仰天し、世界が違って見えてきた経験がある。こんな経験を多くの人がするような社会には、まだなっていない。

差別解消法の「知られてなさ」を、背中に突き刺さるように痛感させられたのもバニラエア事件だった。今回の事件が、「声をあげたらバッシングをされる」という前例になってはいけない。相談窓口はきちんと法律に沿って（世間の「気分」とは関係なく）対応した。その事実こそを広めていくべきなのだと思う。

3 続・バニラエア事件があぶりだしたもの――「主張するマイノリティ」への抵抗感

今回、バッシングが広がった要因として、「弱者っぽくない、自己主張するマイノリティ」をうさんくさく思う「気分」のようなものが、恒常的に（特に）ネットに広がっていることが挙げられると思う。ネット全般にみられる「ヘイト」の土壌について詳しく書く余裕はないが、こと障害者については、「苦労しているのだから、叩くのはよくない」という感じの、なんとなくの遠慮が一応はあるように思う。だが、ちょっとしたきっかけでタガがはずれ、バッシングに発展していく。今回その怖さを目の当たりにした。

障害者が平等を求めるなんて贅沢だ、おとなしくしておけばいい、他の善良な障害者に迷惑だ…。そんなかたちで障害者へのヘイトスピーチは現れる。他のマイノリティに共通する部分も多いが、障害者の場合は特に、「お世話される立場のくせに」といった蔑視が潜んでいる。

「おとなしくしておけば、悪いようにしないのに」と健常者は考えがちだ。しかし実際は、交通機関のバリアフリー化も、それがないと困る当事者による激しい抗議や要望、粘り強い交渉等によって、気が遠くなるような時間をかけて一歩一歩進められてきたものだ。その事実は広く知られてはいない[5]。

今回、木島さんがとった行動は、何ら「出過ぎたこと」ではない。「スムーズにいかないかもしれないけれども（特に地方の）交通機関を利用する」ということは私の友人たちもよくやっている。利用することで改善を促せることはいくらでもあるからだ。問題があったときに行政の相談窓口に伝えることは、むしろ推奨すべき行動だ。にもかかわらず、バッシングは起こった。

そんな社会の空気を読んで、まわりの人に遠慮して、排除や差別的対応を受けても、「こんなものだ」とあきらめたり、誰にも相談できずにいる人がどれほど多いことだろう[6]。

参加できない場所があるのはおかしい、声をあげてもいいのだ、社会の側に変化を求めていいのだという考え方（障害の社会モデル）が発展し、それをベースにした法制度もできてきた。昨年スタートした障害者差別解消法は、バニラエアに対しては効力を発揮したが、世論にまでは届いていない。人として当たり前のことを求めたらバッシングを受ける、そんな社会では誰も安心して暮らせない。だから、メディアも教育・啓発も、あげられた声を受け止め、「何が問題か」を考えられるようなものへと進化しなければならない。

◆レッスン10の終わりに

二〇二四年の現在から振り返ると、二〇一七年に起こった「ネット上での障害者バッシング」は、ほんの「序の口」だったのだと思う。二〇一九年に私の目の前で「車いすユーザーへのバス乗車拒否事件」が起こり、その後でヤフコメの炎上を経験した[7]。二〇二一年には伊是名夏子さんが熱海へ旅行した際のＪＲの対応（合理的配慮の申し出に誠実に対応しない、最終的には対応したが「今回だけ」と言うなど）の問題を自身のブログで指摘したところ、猛烈なバッシングを受けた。伊是名さんへの攻撃はまさに「ネットリンチ」だった。

二〇二二年には、自治体を相手取って二四時間体制の介護サービスの提供を求める裁判を起こした障害者男性に対して、「殺処分でええやん」といった酷いヘイトスピーチが投げかけられた[8]。

こうやって書くだけで、今も動悸がしてしまう[9]。

「権利を主張する生意気な障害者」と見られた人へのバッシングが起こる土壌は、むしろ強化されているように思う。こういう「弱者」にはこう言ってやったらいいんだ、といったネット上の文法に則った一種の「ゲーム」として定着したかのようだ。

こういう確信犯は相手にしても無駄だ、と言う人もいるが、それは違う。傷つく人は出続けるし、当たり前の権利主張を抑制してしまう効果ももってしまうからだ。

人の生活と命をもてあそぶ「ゲーム」を許さない市民の層を厚くしなくてはいけない。

■注

1　木島英登バリアフリー研究所　http://www.kijikiji.com/consultant/profile.htm　残念ながら木島さんは二〇二二年七月に亡くなられたが、ウェブサイトは維持されている。

2　鹿児島県は二〇一五年、大阪府は二〇一六年から障害者差別解消法の地方バージョンともうべき条例が施行されており、相談窓口がある。もちろん、条例がない都道府県にも窓口は設置されている。

3 法改正により、二〇二四年四月から事業者にとっても合理的配慮は「義務」になった。

4 この「そんなやり方では、他の障害者に迷惑」というロジックは、二〇二一年四月のＪＲ東日本の対応を伊是名さんが告発した時のネット上の反応も、二〇二四年三月の映画館での対応を中嶋涼子さんが告発した時の反応も、全く同じであった。いずれもまったく正当な申し立て（かつ、その後の改善につながっている）にもかかわらず、あたかもクレーマー的な「個人」が起こした問題だと矮小化して人格攻撃する。これは現代の「障害者へのヘイトスピーチ」の特徴だと私は考えている。

5 交通機関のバリアフリー化をめぐる運動は、一九七八年の川崎バス闘争が有名だが、他にも各地で地道な運動が数多くあった。障害者運動の連合体が行政や官公庁と交渉する、鉄道会社やバス会社と話し合いの場を持つといったことを続けながら、大阪や兵庫の福祉のまちづくり条例なども手掛かりとして国レベルの法律制定を勝ち取ってきた。その後も細かな運動や交渉が続いているが、それらを一般市民が学べるような書籍や情報資料は少ない。

6 障害者の中にも、バニラエア事件で木島さんに対し冷淡な態度をとる人は実際にいた。そこには「障害者イコール面倒な人」と思われることへの恐怖が感じられた。二〇二一年のＪＲ東日本の件でも同様であった。

7 この件については、ＰＡＲＴ２の注105を参照。以下の文章も、読んで見てほしい。『事件』はそうそう起こらないし、あきらめた人の姿は見えない——乗車拒否事件という嵐の後で考えたこと」松波めぐみ（『支援vol.11』二〇二一年、生活書院）

8 記事 https://www.bengo4.com/c_23/n_15536/ 「殺処分でいいやん」障害者へのネット書き込みに開示命令、背景に「相模原殺傷事件」の思想か 二〇二三年一月一九日

9 ＳＮＳ上でのバッシングは心身にこたえる。二〇一九年七月の「バス乗車拒否事件」ではある意味で当事者となった。その後もＳＮＳ上で事件が起こるたびに「合理的配慮について説明しなければ」と発信し、大量のアンチコメントがついて疲弊するといったことが何度もあった。

レッスン11　相模原障害者殺傷事件[1]の後で

1　どんな「社会」で一九人の命は奪われたのか？

多様な人たちが同じ社会でともに生きていくための法律が施行されたのと同じ年に、一方的に「生きる価値がない」と見なされた人たちが、強制的に社会から退場させられた。被害者の身に起こったことはあまりにも残忍で、いまだ言葉に尽くせない。まず、名前を知らない一九人の「生」に思いをめぐらせ、追悼したい。傷つけられた人たちの心身の回復を祈りたい。

この津久井やまゆり園での事件については、障害当事者の団体や家族会、専門職団体などからすでに数多くの声明が出ている[2]。論点も多い。優生思想、ヘイトクライム、入所施設自体がはらむ問題、被害者が匿名でしか報じられないこと、「対策」として措置入院制度のあり方が強調されることのおかしさ、等。私自身、まだまだ混乱の中にあるが、思うことを少しだけ書いてみたい。

その日のこと

二〇一六年七月二六日。その日私は早朝から列車に乗って、四国の某市に向かっていた。障害者差別解消法の研修が目的だ。移動中にスマホを通して、神奈川県相模原市の障害者施設で多数の入所者が殺傷されたとのニュースが入ってくる。さらに容疑者がその施設の元職員であり、「障害者なんていなくなればいい」と発言していることも報じられた。いまだ事件の全容がわからない段階ながら、体中の力が抜けるような感覚に襲われた。狙われたのは重い知的障害の人や重複障害の人だという。身近に知っている、同様の障害のある人の顔と名前を思い浮かべ、「襲われたのは○○さんだったかもしれない」と思うと、体が震える。そんなこと絶対許されへん。ありえへん。「強い憤り」も感じるのだけども、それ以前に、ただただ悲しい、怖い、という感覚が先立っていた。

昼過ぎに現地に到着。今から「障害者差別解消法」の話をするというのに、気持ちがついていかない。とにかく事件のことにふれずには、何も語り出せない気がした。

講演では、冒頭でしばらく言葉が出てこなくて困った。まずショックを受けていること、事件は極端に酷いけれども、（特に意思疎通が難しい）障害者を嫌悪し排除しようとする動きは社会のあちこちにあること、排除をなくしていくために法律がつくられたこと、直接「対話」していくことが大事、みたいなことを話した。だがそれだけでは足りない、全然足りないとも感じていた。

「変わるべきは社会のあり方」、未だ届かず

今回犠牲になった一九人の方々がそれぞれがどのような人生を送られてきたのかは、いまだ明らかになっていない。ただ、さまざまな理由で元々いた地域を離れ、施設入所されたという共通項はある。障害が重く、「迷惑をかける」とみなされやすい人たちであればあるほど、地域社会から隔離・排除され、狭い範囲内で生きることを強いられてきた。その人たちが、地域社会でふつうに暮らしている

人と比べてさまざまな権利を享受できていないのは、「社会の側がつくった障壁」ゆえだ。

障害者が存在することが〝不幸〟をうみだす、と容疑者は信じていたようだが、それは違う。多数派とは異質な人を排除してきた「社会のあり方」が問題だ。空気を読んだ行動ができない人、賃労働に向かない（とされる）人への蔑視や排除的な態度、地域での支援や場所が不十分なことこそが問題であり、変えていかなければならないのはそっちの方なのである。

しかし、この「障害の社会モデル」の発想は、それをベースにした法律（障害者差別解消法）が施行されてもなお根付いていない。とりわけ重い知的障害の人や重複障害の人たちの置かれた状況を、「社会のあり方」から捉える視点が非常に乏しいことを、事件と報道で痛感させられた。

容疑者の言葉の背後にある「社会のあり方」

容疑者がここに至った過程はまだ解明されておらず、それについては慎重でいたい。

だが、彼が仕事として知的障害のある人の生活に関わり、「特性」等も学んでいたであろうことを思うと、やはり胃がキリキリと痛む。当事者と日常的にふれあっていれば、うまく意思疎通できないことに苛立つこともあろうが、一方で和んだり、やりがいを感じたりする瞬間だってあるはずだ、と現場労働者[3]としては思う。だが彼は働いた経験が「どうやって共に生きるか」の模索に向かわず、「だから生きる価値がない」という独断に陥ってしまった。在職中から障害者の生きる価値を否定する発言を繰り返す彼を、同僚も知人も諌めたようだが、考えが変わることはなかった[4]。おそらくそれは、彼の発想を肯定する声が、インターネット上だけでなく、社会の底流に流れ、勢いを増していることと無関係ではないだろう。

報道によると容疑者は、障害者は「税金」を無駄に使う存在であり、「安楽死」が国家のためになるという確信を綴っていた。容疑者の言葉の残酷さには心が冷え込んでしまう。まるで凶器だ。けれど、そこにばかり焦点化することは、問題の所在を、「個人の特異な性格」に帰してしまう恐れがある。どんな背景があっても決して許されない犯行であることは踏まえつつ、容疑者の思考もまた「社会のあり方」の中でつくられたことを直視したい。

「誰がどこにいても排除されない」社会の具体像へ

当初から報じられた「障害者なんていなくなればいい」という言葉。これは果たして、突拍子もない発想だろうか。

まったくそうではない、ということを身近な障害のある人たちから聞く。他のお客から「気持ち悪い」などの暴言を吐かれたために近所の美容院に行くのが怖くなった、という脳性まひの知人がいる。一人暮らしをする知的障害のある友人は、マンションの隣人から「なぜこんな人がここに住んでいるのか」という目を向けられる。いま、愚直に目を向けなければならないのは、「障害者と関わりたくない」という心情があること、それを多くの人が抱いた結果、とりわけ知的・発達障害のある人らを地域から「見えない」場所に追いやってきた事実ではないかと思う。

研修や非常勤先の授業でもしばしば感じるのは、「考えるのが面倒だから、障害者と関わりたくない」という気分を抱く人が多いことだ。なんとなく「正しく」関わらないといけない気がして、めんどくさい。できれば自分らの生活空間や職場とは離れたところにいてほしい。そんな本音をダイレクトに感じることもある。

企業向けの研修の際に、「何をしておけば、合理的配慮をしたことになるんですか？」という質問を向けられる裏に、「リスク回避」という動機を感じとる。「なんで私がそんな人らに関わらないといけないんですか」と言わんばかりの冷めた態度からは、ほのかに優生思想的なものが見える。

ちょっとお手伝いすれば笑顔で感謝してくれるような障害者なら、いてもいい。仕事をバリバリこなせたり、パラリンピックで活躍したりするような人は歓迎する。しかし、異様に見える人、意思疎通が難しい人には、正直、どっか別の場所で「平和に」暮らしていてほしい――そんなマジョリティの選別的な排除の心情は、社会の中でつくられてきた。メディアも、教育・啓発も自分たちにとって「都合のいい」障害者像ばかりを描いてきた。もうたくさんだ。「わかりにくい人」とも共に生きられると思えるようになるための出会いの場や経験こそ、もっともっと必要だと思う。

どうすればいいのか。特効薬があるわけもないが、まずは、ヘイトスピーチやヘイトクライムは許されないことを社会全体で確認したい。そして、誰であっても地域の中で共に生きていけるように「社会のあり方」を変えていくのだという意思を共有したい。それは、とまどいや葛藤はあっても多様な人と共に暮らすことを引き受けていこうということであり、地域生活の実現・維持のために税金が使われるのは当然だという世論をつくっていくことでもある[5]。

これらは「障害者のため」ではなく、自分を含むすべての人のために必要だ。きれいごとでなく、そう考えられる人を増やしたい。そうした積み重ねなしには、亡くなった方たちを本当の意味で「追悼する」こともできないような気がしている。

2　保津峡を超えたら？——時計の針を動かすために

私は各地で「障害者差別解消法」関連の研修等をさせてもらっているが、その際、典型的な「不当な差別的取り扱い」や「合理的配慮の不提供」の例を挙げて説明することにジレンマを感じることが増えた。〝こういう場面でこういうことをすれば、不当な差別になりますよ〟と語りながら、そもそも〝こういう場面〟（居酒屋、遊園地、就労の場など）にすら出てこられない人、法律が施行されたことなどまーったく関係ない生活をしている人が膨大にいるではないか……と考えてしまうのだ。

「保津峡を越えたら、白杖が使えない」？

先日ある交流の場で、視覚障害のある中年女性Aさんからこんな話を聞いた。「仲間うちでは、『保津峡を越えたら、白杖《はくじょう》は使えない』って言葉があるんですよ」と。え、何それ——とっさに意味がわからなかった（保津峡は、京都の中心部から電車で二〇分程度の場所にある）。

そのときは車いす利用者も交えて、都市と地方の格差を話題にしていた。

都市部の駅ではだいたいエレベーターがあるし、ホームドア設置の駅も増えてきた。車いす対応のバスも多く走っている。だがちょっと地方に行けば、たちまちバリアフルになる。そもそも車いす利用者を見かけないし、ヘルパー派遣できる事業所も少ない等。これ自体はよくある話題だ。

しかし「白杖が使えない」とは、どういうことか？　白杖は視覚障害のある人が安全に歩行するために使うものだ。私が出会ってきた白杖ユーザーたちは、点字ブロックが整備されていない地方にも出かけていく。都市とか地方とか、関係あるのか？

混乱している私に、Aさんは「もちろん保津峡の向こう全部がそうなわけないけど……」とことわった上で、特に地方では、視覚障害者は家族と同居しており、家族が「近所の人の目」を気にするため、白杖を使って歩きにくい人がいるということを話してくれた。

都市部には視覚障害関連施設があり、観光客も含め、駅や道端で白杖（や盲導犬）を使っている人を頻繁に見かける。なんら珍しくない。だが少し地方へ行けば、様子は一変する。Aさんの元同級生である友人（Bさんとする）は、盲学校に通っていた時期は白杖を使っていたが、実家に戻ってからは、家族から「みっともないから、そんなものを外で使うな」と厳しく言われている。そのためBさんは、地元では一切、白杖を使えないのだという。私が「え、じゃあ外出の時、どうしてるんですか？」と聞くと、「家族の肩につかまったりして歩いているんじゃない？　そもそも、家族があまり外出させてないんじゃないかしら」。ガイドヘルパー等の制度も使っていないらしい。

私は言葉に詰まった。障害のある家族を「隠す」だなんて、何十年前の話だろうと思うが、現代の話だ。家族に頼らないと生活していけない状況では、自分の意見や希望を述べることも難しいだろう。おそらく、Bさんのような状況でひっそり暮らしている人は、障害種別を問わず、相当数にのぼるのではないか。

私はふと、「その方（Bさん）は障害者差別解消法のことを知らないでしょうね？」とAさんに尋ねてみた。Aさんは「知らないに決まってる。まあ、私もよくはわかってないけどね」と苦笑した。

たとえ地元の行政機関等に差別解消法のパンフレットが置かれていたとしても、それは墨字だ。誰かがBさんに障害者差別解消法の中身を伝えたり、Bさんが啓発講座等に参加することも考えにくい。そして、白杖を使って自由に外出することが叶わず、家族が常に「保護」しているような状況では、（たとえば）居酒屋で店員さんにメニューの読み上げという合理的配慮を求めることも、何かまずい対応をされたら異議申し立てをおこなう、というようなことも起こらないだろう。

障害のある人も一人の市民として、必要な支援は受けつつ、自分の意思で動ける環境があってこそ、差別解消法を「知って、使う」ことができるのではないか。

Bさんのような状況にいる人にどうしたら障害者差別解消法のことを伝えられるのだろう。いやそれ以前に、Bさんが自分の意思に沿った生活ができるようになるにはどうしたらいいのか？　勝手に私が悩んでも答えはないが、ずっしり心に留まっている問いだ。

時計の針は……？

「サベツカイショウホウ？　それ、どこの世界の話ですか」という場所は無数にある。その最たるものを思い起こさせたのが、二〇一六年七月の相模原障害者殺傷事件だった。

入所施設や病院で長期にわたり生活している人もまた、「法律について知る」ことも、「それを使う」ことからも遠く隔てられている。この半世紀ほどの障害者運動の歩みによって、かつて施設収容中心だった施策は転換し、「施設から地域への移行」が福祉政策の主要課題となった。また、運動の悲願だった「障害者差別を禁じる法律」も成立し、施行された。歴史をたどると、まさに「時計の針が進んだ」ように思える。

だが相模原事件は、すでに指摘されているように[6]、「時計の針が逆流する」かのような出来事であった。と同時に、「時計の針が進んだことなど一度もなかった」人たち、つまり地域から排除され長年にわたって入所施設で生活している人たちも膨大にいることを浮かび上がらせたといえる。「どんなに障害が重くても地域で、自己決定しながら、自分らしく暮らせる」ことをめざす自立生活運動にコミットしてきた私自身も、この運動が、実質的には知的障害や重複障害の人たちを置き去りにしてきたことを改めて考えさせられた。

施設という場所をひとくくりに語ることは注意が必要だとしても、施設は基本的には非当事者のニーズ（家族の困窮、地域住民の排除意識）からつくられてきた歴史があり、「安全」を名目に画一的な管理がなされる場所だ。障害のある人がさまざまな人と関わりながら自分らしい生を営み、地域社会を変えていく方向性は持ちにくい。全国の入所施設において、入所者が「障害者差別解消法」や「障害者権利条約」をわかりやすく学べるような機会がどれほど設けられているだろうか。ほとんどないのではないかと思う。

法律や条約は難しい、特に「知的障害のある人にわかってもらうのはムリ」などと言われがちだが、それは決めつけだ。知的障害がある人たちの間でも、障害者差別解消法を学ぼう、使おうとする動きがある。わかりやすいパンフレット類もつくられてきているし（残念ながらあまりわかりやすくないが）、私が知る京都の知的障害当事者のグループでは、日常に起こる「あるある」話、たとえば行政からの郵便物の意味がわからないといった実例をもとに寸劇をつくり、集会で演じたりしている。このような取り組みがもっと広がればいいと思う。

誰もが地域で自分らしく暮らせる基盤をつくることと、障害者差別解消法を学び活用できるような仕掛けつくること、そのどちらもが、「時計の針を動かす」ために欠かせないのだと思う。

3 「ここにいる」のに理由はいらない——映画「風は生きよという」に寄せて

「体の一部」になっていく

先日「風は生きよという」という映画を観てきた。人工呼吸器を使って地域で暮らす人を描いたドキュメンタリーである[7]。主に三人の呼吸器ユーザー（今後つけることを想定している難病の人を含む）が登場する。

「人工呼吸器」という言葉からどんなイメージをもたれるだろうか。「重病人」、「瀕死」、「死ぬ間際に使うもの」、病院のベッドの傍らにものものしい機械が置かれ、管でつながれている……。そんな緊張したイメージかもしれない。私も、かつてはそんなふうに思っていた。

映画の冒頭、出演者の海老原宏美さんは自宅マンションの台所にいる。車いすユーザーの彼女の前でヘルパーが食材を刻み、フライパンで調理する。ヘルパーは、「これぐらいの炒めぐあいでどうでしょ？」という感じでフライパンを海老原さんの目の前に差し出す。ＯＫが出たら、盛り付けて淡々とごはんを食べる。

ごくあたりまえの日常の風景だ。自立生活している人の介助をしてきた私には、「あるある」と苦笑したくなる場面でもある。

ただ一点、違うのは、海老原さんが人工呼吸器を使っていることだ。呼吸器は短時間ならはずしても問題ない。チューブを口からはずしてご飯を食べ、終わったらまたつける。映像で初めて見たときは「あれ、はずして大丈夫？」と思ったとしても、呼吸器をつけたままの友人宅訪問、仕事、ほっと一息……といった日常の光景を見ていくうちに、呼吸器はだんだん「体の一部」にしか見えなくなっていく。

「びっくり」から「まちが慣れる」へ

人工呼吸器は、呼吸を助ける道具である。海老原さんの場合は脊髄性筋萎縮症という障害で、「徐々に筋力が低下することで、身体が変形し肺が圧迫されるため、自分で呼吸できるのは長くて一～二時間」だ（映画のパンフレットより）。しかし、彼女はヘルパーによる介助をほぼ二四時間受けて一人暮らしをし、ほかの障害のある人への支援を仕事としている。その様子は、言葉で説明しても伝わりにくいので、映像の意味は大きいなと思った。

かつて、人工呼吸器はそれこそ病院でしか使われないものだったろう。しかし、医療技術の進歩と工夫、そして何より地域で生活したいと望む多くの障害・難病当事者の力によって、「日常を支える道具」になっていった。その人の体の一部という意味では、いわば「車いす」と変わらない。もっといえば「めがね」「腰痛（防止）ベルト」と変わらない。それを使っていることで、むやみに心配されたり、「がんばってる」などと勝手に感動されたりするいわれはないのだ。

ただ、まだまだ「呼吸器をつけて地域で暮らしている」人は少数派だ。大多数の呼吸器ユーザーは、いまだ病院や施設で暮らしている。それは症状が重篤だからではなく、固定観念や制度の不備があり、地域で暮らせることが知られていないという社会的障壁のためだ。

したがって、出会う機会が少ないため、呼吸器ユーザーが「地域で、ふつうに」生活を送っているだけで、見た目のインパクトに「びっくり」され、排除されてしまうことがある。

以前より、「呼吸器ユーザーが喫茶店や居酒屋で入店拒否に遭う」事例を何度か聞いていた。お店側は、見慣れない人工呼吸器をなんとなく「危険」と思うのか、もし店内で死なれたら困るとでも思うのか、「安全面で不安がある」等といって拒否をする。

そこで、呼吸器ユーザーたちは、危険ではないことを説明したり、のらりくらりと振る舞って相手の緊張をといたりして入店にこぎつける。理解者を増やしていく。その姿は、一九七〇年代からの自立生活運動で、車いすユーザーが地域で暮らしはじめ、驚かれたりしつつまちになじんでいった歴史とも重なる。運動の中でうまれた「まちに慣れる、まちが慣れる」という味わい深い言葉[8]を思い出す。

どうしてあなたはここにいるの?

上映終了後、出演者の海老原さん、新居優太郎さん（大阪の高校生）と家族の舞台挨拶があった。海老原さんは挨拶の中で、「私たちはほんっとによく、『どうしてあなたはここにいるのか』を尋ねられるんですよね」と語った。どうしてあなたのような人が当店に？　どうしてここに住みたいの？　そこでは暗に「あなたのような人は病院や施設にいたほうがいい」、「家でおとなしく寝てたら？」と言われている。それが安全でしょ、と。無知に基づくとはいえ、存在を認めない排除的な態度だ。「どうして？」と問われるのは、新居さんも同じだったろう。出生時のトラブルで低酸素性虚血脳症にかかった彼は、医療的ケアが欠かせない。意思表示はまばたきで行うが、慣れた人でないと読み取りにくい。新居さんは小学校は支援学校に通ったが、勉強内容の物足りなさ等から、中学は自宅近くの普通校に進んだ。傍らに支援者はいるものの、他の同級生たちと一緒に教室で授業を受ける様子が、映像で映し出されていた。大きな車いすを使い、まばたきで試験も受ける。共に学ぶための「合理的配慮」が模索されてきたことがうかがえる。

これまで、「そうまでしてこの学校に？」、「どこまで勉強がわかっているのか」「どこまで本人の意思？」といった疑問を向けられることは多々あっただろう。映画を見た人でも「どこまで？」と思った人はいたはずだ。実は私自身、「どこまで」という問いが湧いてきた瞬間はあった。しかし、「どこまでならＯＫ」などと線を引く発想自体がおかしいことに気づく。

「どうしてこの学校に？　無理して来なくても……」といった声に、本人も家族も晒される。説明を求められる。中学の同級生たちも当初は「なぜ？」と思ったかもしれない。もっとも同級生たちは、学校生活を共に過ごすうちに自分なりに考え、明確な答えはなくとも、新居さんが「そこにいる」ことに慣れたのではないか。

本来、「どうしてこの学校に？」という問いも、「行きたい理由」の説明もいらないはずなのだ。ほかの生徒があえて「どうしてこの学校に?」と問われないのと同じように。

インクルーシブ（＝「排除」の逆）になっていない社会・学校だからこそ、「重度の子は、別のところで」と思われているからこそ、そのような問いが呼吸器ユーザーらに向けられる。「何も無理して地域の学校に来なくても、支援学校であれば、手厚いケアが受けられて安心」といった言い方で、分離教育が正当化されてきた。

「無理」とはなんだろう。先生とマンツーマンの教室で過ごすのが「無理がなく、良いこと」なのか? そうやって、障害のある子どももそうでない子どもも「ともに過ごす」時間と場を奪われてきた。人が、まちが、学校が「慣れる」機会も奪われてきた。だから突然会うと「びっくり」するし、排除も起きてしまう。それだけでなく、「無理して生きなくても」と思われることさえある[9]。

「別のところに行ってくれたら」

二〇一七年の年明けに、あるまちの教育研究集会で、一年前にあった相模原障害者殺傷事件の話をする機会をいただいた。亡くなった人はそれぞれどんな学校時代を送り、なぜ施設に入所したのか。事件後、なぜ氏名が公表されなかったのか。そして、なぜ容疑者は優生思想を強めてしまったのか……。答えのない問いばかりだ。

容疑者が放った「障害者は不幸しかつくりだせない」という言葉は、冷酷でおぞましい。だがそれは、「よくわからない、面倒を起こす人（子ども）」を疎ましく思い、遠ざけようとする社会や学校のあり方と地続きではないのか。そんな中で、障害者の家族は「施設入所しかない」と思わされ、容疑者は「障害者の存在が周囲を不幸にする」という誤った信念を増大させていったのではないか？
――そんな話をしたところ、ある先生が次のように発言された。

「うちは原学級保障[10]をしてますが、正直、〝支援の子〟が教室から飛び出したりするのに疲れて、しんどいなあ、別のところに行ってくれたらいいのに、と思ってしまったことは何度もあります。ええ、支援学級か、支援学校ですね。いなくなればいい、とは思いませんが、〝別のところに行ってくれたら〟と。これは排除というか、優生思想につながっていますね」

障害のある子どもが「ここにいる」ことを当たり前と思えないのは、障害のある人を隔離・分離してきた社会の中で自身が育ってきたためだ。うまくいっている時はいいが、難しいことが起これば「別のところ」へ追いやろうとしてしまう。まさに社会の縮図だ。分けて排除することを正当化する理屈はいくらでもある。

そんな向かい風が吹く社会の中で、呼吸器ユーザーや重度障害者があたりまえの日常を重ねている。かれらと出会う機会があったら、最初は驚き、「なぜここに？」と思ってしまうかもしれない。だがその次に、そうしてしまう自らのあり方、社会のあり方を省みてほしい。そして、できれば対話を始めてほしいと思う。

◆レッスン11の終わりに

「鳥は空に、魚は海に、人は社会に」という言葉がある。一九七〇年代初めに東京都府中療育センターで暮らす重度障害を持つ人たちが、施設の非人間的処遇を訴えて都庁前で座り込みをした時のスローガンだ。その人たちはやがて（制度は不十分であっても）地域で暮らし始めるが、そうした流れからも、知的障害のある人たちは取り残されてきた。

「人は社会に」という言葉は、半世紀後もずっしり胸にこたえる。むろん、施設があったから生き延びられたと感じる家族がいるし、当事者の思いも一様ではない。それでも、「そこではない生活」も選べる状況になってはじめて、施設も「社会」だといえるのではないか。

ここで紹介した映画「風は生きよという」[11]に続いて、同じ宍戸監督による「道草」という映画がつくられた。知的障害、その中でも世間で煙たがられる「強度行動障害」と言われる特徴をもちながら地域で一人暮らしをしている人たちの生活を追った（そして順調なことばかりでないことも含めて描いた）魅力的なドキュメンタリーである。上映運動は細々と続いており、一人でも多くの人に観てほしいと思っている。

■注

1 「相模原（障害者殺傷）事件」でなく、「やまゆり園事件」などを使う人がいるし、その方が適切なのだと思う。「相模原市ってけっこう広いのよ」と叱られたこともある。ただ、「相模原事件」という言葉で何年も考えてきたため、「相模原事件」という語をしばしば使うことをお許し願いたい。

2 立命館大学の生存学研究センターのwebには、事件に関する情報がまとめられ、その後も更新されている。http://www.arsvi.com/2010/20160726_4.htm

3 私は当時も今もパートタイム（月二～一〇回、時期による）で、地域生活する重度障害者の介助をしている。入所施設での介助とは単純に比べられないことは多くある。だが少なくとも、「介助の仕事は大変だから、障害者に対してネガティブな考えを持つのは当然だ」といった意見には与しない。

4 結局、植松容疑者（その後被告、現在死刑囚）は、様々な人々との面会や文通を経ても、自らの考えを変えることはなかった。

5 重度の知的障害のある人が「地域で当たり前に生活する」ための道筋を考えるため、事件発生から一ヵ月もたたないうちに執筆された次の論考をぜひ参照してほしい。「亡くなられた方々は、なぜ地域社会で生きることができなかったのか？——相模原障害者殺傷事件における社会の責任と課題」渡邉琢　http://synodos.jp/welfare/17696

実践家と弁護士が手を組んで活動している組織に「介護保障を考える弁護士と障害者の会　全国ネット」がある。関心がある人は以下を参照してほしい。http://kaigohosho.info/

6 「時計の針」は、熊谷晋一郎さんの言葉である。以下を参照。熊谷晋一郎　NHK福祉ポータル「ハートネット」のインタビュー（〝多様性〟の現場から）http://www.nhk.or.jp/hearttv-blog/3400/251180.html
『世界』二〇一六年一〇月号「相模原事件の問い」、渡邉琢「障害者地域自立生活支援の現場から思うこと」『現代思想　緊急特集相模原障害者殺傷事件』（二〇一六年一〇月号）

7 「風は生きよという」（監督：宍戸大裕　http://kazewaikiyotoiu.jp/　販売もされているので、機会があればぜひ観てみてほしい。海老原さんとお母さんによる著書『まぁ空気でも吸って』（海老原宏美・けえ子、現代書館、二〇二二年に増補改訂版が出された）もおすすめ。

8　「まちに慣れる、まちが慣れる」は、大阪で活動してこられた牧口一二さんの言葉だと聞いている。

9　本稿では触れられなかったが、呼吸器ユーザーは「尊厳死」法制化の動きの中で、いわば「自発的に」死を選ぶよう仕向けられる危険を感じている。「呼吸器をつけてまで」、つまり多額の医療費をかけてまで、他人の手を煩わせてまで生きたいのか、迷惑だと思わないのか、といった脅迫めいた言説があるのだ。日常を穏やかに描いた映画の背景には、それでも生きたいという当事者の意思がある。

10　一九七〇年代以降の関西の同和教育・解放教育の流れの中での「障害のある子どもを地域の学校で受け入れ、在籍は養護学級／特別支援学級であっても、ほとんど（または全部）の時間を通常学級で他の子どもたちと共に過ごさせる」取り組みのこと。

11　なお、映画「風は生きよという」の主人公の一人、海老原宏美さんは二〇二一年一二月二四日に雲の上に旅立った。自立生活運動、インクルーシブ教育、「社会モデル」についてのわかりやすい発信など、彼女が遺したものは数多い。遺産を継ぐ一人でありたいと思う。

レッスン12 「うしろめたさ」とつきあう

わきあがる「うしろめたさ」

ぼくらは「これが正しいのだ！」とか、「こうしないとだめだ！」なんて真顔で正論を言われても、それを素直に受け入れることができない。でも、目の前で圧倒的な格差や不均衡を見せつけられると、だれもがなにかしなければ、という気持ちになる。（略）

震災後、冷たい雨のなか、がれきを拾い集める人たちの姿をテレビで見て、快適な部屋でなにもしていない自分にうしろめたさを感じ、被災地に義援金を贈った、という人もいるだろう。

（一七四ページ〜）

これは、『うしろめたさの人類学』（松村圭一郎著、ミシマ社）という本からの抜粋である。エチオピアの農村と日本を往復しながらフィールドワークを続けてきた著者は、不公平さに満ちた世界のなかで、どのようなときに人々は「公平な社会（世界）」を希求するのかを考察している。大災害が報じられた後、自分たちが平穏な生活を送れていることへの申し訳なさから、ボランティアをする、義援金を送るなどの行動に出た人は相当数いた。それは「突如あらわれた絶望的なまでの不均衡を前に、公平さというバランスを取り戻そうとする」心と身体の動きだったと著者は表現する。

むろんそうした行為が、望ましい結果をもたらすとは限らない。送った物資が被災地の実情に合わなかった、ボランティアが「刻々と変化する現地のニーズ」に適合しなかった等の事態も起こってくる。それでも著者は、「目を背け、いろんな理由をつけて不均衡を正当化していること」に自覚的になる契機に注目している。格差に対してわきあがる「うしろめたさ」という自責の感情は、公平さを取り戻す動きを活性化させるというのだ。

私はこの箇所を読んで、さまざまな社会問題に「うしろめたさ」を感じた経験を思い出した。そして障害のある人との出会いを振り返り、自分自身を突き動かす原動力になったものは何だったのか、しばし考えることになった。

「うしろめたさ」からの思考を豊かにするためには

現代の日本で、あからさまに「うしろめたさ」を喚起させられる場面、たとえば「障害者が街頭で物乞いをしている」ような場面に遭遇することは、まずない。もしそんなことがあれば、誰かが通報し、物乞いしていた人は「保護」されるだろう。それでも、障害のある人を見かけて何らかの「うしろめたさ」や、それに似た感情を抱くということは少なくないはずだ。

新学期の今、私の非常勤先の学生さんは、コミュニケーションペーパー（講義の後に感想を記入してもらうもの）に「自分と障害のある人との接点」として次のようなことを書いてくる。

「先日、駅のコンコースで白い杖をついて歩いている人を見かけた。声を掛けようかと思ったけど、勇気がなかった」

「バイト先のカフェで、ベッドのようなかたちの車いすに横たわって、鼻にチューブとかをつけているお子さんと、そのお母さんをよく見かける。すごく大変そうで、つい目をそむけてしまう」

等、心が揺れるが、どうしていいかわからない。自分は何もできなかった。そんな葛藤が綴られている。

このような「うしろめたい」感情は、時として積極的な行動につながることもあろうが、無力感や、「極力関わらないようにする」ということにも帰結する。学生たちはこれまで学校等で「障害のある人を見かけたら、お手伝いしましょう」だとか、「〝かわいそう〟と思ってはいけない」などというメッセージを受け取っており、そのために余計に苦しく感じているのかもしれない。

このように学生がうしろめたさを抱くのは、視野に入った相手の人のことをスルーしていない証拠だ。そのまじめさをいったん肯定しつつ、私はかれらがこれまでとは別の思考回路をとれるように仕向けていけないだろうかと考えている。それは、まず障害者が主体的に生きていることに気づかせ、「社会モデルで考える」ことができるように促すことだ。

「障害の社会モデル」の回路をひらく

知識や経験が不足していれば「社会のあり方」に目を向けることは難しい。そこで私は、授業を通して、障害者が排除・隔離されてきた歴史、そこに息づく優生思想、障害当事者運動の始まりと展開、そのなかで生まれてきた「障害の社会モデル」の考え方、「Nothing about us, without us!（私たち抜きで私たちのことを何も決めないで）」というスローガンのもとで障害者権利条約がつくられてきたこと、それに基づく法制度、「合理的配慮」の考え方……等を知ってもらうよう努めている。そしてできるだけ、障害のある人（自立生活をしている人、セルフヘルプグループや患者会を運営している人など）にゲストスピーカーとして来てもらっている。大人数ゆえ「対話」にもっていくことは難しいが、同じ空間で話を聞く中で、かれらの主体性（目的があってこの場で話していること、ふだんから主体的に生活していること）は伝わる、と感じている。さらに、かれらがこの社会をどう見ているのかについて、耳を傾けてほしいと思っている。

「社会モデル」の回路を持てるようになる、とは、どういうことだろうか。たとえば、人工呼吸器をつけて生活している車いすユーザーを、見た目から「大変そう」と勝手に判断するのではなく、本人の地域生活がどのように（本人の意思を中心にしながら）営まれているのかに興味を持つことだ[1]。そうすると、かれらと街中でばったり出会えたりすることの積極的意義も感じられるだろう。また、白杖を手に単独で歩行している視覚障害者は、「助けてあげないといけない存在」ではなく、「これまでに蓄積してきた経験を駆使して、（音や空気の流れ等を手がかりに、危険を予知しながら）街に出かけている人」だと見なしてほしい。そのうえで、それでも視覚障害者が歩行時に危険に直面することがあるのはどのような場面なのか、それはどんな社会的障壁によるものなのかをともに考えてほしい。

障害の社会モデル（人権モデル）を浸透させるために

要は、障害のある人の権利が守られるためにはどんなふうに「社会のあり方」が変わる必要があるのかに考えを巡らせられるようになってほしいということだ。むろんそのためには、ただ「ふれあう、想像する」では済まない。「社会モデル」の考え方を理解し、それをベースに「障害者の権利」の内容について学ぶことがますます重要になってくると思う[2]。そのための伝え方、学びの場をどうつくるかを、いっそう考えていきたい。

私の一貫した問題意識は、日本の教育・メディアのいずれにおいても「障害」を個人の問題に還元する常識的な考え方（障害の個人モデル）がいまだ強く、障害者を「福祉・援助の対象」として描いたり、「頑張っている人、感謝する人」として道徳のネタとして扱ったりすることの弊害をどうにかしたい、ということだった。障害のある人が機会を奪われ、生きづらいのは、「心身の欠陥」のせいではなく、健常者中心の社会がバリアだらけであるからだとする「障害の社会モデル」の考え方がようやく国内外で広がり、法律にもなった。しかし、根付いてはいない。

マイノリティを排除して成り立つ多数派中心の社会のあり方を問いなおす「社会モデル」の考え方は、他のマイノリティの人権問題にも有効だ。この「社会モデル」の考え方をいかにして浸透させられるか？　というパッションが、ふだんの授業や講演、そして本書のもとになった四年間の連載[3]でも、常に根底にあった。「合理的配慮」はあくまでも社会的障壁をなくしていくための「手段」として大切なものであるに過ぎない。

私自身はどうだったか？

ここで少し、私自身のことを書いてみる。打ち合わせの席などで時々、「まつなみさんはどうして障害者問題にそんなに熱心なんですか。きっかけは？」といった質問を受けることがある。なんとなくだが、「厳しい現実を知って、義憤を感じて」とか、そんな語りを期待されているように感じることもある。

そう問われたとき、私はいつも、〝二五年前、学園祭に遊びに行ったところ、たまたま車いすユーザーの女性と出会って……〟という話をしてきた[4]。

詳細は略すが、私は地域で自立生活をしている人と出会い、仲良くなってあちこち一緒に出掛けるようになった。その友人に「うしろめたさ」を感じていたかというと、答えはＮＯだ。ひょうひょうとした性格ながら、意思は明確で行動力もある彼女は、「大変そう、何かしてあげないと」と思うような隙を私に与えなかった。

では、何が私の活動や勉強の原動力になっていったかというと、友人が携わっていた自立生活運動と関係がある。この運動は「日常生活に介助を要する重度障害者が、施設ではなく地域で、他人の介助を受けながら暮らせる」ように障害者主体で支援を行うだけでなく、交通バリアフリー化の運動や、世間一般の障害者観を変えることにも取り組んでいた。私が友人と外出を始めた一九九〇年代半ば、まだエレベーターのない駅が大半であり、友人宅の当時の最寄り駅（ＪＲ甲子園口）もそんな駅だった。駅員さんに頼み、彼女の身体を車いすごと「よいしょ」と四人がかりで持ち上げてもらう必要があったから、待たされたり、通りすがりの人に助けを求めざるをえなかったりすることもよくあった。

今でも忘れられないのは、ぼんやりとした会社員（当時二十代後半）だった私に友人が放った次のような言葉である。

「めぐみん、そこまでして私が外出するの、なんでやと思う？　自分が外へ出かければ出かけるほど、みんなが慣れてきて、ほかの障害者も出やすくなるからやねん。私が駅を使えば使うほど、駅員さんも他のお客さんもエレベーターの必要性をわかってくれるやろ」

「つまり、社会を変えるっていうことやねん」

そこには悲壮感はなく、主体的に生きている人たちが放つ底抜けに明るい光のようなものがあった。自分が自由に外出することが、他の誰かの自由にもつながる。なんて解放的なのだろうと思った。「社会を変える」という言葉が、ポンと出てくることにも、新鮮な衝撃を受けた。

だから私は、彼女らを「助ける」のではなく、社会を変えるという壮大なビジョンを、非障害者の立場から「ともに」担う方法がないかと考えてきたし、それが現在の自分の実践（や研究）につながっていると思う。

「うしろめたさ」の再定義？　アップデイト？――同じ権利を享受できていない

実はこの数年、とくに障害者権利条約の話を人前でよくするようになってから、「うしろめたさ」を感じることが増えている。「自分が当たり前にできていることを、できない人たちがいる」ことの不公平さを改めて突きつけられる気がするのだ。

障害者権利条約は、「障害者だけがもつ」権利を定めたものではない。「すべての人がもっているはずの権利（だが一部の人には著しく制限されている権利）」を一覧表にしたものだと思えばいい。私はしばしば研修・講演の際、「みなさんは、地域で生活されていますか？」と参加者に問いかけることがある。みなさん、キョトンとしている。当たり前すぎて「権利」だとも思われていないのが「地域で生活する権利」だからだ。障害のある人たちの中に、それを奪われやすい人、現に奪われている人たちがたくさんいるからこそ、自立生活条項といわれる第一九条があるのである。

同じように、たとえば「情報を受け取る権利」、「交通機関を使って移動する権利」などはいずれも、障害のない人には当たり前すぎて、「権利」だと感じられないし、考える必要さえない。

わずか十年ちょっと前に国連総会で「権利の一覧表」を定められなければならなかったほどに、いまだそれを享受できていない人たちが日本社会にも大勢いる。その事実に「うしろめたさ」を感じる人が、もっといてもいいはずだ。

「すべての人がもっている権利」を私が、あなたが自覚しなくて済んでいるのは、健常者基準でつくられてきた社会のなかで、私もあなたも（いわば）特権を得ているからだ。

「うしろめたさ」を手放さずに

この連載でも以前、「カウンターしかない牛丼屋」[5]に入れないことを怒っている車いすユーザーの友人や、なかなか住みたい家に住めなかった友人のことを書いてきた。私の好きなつけ麺屋さんは、あいかわらずひどくバリアフルな場所にある。

私がやすやすと享受できる権利を、今のところ享受できない人がいることについて、辛く、腹立たしく、そして「うしろめたく」思うのは、やはり顔と名前をもった個人（友人知人、隣人、活動・仕事・研究の仲間等）がいてこそだ。「このお店、車いすユーザーには不便ね」ではなく、「このお店、Aさんと一緒に来れないじゃないか」と思うときの方がずっと辛い。友人Aさんとは、対等でいたいからだ。そういうふうに思える人が自分にはいない、と読者が感じられるとしたら、その背景に、分離教育をはじめ、「隔離・排除してきた社会のあり方」がある、と考えてみてほしい。

「圧倒的な格差や不均衡」（冒頭で紹介した「うしろめたさの人類学」の抜粋にある表現）は大災害などなくても、マイノリティである友人や隣人との関係でしばしば顔をのぞかせる。「うしろめたさ」[6]は公平さへの希求となり、社会を変えていく原動力になりうる。私はこのうしろめたさを自覚し、大切に自分の中に持っておきたい。

『うしろめたさの人類学』の終章には、以下のような一節がある。

> 「たぶん、世界を根底から変えることはできない。まったくあたらしい手段をみつけて、すべてをつくりかえることはできない。ぼくらにできるのは、「あたりまえ」の世界を成りたたせている境界線をずらし、いまある手段のあらたな組み合わせを試し、隠れたつながりに光をあてること。
> それで、少なくとも世界の観方を変えることはできる。（略）その一歩が、またほかの誰かが一歩を踏み出す「うしろめたさ」を呼び寄せるかもしれない」（一八二ページ）

いささかこじつけかもしれないが、私がこの連載で試みてきたのはそのようなことだったのかと思う。「うしろめたさ」は厄介な感情だが、人が一歩を踏み出すことを後押しもする。一歩踏み出す先が、より公平な社会へとつながっていくことを願って、私は種まきを続けたい。

■注

1　可能であれば、学生のうちに介助をやってみてほしい、と授業担当者としては思っている。障害のある人の主体性を理解する上でも、障害当事者の目線から見た「社会のバリア」を実感する上でも有意義であり、卒業後にも生きる財産になると思うからだ。むろん、それ以外にも関わり方や「考え続ける」きっかけはありうるけども。

2　二〇二二年九月に国連・障害者権利委員会から出された「総括所見」でも、日本では「障害の人権モデル」の普及が遅れていることが指摘された。「人権モデル」についてはまだ解釈が固まっていないと感じるが、私は人権モデルを学ぶということは、「社会モデルの発想をベースとして、障害者権利条約で定められている権利を具体的に理解していくこと」だと考えている。なお、私見だが、本書は「社会モデル」とともに「人権モデル」の理解にも役立つのではないかと自負している。

3　四年前の連載の最終回なので、このように書いている。

4　PART2の冒頭参照。

5　牛丼店のエピソードは本書には収録していない。

6　なお、ここで書いている「うしろめたさ」は、レッスン1の【3　間取り図マニアとして思う】で書いた「居心地の悪さ」と、ほぼ同義で使っている。かっこわるいので、本書をつくる際に統一しようかとも思ったが、あえてこのままにしておくことにした。「うしろめたさ」と「居心地の悪さ」は重なるけれど全く同じでもない気がする。

PART 2 「社会モデル」にまつわる個人史から

「はじめに」で書いた通り、ここからは「社会モデル」にまつわる私の旅の話をインタビュー形式でお届けします。

聞き手は、友人で難病の当事者活動をしている尾下葉子さん[1]です。

1　最初の出会い

――「うしろめたさ……」（PART1の最後）で書いているように、まつなみさんは二五歳のときに車いすを使う人と友達になったんですよね。そのことを講演で話したりするとか？

はい。よくこんな感じで自己紹介をします。

二五歳まで、身近に障害のある人はいませんでした。小学校に「○○学級（今でいう特別支援学級）」があったけど、交流はなかったです。大学では西洋史を学び、卒業後はIT企業に勤めました。障害のある人とも、福祉とも無縁の会社員だった二五歳の秋、近くの学園祭に遊びにいった時、車いすユーザーの女性と出会いました。居酒屋での打ち上げで隣に座り、連絡先を交換しました。「遊びに来て」と言われたので、軽いノリでOKしました。遊びにいってみると、その人は古いアパートで一人暮らしをしていました。アパートの中は、本人が暮らしやすいように改造されていて、センスのいい部屋でした。楽しかったので、その後も遊びにいくようになりました。[2]

介助を受けながら自分らしく生きるという「自立生活[3]」というスタイルが新鮮だったし、その友達が施設から出たい人を支援したり、交通機関のバリアフリー化などに取り組んだりしていることにも大きな刺激を受けました。

私の世界は開けていき、もっといろんなことを学びたいと思って、三〇歳のとき仕事をやめて大学院に進みました。そこで「障害学」の本と出会い、『社会モデル』の考え方を知りました。そこですぐにピンと来たのは、その友達と一緒に過ごした経験があったからです。

……と、まあ、こんな感じの自己紹介ですね。

――こういう自己紹介をする理由を教えてもらっていいですか？

一つは、「障害のある当事者でも、家族でもないあなたが、なぜ障害のことにとりくむようになったのか？」という質問への答えですね。福祉もボランティアも関係なく、「たまたま」だったということ。もう一つは、「今こうやって皆さんの前に立っている自分も、かつては障害のある人のことをなんにも知らず、差別的な見方もしていたと思う。だから「出会う機会、学ぶ機会がなかった人」を責めるつもりはない、今から学んでいけばいい――という自分の基本スタンスを伝えるためです。

知らないのは、「障害のある人を分け隔ててきた社会」の問題だと思っているので。

2　なぜ人権教育に興味をもって進学したか

――なるほど。ところでこの自己紹介、実はちょっと飛躍があると言ってましたね。「そのお友達に出会ったから、大学院に行った」というと単純すぎだと。もっと紆余曲折があったのだと。

そうなんです。エピソードは全部ほんとだし、友人との出会いが私に多大なる影響を与えたのも事実ですが、進学するまでには別の経過がありました。だから次は、ふだん省略する話をしてみます。じゃないと、なぜ私が早くから「障害者権利条約」に関心があったかを説明できないので。

私は大学院に入る前、企業で働きながら、「人権」をテーマとするＮＧＯ（非政府組織）の活動に参加していました。それは、ものすごく個人的な動機からです。

――個人的な動機。さしつかえない範囲で教えてください。

なかなか理解されにくい話だと思ってますが、二十代前半、私は「宗教」のことでひどく悩んでいました。私の両親は宗教をもっている人で、幼い頃は当然のようにその宗教の集まりに参加していたんですが、だんだん疑問を感じ、中学一年の時に脱走しました。あ、「日曜の集まりに出なくなった」という意味です。親は宗教を強要することは一切なかったし、息苦しいから家を出たいと思っていた一八歳の私を、すんなり遠方の大学に送り出してくれました。おかげで四年間のびのび過ごせました。

Uターン就職で関西に戻った一年後（一九九一年）、突然母親がクモ膜下出血で倒れ、そのまま意識が戻らず亡くなりました。反抗期がずっと続いているような感じだった私は、「母と何も話せないままだった」という猛烈な後悔にさいなまれました。それに加え、信者である親の友人などから、私が「信者でない」ことを責められたのが非常に辛かったです。

——ただでさえ急なことでショックなのに、それは二重に辛かったでしょう。

責められたといっても脅迫とか強要とかは全くないし、みなさん純粋に、信者になるのが私の「幸せ」だと思っている。「あなたのために祈ってますよ」と言われるのが本当に辛かった。

いっそ、スコーン！とその宗教を信じられたらどんだけ楽か。——何百回、何千回と思いながら、どうしてもできなかった。その宗教には、今となっては「良い影響を受けたな」と思えるところもあります。でも信者になろうとは思わない。それは自分で決めていいはずなのに、ひどく苦しかった。表面的にはふつうの会社員をしていましたが、人生最大に辛かった時期です。

そんな中で、じゃあ宗教を持たない自分はいったい何を大切にして生きていくのか？　と考えるようになります。それで新聞で見かけた講演会などに、片っ端から足を運ぶようになりました。

人権NGOの活動に参加する（一九九二年〜）

——それで「人権」の活動に出会っていくんですね。

はい。二四歳の時、たまたま読んだ本[4]でアムネスティ・インターナショナルという人権NGO

（非政府組織）を知り、興味を持ちます。大阪の中津にボロい事務所があり（当時）、仕事帰りに寄るようになりました。アムネスティの活動は、（今はもっと複雑化していますが）当時は「良心の囚人」（思想信条や属性などを理由に投獄されている人）の釈放をめざして世界中の市民が「手紙書き」をするのが基本の活動でした[5]。

――「手紙書き」といいますと？

シンプルにいうとこんな活動です。

Aという国で、Bさんという人が、A国では少数派の宗教をもつ民族集団に属しているせいで迫害され、投獄されている。その事実を確認したアムネスティの国際事務局は、A国以外の世界中の市民（アムネスティ会員）に対して、「『Bさんを釈放してください』という手紙をA国政府に送ってほしい」と要請します（で、要請を受け取った世界中の会員は、そのとおりにA国政府宛に手紙を送る）。アムネスティがBさんを救援する根拠はたったひとつ、世界人権宣言（思想信条の自由）です[6]。つまり、「Bさんがいい人だから」とか、「Bさんと同じ宗教だから」じゃなく、ただ「人権」という普遍的な基準に違反していることを理由に、国も文化も宗教も経済状況もバラバラの市民が手紙を送る（ちなみに、文面を印刷済のハガキが用意されていたので、外国語ができなくても、署名して切手貼って投函するだけ）。こうして手紙を集中させることによって、A国政府にプレッシャーをかける。それでBさんが釈放されたりするわけです。まあ、そんなにうまくいくケースは稀だとしても、世界中から「その迫害、見てますよ」とA国政府に知らせることが大事なのです。

――市民の手紙も、積もり積もれば状況を変えるかもしれない、と。それにしても、外国の政治犯って、かなり遠い存在じゃないですか？

ですよね。学生時代は完全にノンポリだったのに、「なんでまたそんな……」と昔の友達に言われたりしました。感情移入しにくい活動ですよね。

でも私はこの活動のアイデアに惹かれたんだと思います。まわりの人は、「某国の人権侵害を放っておけない」「在日の青年が囚われている」とか、具体的なきっかけで参加していたけど、私は自分の苦しみが出発点です。先ほど話したように、親が信じる宗教を自分は信じなかったけど、その宗教を否定したいわけじゃなかったんですね。あなたたちを認めるから、私のことも認めてほしい。世界人権宣言がめざすのは、異なる考えや属性の人たちが「仲良くしなくてもいいから、殺しあわず共存する世界」だと知り、そういう世界なら私も生きられる、みたいな。

――なるほど、「自分のため」でもあったんですね。それで、当面はアムネスティの活動を？

そうですね。でも正直、若かった自分は、人間関係が楽しくて参加していた面もありました。事務所に行けば、年齢・職業・背景も多様な大人に会える。まあ、「居場所」ですね。勢いにまかせて活動したのは数年間で、しだいに関心が移っていきました[7]。

当時のアムネスティには、政治的中立の確保のため、「会員は自国内の人権問題について活動しない」というルール（自国条項）がありました[8]。日本で起こっている人権問題については、海外のアムネスティ会員が救援します。理屈はわかるけど、「自分の足元のことをほっといて……」という気持ちも生じました。実際、私のまわりの会員は、冤罪、在日外国人の人権、戦後補償問題等にとりくんでいました。私も影響を受けて、さまざまな場所に顔を出すようになり、そんな中で最初に話した車いすユーザーの友人にも出会った、というわけです。

その友人とはよく一緒に遊ぶようになり、「差別」にも遭遇しますが[9]、かといって「それを機に障害者差別のことを考えるように」なったりはしませんでした。

――人権の「条約」というものに興味をもったきっかけは?

ある時、別のNGOが主催する「子ども権利条約を学ぶ」ワークショップに誘われ、参加しました。子どもに興味があったわけではなく、「条約」って何なのかも全然わかってなかったのですが、具体的な子どもの状況から権利を学ぶもので、特に「意見表明権（意見を聞いてもらう権利）」が印象に残りました[10]。子どもは特にそれを侵害されやすいから、わざわざ「権利」として定めたんだと聞いて、なるほどと思ったわけです[11]。

ちょうど日本が子ども権利条約を批准（一九九四年）した時期でした[12]。アムネスティでも「子ども権利条約翻訳創作コンテスト」を実施していて、その事務作業を手伝いました。作品を読んでいると、子ども自身が「権利」の意味を自分にひきつけて表現していました[13]。

余談ですが、こういう取り組みは条約の中身をかみくだいて理解したり、普及させたりするのに有益なので、障害者権利条約についても、どこか（権利擁護にとりくむ団体等）が翻訳創作コンテストをやればいいのに、とずっと思ってます。

スタディツアーを機に「人権教育」に興味をもったきっかけはフィリピンへの旅だったそうですね。

――さて、「人権教育」に関心をもつ

一九九五年夏、アムネスティ会員の有志でフィリピンへのスタディツアーを企画しました。貧困層の地域にお邪魔したり、政治犯が収容されている刑務所を見学したりして社会の現実に触れましたが、最大の目的は、現地で「人権教育ワークショップ」[14]に参加することでした。フィリピンで盛んな民衆演劇の手法を使い、数人のグループで「花」のかたちをつくったり、「芋虫」のかたちをつくったり。そのあとに「世界人権宣言」の第〇条を表現しろ、と言われて。

――「芋虫」の次のお題が世界人権宣言（笑）

面食らいました。たとえば「第4条　誰も奴隷のように働かされてはなりません」を表現することになったとします。フィリピンの高校生と身振り手振りで相談して、「奴隷をこきつかう」様子を表現し、それに対して他の人が「それはダメだ」と言いに来るとか……。へたくそでしたが。

こんなワークもありました。「ある日突然、警察官が家にやってきて、お父さん（農民）を無理やり連行する」という寸劇を目の前で見せられ、「さあ、こうなった時に自分ができることは何？」と問いかけられる。え、こんなことが頻繁にあるの？　と驚きました。もちろん、現実にあることを劇にしたわけです。最後に、「法律上、こんな行動がとれる」「ここに相談したらいい」等の情報が伝えられました。「自分の権利」を知ることが目的だったのです。

――すごい。フィリピンでは、権利意識をしっかりもっている人が多いんでしょうか。

私もそう思いました。でも後で聞いたのは、フィリピンには「沈黙の文化」があって、ひどい状況も「神様が定めた運命だ」と受け入れる人も多いんだそうです。だから「あなたは権利をもっている」と伝える必要があるんだと聴いて、すごく納得しました。日本とフィリピンでは、文化・社会状況の違いはあるにせよ、「自分は無力じゃない」というメッセージを受け取るのは大事だなあと。大きな刺激を受けた私は、「人権教育」ってすごく大事なのでは?!と興奮ぎみに帰国しました[15]。

――人権を学ぶことがさまざまな問題の解決に繋がる、ということでしょうか。

そうですね。人権教育に関心を持つようになった理由をふりかえると、一つは、「人権問題に関心のある人」だけが動いても社会は変わらない[16]。たくさんの人を巻き込まないと被害者は増え続けると思ったこと。もう一つは、人権を学ぶことは、学んだ人のエンパワメントになるはずだと思ったんですね。「人権問題　イコール　どこか遠くの迫害されている人の問題」みたいな意識は、かつて自分の中にもありました。けれども宗教のことで悩みぬいた私が「自分は自分でいい」と思えるようになったのは、人権の考え方を学んだのも大きかった[17]。また、たとえば会社の同僚にも、過労で心身を病んでいたり、家族の問題で悩んでいる人がいた。「自分の権利」を知れば、より生きやすくなるんじゃないか。マジョリティが自分の権利を大切にできるようになると、マイノリティの人権問題にも目が向けやすくなるんじゃないか?　と考えるようになっていたのです。

ちょうどその頃（一九九五年〜）「人権教育のための国連十年」[18]というのが始まっていて、国際的に人権教育に取り組んでいく気運があり、あちこちで人権教育についての勉強会やワークショップが開かれていました。私はヒューライツ大阪（アジア太平洋人権情報センター）などの団体が主催する人権教育のセミナーに足を運ぶようになりました。学ぶ中で、自分がいかに系統だった勉強をしていないかを痛感し、大学院で勉強してみたいと思い始めます。

――なるほど、それで大学院へ。ところで、しかし国際NGOでいう「人権」と、関西の人権教育で言われている「人権」とのギャップを感じた、みたいな話を以前していましたね。

そうなんです。受験のため「人権教育」の本を読んでいく中で、はじめて「同和教育」にルーツをもつ人権教育の世界を知りました。西日本を中心に、部落差別をなくそうとする運動の中で同和教育（解放教育）が発展してきた歴史があり、それを土台にして「人権教育」を行っている先生たちがいることがわかってきました。「国際的に合意された人権の基準を学び、広めること」をNGOで学びましたが、同和教育ベースの「人権教育」では、「差別の現実に深く学ぶ」とか、「立場性を問う」といったことが大事にされる[19]。当時は、関西で育ったわりに部落問題に無知だったため、同和教育の意義がよくのみこめず、戸惑いました。今では「どっちの人権教育も大事だし、関わり合っている」と心から言えますが[20]。

大学院は、おとな向けの教育と人権教育が学べるところを探し、三〇歳の時（一九九九年）、二度目の挑戦で合格しました。

インターミッション 障害者運動と少しだけ出会っていたこと（1993～99）

大学院の話をする前に、車いすユーザーの友達とのつきあいのことを少し。友人は自立生活センター（CIL）で活動していた。CILはどんな重い障害がある人もその人らしく地域で生活できるように介助者派遣[21]や権利擁護の活動をしているところだが、当時の私は「自立生活」という言葉すら知らなかった。とはいえ「自分の人生は自分で決める」主体的な生き方には十分触れられていたと思う。

誘われて初めてCILの事務所に遊びにいったのは、阪神淡路大震災後に建てられたプレハブの仮設事務所で[22]、障害者スタッフと健常の若者が楽しそうに「今度、駅前で募金するねん」などと話していた。全国から障害のある高校生が集まる「障害者甲子園」[23]というイベントの準備中だった。その一部のプログラムに私も参加し、障害のある高校生が梅田の繁華街でスピーチするのを見守ったりしたこともある。その他、CILのボーリング大会に参加させてもらって、各自いろいろ工夫して投げているのを見て面白かったり……。今思えばそのあたりが「障害当事者運動との出会い」だった。

かれらはよく「障害者観を変えたい」と話していた。自分の障害を「ネタ」にして笑い合ったり。24時間テレビを批判し、「自分らのほうがよっぽど面白いもんが作れる」と話したりしていた[24]。

3 どうやって「社会モデル」を知り、納得したか

――三一歳で大学院に入って、わりとすぐ「障害学」と出会ったと言ってましたね。

目標が定まらず焦りはじめていた初夏、『障害学への招待』（以下『招待』とする。石川准・長瀬修

編、明石書店、一九九九年三月発行）に出会いました[25]。読んでみると、とても面白かった！

障害学（ディスアビリティ・スタディーズ）とは、一九七〇年代以降に英米の障害者運動からうまれてきた新しい学問です。障害者自身の視点や経験を大事にしており、これまでの学問が「障害者を医療や福祉の客体としてきたこと」を批判し、そこからの「解放」をめざしている、という点にまず惹かれました。主体的に生きている車いすユーザーの友人と出会っていたので、「何かやってあげる対象」という障害者への世間のまなざし[26]に敏感だったのだと思います。

だけど、いちばん印象に残ったのは、障害学のキー概念だという「社会モデル」の説明ですね。

——どういうふうに説明されていたんですか？

まず文脈としては、イギリスでは障害のある研究者と運動家が協力して「障害学」を発展させてきた。そのルーツは入所施設に対する抵抗にある、とありました[27]。私の友人も重度障害者が施設を出て地域で暮らせるよう支援をしていたから、親近感がわきました。イギリスでは、施設にいた人たちがＵＰＩＡＳ（Union of the Physically Impaired Against Segregation：隔離に反対する身体障害者同盟。ユピアス）という団体を結成し、一九七五年に「障害」をあらわす二つの語について以下のように宣言しました。

インペアメント　：身体の一部の欠損

ディスアビリティ：インペアメントをもつ人のことを全く、またはほとんど考慮せず、したがって社会活動の主流から彼らを排除している今日の社会組織によってうみださ

れた不利益または活動の制約

つまり、従来のディスアビリティとは、「インペアメントのせいでうまく身体が動かないから、いろいろなことができない」という意味でした。たとえば「下肢に機能障害があること（インペアメント）」と、「電車に乗れない」（活動の制約）がまっすぐつながっていたのです。

しかしUPIASの人たちは、それは違うと。「ディスアビリティ」という語の意味自体を「社会のせいで、できなくさせられている」と書き換えた上で、「焦点はディスアビリティの方にある」と宣言したわけです[28]。

――つまり、歩けない人や見えない人が問題なんじゃなくて、「いろんな身体の人がいることを想定せずに社会を作ってきたせいで、問題が生じてる」、と視点を移そうとしたわけですね。

そうです。従来からの考え方だと、「インペアメントがあることが困難の原因」だから、「障害を軽減するために、治療やリハビリをがんばりましょう」ということになる。これを「障害の医学モデル」と呼びます[29]。「医学モデル」は障害のある人を抑圧してきました。「もっとがんばって障害を軽減しないと、社会で通用しないぞ」などと脅してきたわけです。

そうじゃなく、「健常者のことしか考えずにつくられてきた社会のあり方が困難や制限の原因になっているんだから、社会環境の方を変えるべき」と主張するのが「障害の社会モデル」です。言い換えると、一部の人を排除してきたことを反省し、「社会のバリアをなくすことが大切」ということですね。

本当にその通りだ、と思ったし、この考え方が「ある個人や団体が言っていること」ではなくて、国際的に共有されつつある、ということも印象に残りました。障害ＮＧＯ[30]が一九八一年の結成当初から「社会モデル」の考え方を採用してきたことや、国際社会でも「社会モデル」が浸透しつつあるという『招待』の記述（一六ページ）に、なんだかわくわくしました[31]。

とにかく「社会モデル」を知ってすぐ、「まーったくその通り！」と同意しました。

――「まーったくその通り！」と思えたのは、お友達と過ごした経験があったから？

そうです。友人やその仲間を思い浮かべると、〝インペアメントがあるから（身体の一部が動かないから）辛くて悲しい〟という感じは全然なかった。社会の方が問題だ、と友人たちは考え、実際にエレベーター設置を求める運動もしていました。かれらが移動しにくいのは、〝障害のある人のことを考慮しないでつくられた社会だから〟と、すんなり理解できました。

とはいえ私も、友人に出会うまでは「障害のある人のことを考慮しない」健常者の世界にどっぷり浸って生きてきて、何の疑問もなかったわけです。

――なるほど。難病持ちの私としては、ひとつ確認しておきたいんですが、社会モデルは「障害の医学モデル」を批判しているけど、医療を受けること自体を否定しているわけじゃないですよね？

もちろん。必要な医療にアクセスできることは大切な人権です。痛い、だるい、かゆい、息苦しいなどの症状があれば、誰でもそれをなんとかしたい。身体が楽になるための医療は、すべての人に開かれているべきものです。そういえば、難病の人たちの団体は、（障害者団体と違って）「医療の発展に期待している」というイメージがありますね？[32]

——ありますね。新薬などで日々の症状が楽になったりすることに期待することはあるけど、一方、医療がすべてを解決するわけじゃないのも、難病の当事者はよくわかっている。そもそも障害者手帳の認定制度をはじめとして、福祉の制度が「医学モデル」で設計されているせいで、「制度の谷間」に落ちてしまう人がいるわけだし。「常にギリギリまでがんばらないといけない」という社会の空気だって難病の人間にとっては大きなバリアだし、変えていってほしいと思ってます。

そうですよね。「社会がもっとこうだったら、もう少し楽に生きられるのに」という切実さは難病の人も持っている。何をバリアと思うかの違いはあっても、「社会モデル」で考えられますよね。ただ世間一般には「障害や病気はないほうがいい、軽ければ軽いほどいい」という価値観がまだまだ根強い。私が出会っていた障害のある人の中には、子ども時代に「障害をなおす」ことを過剰に求められ、養護学校や施設でひたすら訓練を強いられてつらかったと話している人が何人もいました[33]。だから「医学モデル」への批判は、私にはスッと入ってきたのです[34]。

つまり、私が本で知った「障害の社会モデル」は、現実離れした「理想」を語ったものじゃなく、具体的に顔を思い浮かべられる人たちが既に考え、行っていること、そのものだと思いました。

――障害学にハマったのは、最初に出会ったお友達が関わっていた「自立生活運動」と関係が深かったからかも、とも言ってましたね。

そうです。『招待』には、〝日本にも既に障害学の本が出版されている〟といって何冊かの本が紹介されており[35]、片っ端から読んでいきました。特に社会学者の立岩真也さんがまとめた『生の技法――家と施設を出て暮らす社会学』（安積・立岩ほか、藤原書店→生活書院）には一九七〇年代からの障害のある人たち自身の運動の歴史や、「自立生活」の意味が書かれていて、本当に目から鱗でした[36]。『生の技法』を読んで初めて、友人が言ってることや、一緒に体験したことの意味がわかっていったんです。

まもなくＣＩＬ（自立生活センター）に登録して介助の仕事を始め[37]、ゆっくり自立生活運動の歴史なども勉強していきました。

――どうやって障害学を学んでいったんですか？

関心を共有できそうな人がいる場所を見つけては、どんどん出かけていきました。障害学のメーリングリスト[38]に入り、日本における「障害学」草創期の熱気ある議論に触れました[39]。「障害学研究会関西部会（以下、関西部会）」[40]が開かれていることを知り、第三回（一九九九年秋）から欠かさず足を運ぶようになりました。関西部会には車いすユーザー、視覚障害、発達障害などの当事者が常に参加していたし、研究者や学生もいれば、活動家、専門職、親の立場の人もいた。終了後の飲み会も楽しかったです[41]。

関西部会で驚いたのは、「ろう者が参加するかどうかわからなくても、手話通訳を手配する」という情報保障のルールでした。実際にろうの参加者が来られることは少なかったし、開始後三〇分たって通訳を必要とする人がいなければ帰ってもらっていました。が、「だったら申し込み制でええやん」ではダメなんですね。「いつでも気軽に（つまり他の参加者と同じように）参加できるように」通訳を確保するのが筋だ、と教わりました。他にも神戸大学障害学セミナー（のちの神戸障害学サロン）[42]にも足を運び、いろんな立場の人と障害学の話をしました[43]。

当時、議論されたことの一つが「障害学の担い手は、障害当事者であるべきか？」でした。

――マイノリティの運動に共通する議論ですよね[44]。障害学ではどんな議論を？

障害者運動の中で、健常者が「自らの立場を自覚すべし」と言われてきたけど、障害「学」ではどうか。運動にルーツがあるとはいえ、運動と同一ではないですよね。

こんなことが言われていました。研究者が障害のある人を搾取してきた歴史を踏まえ、障害のない専門家中心につくりあげてきた既存の学問の抑圧構造を問い直すことが大切であって、研究する人のインペアメントの有無は重要ではない。ただし非障害者は、社会の中の諸々のバリアに気づかずに済ませられる立場にあることを忘れてはいけない、自分が「どこに立って何を見ているのか（見ていないのか）」を無視して、自分を棚上げして、言葉を紡ぐことはできないはずだ[45]、と。

そういう中で、私は自分の立ち位置を考えていきました。「バリアを取り除くのは社会全体の責任」と考えるのが「社会モデル」です。ここでうっかり、「何がどうバリアなのかをよくわかっているのは障害当事者だから、バリアを取り除くのも当事者がガンバレ」と開き直ったらどうなるか。障害者に努力を期待して、非障害者が何もしなければ、それは「障害の個人モデル」[46]と同じじゃないかと思ったんです。

かといって、当事者が何十年もかけて進めている運動（介護保障、交通バリアフリー、優生思想への反対、情報保障……）に、自分は参加できない。邪魔なだけ[47]。じゃあ、自分は「教育、啓発、研修」という手段を使って、「社会モデル」の考え方を伝え、マジョリティの認識や行動を変えることをがんばってみたい。それもまた「社会的障壁を減らす」ことにつながる実践だと思ったのです。

インターミッション　CILで介助の仕事を始め、「なぜ地域での自立生活か」を知る

障害学にハマってから、三一歳で介助を始めた。研究会で出会った友人が介助をしていた[48]影響もある。正直、向いている気はしないし、逃げ出した前科もあるので[49]、最初は勇気が要った。ただ障害のある人と一対一で向き合う時間を過ごせば、自分の「健常者中心の発想」にもっと気づけたりするんじゃないか？……という頭でっかちな理由を考えたりもしていた[50]。

当初は「うまくできるか」という不安でいっぱいだった。けど、相手はそんなこととっくに見越していて、「どうしたらうまくやってもらえるか」を常に考え、私に指示している。障害のある人が「主体」だ、ということを体に沁み込ませる体験でもあった[51]。あとは、不器用で物覚えの悪い、ありふれた介助者として、自立生活する人たちに教育されてきたと思う。

介助に入ることで、自立生活運動が求めてきた「地域で暮らす」「その人らしい暮らし」という言葉の

意味が腑に落ちていった。ある車いすユーザーは、近所のお店の人と仲良くなって、介助者がいない時は「財布からのお金の出し入れ」を店員に頼むようになっていた。別のある人は、今でいう「推し活」に邁進して、「推し」のポスターで天井が埋まった。実家や施設ではできなかったことだ。障害のない人がやってみたいことは、障害のある人もやれて当然なんだ、と心底納得していった。

自立生活は、楽ではない。介助者のやりくりに苦労したり、介助者との関係で悩んだり。本来は一人でいたい空間に、介助者という他人がいるのは、うっとおしいはずだ。むろん私自身が相手にストレスを与えたことも多々あったと思う。それでも「どんなにしんどくても施設には帰りたくない」と彼女らは言っていた。守秘義務があるから詳細は書けないけども、「これだけは言いたい」と私が長年思っているのが、施設という場所の過酷さと、それが「いかに語られにくいか」ということだ。

一般に、「施設にいると自由は制限されるけど、介護や医療のスタッフが常時いて、安心」というイメージがある[52]。しかし安心なのは本人ではなく家族だ。必要な介護さえ保障されていない、というのが、施設経験者の話を聞いて知ったことだった。たとえば手を動かせない人は、着替えやトイレの時だけでなく、「蚊に刺されて腕がかゆい」時なども人の手が必要になる。でも施設では介助を受けたい時に受けられるわけでなく、かゆくてもがまんするしかない。喉が渇いても、痛くてもがまん。想像できないほどしんどい世界だ。

いつしか私は、「虐待」「差別事件」といった問題化がされていなくても、施設や病院ではずーっと深刻な人権問題が起き続けている、と考えるようになった（だから障害者権利条約第19条が大切）。

施設や病院を出た人が共通して語るのは「中にいる時は本当のことが言えなかった」ということだ。施設や病院にいると、それだけで「権利」全般が、ものすごく脆弱になる。一時的に施設が必要な場合があることは否定しないけれども[53]、基本的に施設は「自分の人生を生きる」ことが難しい場であるし、少なくとも別の選択肢が与えられないことは人権侵害だと思っている。

――大学院生のとき、障害学の本を翻訳したんでしたね。

関西部会で出会った友人・山下幸子さん[54]とイギリスの障害学の文献[55]をいっしょに読む会をやっていたところ、それが、杉野昭博先生（当時関西大学）の目にとまり、監修してもらって、翻訳書『ディスアビリティ・スタディーズ――イギリス障害学概論』（明石書店）として出版することができました。骨が折れる作業だったけれども、障害者自身の運動や行動の延長線上に「障害の社会モデル」が発展したことがよく理解できたと思います[56]。

日本の状況とシンクロすると思った箇所が印象に残っています。二〇〇〇年代半ばは、介助制度が大揺れに揺れた時期でした。私もデモに参加して、雨の中、「私たち抜きに私たちのことを何も決めるなー！」と叫んだりしてたんですよね。この本の7章で、直接行動への参加がエンパリメントに繋がることがわかりやすく書かれていました。また、福祉先進国と思われているイギリスでも、「（植民地時代の）プランテーションに取り残された人々[57]」がいる、という記述に、日本と同じじゃなあと思ったりもしました。

――それで、「社会モデル」を人権教育にとり入れようとしたんですね？

はい、もともとメディアや教科書（的な本）の中の「障害者の描かれ方（表象）」にずっと疑問をもってましたから。24時間テレビに限らず、メディアや人権教育教材の中では、けなげで周囲を感動させる少女とか、「事故で障害者となり、絶望した人がひたむきに何かに打ち込んで活躍」とか、情緒的・道徳的なお話だらけなんですね。それは、「不運にもインペアメントをもった人が、努力や人柄の良さで幸せになる（人を感動させる）」という筋書き。マジョリティは安心するけど、「社会モデル」のかけらもありません。日本における「好まれる障害者のお話」というのは、「障害の個人モデル」なんです（医学モデルというよりは）[58]。表面的には「個人を褒めてる」から、差別に見えないけど、抑圧的にはたらきます。

なぜ人権教育・啓発は「障害の個人モデル」的なのかを考えていくと、そもそもの日本社会での「人権」観の偏りに行きつきます。人権を「思いやり」や、道徳のように捉えたがる日本社会の傾向は、二十代の頃から疑問視してきました。何が社会的障壁なのかを考えさせない「人権啓発」は有害でしかない。……そのあたりの問題意識を二〇〇二年に「部落解放研究」という雑誌に書きました。これは立岩真也さんがつくった「生存学」のweb上で読めるようにしたこともあり、結構いろんな人に読まれています[59]。

ただ、その後は行き詰ってしまい、迷いの時期が長く続きます[60]。

インターミッション　袋小路の中で

大学院時代は、精神的にダウンしていた時期が何度もある。修士論文は「障害学」に集中してみたものの、その後はあまのじゃくというか、他の人権問題ももっとちゃんと学びたいという気持ちが抑えられなかった。前から興味があった在日外国人の教育研究のチームに入って数年間がんばってみたり[61]、隣保館（かつての同和地区につくられた公的施設）でアルバイトをしたり。社会モデルは「マジョリティ中心社会のあり方」を問うというものだから、他のマイノリティの人権問題にも応用できると思っていたこともあり、自分のテーマを「障害」のことだけに絞りたくないという気持ちもあった。

博士課程の時に「障害のある女性」のことを集中して考える機会があり、悪戦苦闘しているうちに、遅まきながらフェミニズムに目覚めたりもした[62]。とにかくあっちへふらふらこっちへふらふらと悩み多き時期で、「研究者としてキャリアを積む」ことに関心が向けられなかった。

一つ、長らく悩んでいたのは、「障害」分野と、「人権」分野との間に深い溝があるということだった。

二十代の時の活動から離れた理由の一つは、「障害」に関することで話がかみあわないことだった。「障害者イコール保護・支援すべき存在」というパターナリスティック（父権的温情主義）な見方は、人権NGOや、他の差別問題やジェンダーに取り組む人たちの中にもあった。結局「世間と同じ」と思った。

一方で、障害学や障害者運動の中では、NGO時代に学んだ国際人権の考え方や「条約」のことには、あまり興味がもたれていないと感じてきた。「人権」という言葉自体が、かたくるしい建前だと捉えられていると感じることもあった。こちらも、「世間と同じ」だった[63]。

結局三十代（≒院生時代）はほぼずっと、「自分はどこに行っても、浮いてしまう」と思っていた。

4　なぜ二〇〇六年夏に権利条約ができるところを見に行ったのか

——行き詰まっていた時期に「障害者権利条約ができる」と知ったんですよね。それは、いつ？

二〇〇二年、障害学メーリングリストへの長瀬修さんの投稿で知りました。世界の障害者運動が求めてきた結果、二〇〇一年一二月にメキシコ政府が条約策定を提案し、決議されたというのです。その後も時々、長瀬さんから続報が流れてきました。「障害の社会モデル」がベースになっているらしい、障害の定義で意見が分かれているらしい……。途中経過を知ろうと努めてみましたが[64]、もともと法学の知識がないこともあって難しかったです。それでも条約のことをわかりたいと思ったのは、人権ＮＧＯでの活動経験があったから。だけど、障害者の条約がどんな中身になるのか、当時は見当もつきませんでした。

――それで、権利条約をつくっているところを見に行くことになったんですね。

はい。二〇〇六年八月に「アドホック委員会」という、権利条約を策定するために国連でおこなわれている会議（第八回）を傍聴できることになったんです。条約をつくるプロセスに多くの障害当事者が参加している、日本からも行ってる、という噂を聞き、「その場の空気を吸ってみたい」と思ったのです。

関東の友人（瀬山紀子さん）[65]が「権利条約に興味があるんだったら、ＤＰＩの人に言ってみたら？　国連に行けるかもよ」と背中を押してくれたので、二〇〇六年六月に大阪であったＤＰＩ日本会議の集会に初参加しました。ＤＰＩは権利擁護や政策提言をおこなっている障害ＮＧＯですが、いちヘルパーだった私にはそれまで接点がなかったのです。終了後、ＤＰＩの人に「権利条約に興味があるんです」と熱意を伝えました。それまで七回あったアドホックにも参加してきたＤＰＩの人にお願いし、私もオブザーバーの一人として国連に行けることになりました。

ニューヨーク現地集合でしたが、行ってみると実にいろんな団体、個人が参加していました[66]。

――「アドホック委員会」という会議はどんなところで行われたんですか？

アドホック委員会は国連本部ビルの「ＲＯＯＭ４」という広ーい部屋で行われました。前に議長席があり、中心には扇形に広がった各国政府の席エリアがあります。その両脇に、「市民社会」（シビルソサエティ）と呼ばれるＮＧＯの人たちが座るエリアがあり、私たちもそこにいました。アドホック委員会では、各国政府代表（およびＥＵ等の代表）が意見や質問を出して進んでいきます。発言権があるのは政府代表だけですが、議長が、「シビルソサエティから、何かありますか？」と尋ねる場面もありました。

――一〇日間の滞在中、どんな毎日を送ってたんですか？

毎朝、二段ベッドのドミトリーから、ゴム草履で、バスに乗って国連に通いました。アドホック委員会の間は午前二時間と午後三時間、みっちり話し合いがあります。「作業部会」でつくられていた条約草案をもとに、細かい部分まで意見交換がなされていきました。英語の聞き取りが苦手な私は、同時通訳がありがたかったです。昼休みや夕方以降にも公式・非公式にいろんなテーマのミーティングやサイドイベントがあったので、国連の食堂で多国籍のランチを食べられたのは一度だけでした。

――世界中から障害当事者が集まっていたら、壮観だったでしょう。

それはもう！　ＲＯＯＭ４で実感したのは、各国政府代表の中にも、ＮＧＯの中にもたくさん障害のある人がいたということです。「JAPAN」という札の置かれた日本政府の席には、東俊裕弁護士が、外務省の人と並んで座っていました。ポリオ（小児まひ）で車いすユーザーの東さんは、熊本で、障害者運動と近いところで活動してこられた方です[67]。その東さんが政府代表団の顧問になっていたんです。

――まさに「Nothing about us without us（私たち抜きに、私たちのことを何も決めないで）」ですね。

本当に。「私たち抜きに……」というフレーズは、二〇〇〇年代半ばにしばしばあった「障害者自立支援法、反対！」等のデモの際にも叫ばれていた言葉です。けれども国連という場で、政府代表の中にも障害当事者を入れるという「しくみ」ができていたことに驚きました。国際的な障害者運動の成果ですね。

「私たち抜きに……決めないで」というスローガンが障害分野で一気に広まったのは、制度政策だけじゃなく、もっと個人的なことでも、「自分のことを自分で決められない」ことを経験してきた人が多かったからじゃないかと思っています。どこの学校に行くか、どこに住むか、果ては「今日どんな服を着るか」まで、家族や他人が決めてしまう。それを当然視してきた社会への抵抗という面もありますよね。デモなどでこのスローガンを叫ぶたびに、障害当事者の皆さん、実感がこもってるなあと思うんです。

――情報保障のことで、印象に残ったことがあると言ってましたね。

はい。「話し合いの場にさまざまな障害当事者がいる」ということは、当然、情報保障もなされているわけですね。日本から参加したろう者や難聴者は、自分に合った情報保障を受けていました。私が印象に残ったのは、議長のドン・マッケイさんが、「情報を発信するときは、必ずｗｅｂ上の所定の場所にアップするように」と呼び掛けていたことです。ＲＯＯＭ４の入り口には「明日こういうイベントがあります」といったチラシ類がよく置いてありました。もしそれが紙だけの情報だと、視覚障害のある人には伝わらない。ｗｅｂ上にあれば、そのデータを視覚障害者は音に変換して聞くことができる。

――合理的配慮は特別な人への「思いやり」じゃなく、平等のための権利保障ですよね。

そうです。誰かが排除されるということは、全体にとっての「あってはならないこと」なんだと学びました。ある時の講演で長瀬修さんが、「合理的配慮」というのは実践しながら（実践されている場に身を置くことで）その意義がわかっていく、慣れることで定着していくという性質がある――と仰ってたんですが、その通りだと思います。私自身、その後（京都で）条例づくり運動をした時、情報保障などが実践されている場に身を置くことで慣れたし、納得が深まっていきました。

インターミッション アドホック委員会の議論で印象に残ったこと68

・「障害」の定義について。「社会モデル」の考え方が基本にあるとしても、どんな人が福祉サービスを受けられるかは各国で異なるし、基準はバラバラ。日本では「障害者」じゃない人が他国では「障害者」だったり、その逆もある。だから、条文の中で「どこからどこまでを障害者とするか」を決めてしまうと、そこからはみ出す人が出てしまう。だから、言い切らずに「……を含む」という表現にすべきだ、という意見が出ていて、実際にそうなった。

・私は「自立生活」がどのように「権利」として定められるのかに興味を持っていたが、「特定の生活様式を強制されない権利」と表現されていると知り、なるほどと思った。（第19条、自立生活条項）

・「障害のある女性」（6条）、これはドイツや韓国の女性障害者が懸命にロビイングして実現させた。なぜこの項目が重要かは、その後、京都で条例の運動をするときに痛感することになる。

・「性と生殖の権利」をめぐって、一部の国から先進的な案（性的な経験を権利と考えること等）が出ていたのに、保守的な政府の反対意見によって後退し、残念に思った。しかし事情に詳しい人に聴いたところでは、「世界の中には妊娠中絶ができない国や、性的マイノリティを法的に認めない国があり、そうした国では、条約の批准そのものができなくなってしまう」という理由があるということだった。

条約をつくるということは、「合意形成」により、「権利」の内容を決めるということ。だから少しでも人権状況全般を底上げするためには、譲歩するしかなかったようだ。国連が「国家」の集まりである以上、限界があることもヒシヒシと伝わった。最終的に「家族形成の権利」という表現になったのは、その表現なら世界中で合意できたということだろう。

障害者権利条約はできたけれど、性的マイノリティの人権条約は今のところ難しそうだ（EUなどで先進的な基準ができているとはいえ）。権利が脅かされ続けている人が今もいることを心に留めておきたい。

――その場の空気を吸ったおかげで、世界の議論に触れられたわけですね。

はい。全部の議論に触れてはいないし、わからないこともたくさんありました。でも日本からの参加者の中で、ふだんから議員や官公庁の人にレクチャーしている人は現状をよく掴んでいました。弁護士や研究者で、障害者の権利の国際的動向を追ってきた人もいました。私が「?.?.」という顔をしていると、誰かが解説してくれる。私の日本でのふだんの生活（学生でヘルパー）では得られなかった新しい知識やつながりが得られたのも、貴重な経験でした。最終日までいられずに途中帰国したけれど[69]、「その場の空気を吸う」には十分でした。

ただ、帰国後はギャップに苦しみました。権利条約について関心を持って話を聞いてくれる人が身近にほとんどいなくて、孤独でした。結局、「本場のベーグルはさすがに美味しかった」みたいな話ばかりしましたね[70]。

その年（二〇〇六年）の年末に、国連総会で障害者権利条約が採択されたことを新聞で知りました。国際面の、とても地味な記事でした。

5 なぜ「条例づくり」に興味をもったのか（二〇〇八年秋の転機）

アドボケーター養成講座① 東さんの熱意に感化される

――京都で働きだした[71]二〇〇八年の秋に、転機が訪れた、と言ってましたね。

「せっかくニューヨークまで行って権利条約ができるところを見てきたのに、何もできていない……」と悶々としていたけども、二〇〇八年秋の二つの出来事が転機になりました。ひとつめが二〇〇八年九月、大阪で「アドボケーター養成講座」という宿泊研修に参加したことでした。主催はＪＩＬ（全国自立生活センター協議会）の人権委員会。ＪＩＬは当事者団体なので、通常は私のような人間は参加できませんが、その講座は介助者でもＯＫと聞いて、思い切って申し込みました。講師陣には、アドホック委員会の時にお会いした東俊裕弁護士もいたので、何かきっかけが掴めるかもと思ったのです。

最初は六人くらいのグループに分かれ、「差別じゃないか？と思った出来事」を出し合い、模造紙にふせんで貼っていくワークショップでした。私以外全員が車いすユーザーで、全国各地から参加していました。

「小学校の途中で、なんの説明もなく養護学校に転校させられた」
「施設から出る時、お医者さんから『子宮とっていくか？』と冗談で言われた」
「宿を予約しようと電話したら、障害者団体と名乗ったとたん『満室です』と言われた」

こんな事例が次々と話されるわけです。その後、ファシリテーター（東さん）の指示で、出された事例を「教育」「交通」など、おおまかなカテゴリーに分けていきました。

障害のある人が経験してきたことを、「これは差別」（全部がそうではないとしても）だと確認し、日本でも「障害者差別禁止法」が必要だということが腑に落ちるようにする――というのがワークショップの目的でした。東さんは、事例の発表を聴くたびに、怒りや悔しさをにじませた表情をしていました。

発表が終わった後、参加者たちの顔を見ながら東さんが放った「こんっっなにひどい目に遭って、みんな、これまでよく生きてきたなあー」という言葉をよく覚えています。「弁護士からのレクチャー」というより、ピア（仲間）としてのいたわりに満ちていて、ピアでない私も心を動かされました。

東さん自身、これまで何百回となく、別れ際に「頑張ってください」と言われてきたそうです。「車いすで、弁護士」の自分に、一般の人は「すごいですね」と持ち上げ、最後は「頑張ってください」と去る。当事者にばかり頑張らせようとするのはおかしいだろ？　そんな社会をみんなの力で変えていこう――東さんはそうやって、当事者の仲間に熱く語り掛けていました。

アドボケーター養成講座②　条例や法律を「つくる」意義

次に、過去に障害者運動のとりくみによって自治体の「条例」ができたり、法を改正させたりした体験についてのレクチャーがなされました。

まず臼井久実子さん（障害者欠格条項をなくす会）からは、〝障害があることを理由に特定の資格や免許をとらせない〟という法律上の「欠格条項」を、どのような運動によって変えていったのか、具体的な話がありました。たとえば聴覚障害のある人は二〇〇一年までは薬剤師の試験に合格しても免許が与えられなかったのですが、運動により法改正をかちとったのです。その後聴覚障害のある薬剤師が続々と誕生し、（音声情報の文字化などの）合理的配慮を受けながら働いているとのことでした。

――「こういう障害があれば、この仕事はムリ」と決めつけるのは、医学モデルですよね。

まさにまさに。「薬剤師の仕事とは何か」を健常者だけが決めてきたし、患者さんにろう者がいても適切に対応できていなかったわけですよね。そこを見直すのは、まさしく「社会モデル」に基づく実践です。

その後、「障害のある先生」にインタビューして本をつくった経験[72]からも、「欠格条項」は医学モデルそのものだと実感しています。「こういう障害だから薬剤師／先生はムリ」じゃなく、どんな環境なら、どんな合理的配慮があれば働けるかを一緒に考えていくのが大事なわけです。

続いて尾上浩二さん（当時ＤＰＩ日本会議事務局長）からは、交通バリアフリー化を求める運動について。地道な働きかけの結果、大阪府や兵庫県に「福祉のまちづくり条例」をつくらせ、エレベーター設置等が加速度的に進んだこと。それが国全体のバリアフリーの法律（ハートビル法、のちのバリアフリー法）につながったことが、印象的なエピソードとともに語られました。

――実際にエレベーター、どんどん増えていきましたもんね。

そうそう。一九九三年に車いすユーザーの友達と外出しはじめた時と比べて、本当に大きく変わりました。特に二〇〇〇年代前半とかね。「今度はあの駅にエレベーターがつくらしいよ」と、使える駅が増えるのをリアルタイムで見てきた。それはこういう運動の成果だったのか！　とよくわかったのです。

　お二人の話は具体的で、「こういう戦略で運動して、こういうふうに社会を変えられた」[73]というもので、希望を持てました。

――臼井さん、尾上さんは法律や条例を「自分たちでつくった」先例を紹介してくれたんですね。

　そうですね。この時は障害者権利条約を日本は「署名」していたけれど、いつ「批准」されるのか、皆目わからない時期でした（結局二〇一四年に批准）。たくさんの障害当事者が参加した「制度改革」（後述）も、まだ始まってなかった。けど、お二人の話は、「権利条約が影もかたちもなかった時でさえ、事例を集め、道理を尽くして説得力を持たせることで、実際に社会を変えた！」というもの。力づけられました。

アドボケーター養成講座③　各地で、差別をなくす「条例」をつくろう！

　続いてのパートでは、具体的な事例（空港での車いすユーザーへの搭乗拒否）をもとに話し合いました。最初に寸劇が上演されたのでイメージしやすかったです。航空会社はどんな場合に、どんな理由で拒否をするのか。それに対してどう交渉できるのか。現状は厳しく、差別禁止の法律が必要だけど、まずは地方から作っていこう――と。

講座の最後に、主催者から「あなたの住んでいる都道府県で、『障害者差別禁止の条例』をつくる運動を始めよう」と呼びかけられ、各自で「行動計画」を書いてみる時間がありました。白い紙が配られたけども、え、私、何をしたらいいの？　何も思い浮かばない。

――「行動計画」を書けと言われ、戸惑ったんですね。ちなみにその時、たしか千葉県ではすでに条例ができていたんでしたっけ。

そうです。千葉の障害者条例は二〇〇六年秋にできています。行政主導ではあったけど、策定するときに障害当事者が積極的に参加したこと、市民から八〇〇件もの事例を集めたこと、条例のおかげで相談窓口や、問題解決のためのしくみができたこと等は、アドボケーター講座でも説明されてました[74]。

東さんいわく、国レベルの障害者差別禁止法は、いつできるかわからない。そもそも日本では、障害者に限らずマイノリティへの「差別禁止法」の前例がない[75]。だけど、まず各地で障害者差別禁止の条例ができ、それが機能すれば、「障害者差別禁止法」が夢物語じゃなくなる、と熱く語られました。

正直、驚きました。アメリカにはＡＤＡがあるけど、日本でサベツキンシの法律ができるなんて百年たっても無理なんじゃないかと思っていたからです。

ふと思い出したのは、かつて翻訳をご一緒した杉野（昭博）先生が出された『障害学――理論形成と射程』（東大出版会、二〇〇七年）という本の中で、「障害の社会モデルを実践していくということは、必然的に、障害者差別禁止法が必要になる」という意味のことが書かれていたことでした[76]。読んだ時はピンとこなかった。でも国連で条約が策定される現場を見てきて、さらに東さんの熱弁を聞いて、そうか、日本国内でも差別禁止が法的な「ルール」になる日がほんとに来るかもしれないのか、と初めて思えました。

千葉で条例をつくった時も、保守派が強い議会で抵抗にあったけど、最後には成立した。不可能ではない！（条例つくろうぜ！）と東さんは力説しました[77]。

結局、私は「行動計画」に何も書けなかったけど、「何かしたい」という気持ちは残りました。

京都の障害者運動との出会い（二〇〇八年一〇月）

――「何かしたい」という気持ちが盛り上がっていたところで、二つめの転機が訪れるわけですね。

そうなんです。いま振り返ると、すごいタイミングだったと思いますが。アドボケーター講座の余韻もさめやらぬ一〇月のある日、ＳＮＳ上の情報で見て、京都の障害者団体が主催するデモに参加してみました[78]。ただその時はどう自己紹介していいかわからず、ほぼ誰にも話しかけられずに退散しました。

――そのデモが、（今も関わっている）京都のＪＣＩＬ（日本自立生活センター）との出会い？

そうですね。その時はそれだけだったけど、わりとすぐ後に、次の機会が訪れるんです。同じ一〇月に、立命館大の立岩真也さん（障害学会で面識があった）のところで、韓国の障害者運動関係者の話を聞く会があるという情報を得て、仕事の半休をとって衣笠キャンパスへ向かいました。障害者運動の日韓交流ということで、三澤了さん（当時ＤＰＩ日本会議議長、二〇一三年逝去）も来られてました。

その会で、ふと、その場に参加している車いすユーザーのおじさんに目がとまりました。先日のデモで、「当事者よ、蜂起せよ」と書かれた縦長ののぼりを車いすに括りつけて行進していた人です。そのおじさんにぎこちなく挨拶しました。それが矢吹文敏さん（当時ＪＣＩＬ代表）でした[79]。しばし雑談をすると、矢吹さんは、「実は、京都でも条例をつくらないか？ と言われていて、動き出しているけど、なかなか興味を持ってくれる人がいないんだ」とボヤかれるではないですか。これぞ渡りに船。私は喜んで、「それ！ わたし興味あります！ なぜなら……」と早口でまくしたてました。ほぼ意味不明だったと思います。矢吹さんは少し戸惑いつつも、「じゃあ来週〇曜日の一九時、油小路十条の事務所に来てみて」と言って、地図を描いてくれたのです。矢吹さんとはその後、約一〇年にわたって密度の濃い日々をご一緒することになります。

6　条例づくり運動で何を学んだのか

京都で条例づくりの運動がはじまる（二〇〇八年一一月〜）

――それでいよいよ京都の運動に関わりはじめるんですね。

一一月上旬の平日の夜、殺風景な十条通を歩いて、はじめてＪＣＩＬの事務所に到着しました。

矢吹さん含め車いすユーザー、白杖ユーザーら八人ほどが集まっていました。知らないおじさんばかり、平均年齢高めで、正直、かなり引いてしまいました。あとでわかったのですが、その場は、矢吹さんが呼びかけた「作戦会議」だったのです。

一九七〇年代から山形と京都で運動してきた矢吹さんは、ＤＰＩ常任委員として国内外の動きをキャッチしており、「各地で障害者差別禁止の条例をつくっていこう」という運動方針もわかっていました。そこで京都の主要な障害者団体のリーダーに声をかけて、幅広い団体からなるネットワークの結成をめざしていたのです。その場ではローカルな福祉業界ネタが話されていて、私はちんぷんかんぷんでした。

作戦会議はその後も頻繁に開かれ、私は欠かさず足を運びました。ひょうひょうとした矢吹さんとは最初からわりとウマが合ったのと、少しずつＪＣＩＬの人と繋がりができた[80]こともあり、苦になりませんでした。

――作戦会議を何回かやった後、ついに障害者団体のネットワークができるんですね。

はい。矢吹さんらの奔走の結果、二〇〇九年一月、「ひと・まち交流館」で約三〇の障害者団体・関係団体が集まって、ネットワークが結成されました。名前は、「障害者権利条約の批准と完全実施をめざす京都実行委員会」。長い！　長いので、以下は「**京都実行委員会**、または京都実委」とします。

三〇もの団体が、「よし！　障害者権利条約の批准と完全実施をめざそう」と一致団結した……かというと、もちろんそんなわけはありません。いろんな障害種別（視覚、聴覚、肢体不自由、知的障害、精神障害、発達障害、難病）、いろんな立場（当事者、家族、専門職、社会福祉協議会）、異なる政治的立場の団体が集まっていました。状況やスタンスが多様なので、矢吹さんたちはずいぶん気を遣っていたと思います。いきなり「条例をつくる」という目標をたてると、やめてしまう団体もあるかもしれない。まずはゆるやかにつながり、情報交換し、信頼関係をつくっていくことが大切にされていました。

「京都実行委員会」代表には全盲の弁護士として著名な竹下義樹さんが就任。役員数人（矢吹さんら主要な団体の代表）と事務局が置かれ、私は事務局員になりました[81]。「押しかけボランティア」みたいなものです。それ以降、定期的に例会を開き、それ以外にフォーラムや勉強会も開催していきました。

三〇団体（のちに約四〇団体）といっても、むろん温度差があったわけですが、定期的に顔を合わせ、近況を聞き、時には一緒に作業したり、一緒にご飯を食べたりする中で、少しずつ慣れるというか、お互いを知れていったと思います。会議やイベントには必ず手話通訳をつけることや、点字資料を用意するために「早めに締切を設ける」など、情報保障のルールも話し合われ、しだいに定着していきました。

「条例づくり」が始まるまでの助走期間（二〇〇九〜二〇一二年）

――京都実行委員会というネットワークができてから条例づくり開始までに助走期間があったんで

すね。

時計の針を二〇一二年二月まで一気に進めたいのですが、その間にあった重要なトピックを、いくつか話させてください。

①条例づくりの前準備（京都実委→府）

行政（京都市、京都府）と何度か話し合いの場を持ち、二〇一〇年三月には京都府に「要望書」を提出し、条例制定を検討するよう求めました。特に京都府の担当部署は、千葉をはじめ各地で条例の前例があるおかげで、府条例をつくることに前向きでした。当時の課長さんは障害者権利条約や国内制度改革の動きをよく把握しており、障害者団体との対話も大事にしている人でした。

②事例募集（府）

条例づくりに先駆けて、京都府が「障害者差別と思われる事例の募集」を実施（ホームページ上での募集および団体経由）。四〇〇を超える事例が集まり、その後もくりかえし参照されました。「スポーツクラブの入会を断られた（聴覚障害）」、「保育園をいくつも断られた（知的障害児の親）」といった事例が集められることは、行政にとって「条例をつくらないといけない根拠」になるわけですね。

③タウンミーティング（京都実委）などの学習会

京都実行委員会の側でも、亀岡、木津川、京都市内では南区と山科区で、差別事例を出し合うための「タウンミーティング」を開催しました。私たち運動側の主催ですが、府の職員も参加してくれました。

木津川のタウンミーティングの時は、異なる障害種別の人同士でグループになり、〝相手が「ふだんの生活で困っていること」は何か〟を予想するというワークショップがおこなわれました。これがもう、面白いほどにズレまくるのです。たとえばある車いすユーザーは、視覚障害者について「料理や着替え、入浴の時に困っているのでは？」と予想しました。ところが視覚障害の人の答えは「いや、それらは全然困らない。困るのは墨字を読むこと」でした。逆に、車いすユーザーがどんな時に困るのかは、他障害のある人は案外知らない。障害当事者も、他の障害のある人のことは結構知らない、と実感をもってわかりました。障害の違いを超えて一緒にやっていく機運を高める機会になったと思います。

この間（二〇〇九～一二年）、何度も勉強会やフォーラムを開き、長瀬修さん、東俊裕さん、藤井克徳さん（日本障害者協議会）、ＤＰＩの崔栄繁さん、千葉で条例を作った時の委員・高梨憲司さん（視覚障害の当事者）などからお話を伺いました。おかげで「障害者権利条約とは？」「条例をつくる意義」といったものが、ようやくメンバーの中に浸透してきました。

④国内のめまぐるしい動き

二〇〇九年一二月に内閣府に「障がい者制度改革推進会議」（以下「推進会議」）が設置されました[82]。国連の障害者権利条約をゆくゆくは批准するために、今ある法律を見直したり、新法を作ったりするための会議ですが、ここに障害当事者である委員がたくさん（過半数）登用されました。国連のアドホック委員会と同じく、「私たち抜きで私たちのことを何も決めないで！」の実践編ですね。私でも知っている障害者運動のリーダーや障害学関係者が委員に任命されたことに興奮しました。これは京都の私たちにも励みになりました。これから始まる条例づくりが、「当事者抜き」になることはないだろうと思えたからです。

推進会議はネットでリアルタイム配信され、資料もすべて事前にｗｅｂ上で公開されました。コロナ禍を経た今では珍しくないけども、当時は画期的でした。手話通訳、字幕などの情報保障もしっかりしていました[83]。

まず二〇一一年に「障害者基本法」が改正されました。基本法は、とても地味〜な理念法で、ふだん意識することはありません。推進会議のまとめ役だった東俊裕弁護士でさえ、「基本法って、あるけど、『だからなんなの？』と以前は思ってた」と、講演の時に打ち明けたほどです。もちろん「実は重要だった」という意味です。基本法は、障害分野のいろんな法律をまとめる「憲法」のようなもの。そこに初めて「社会モデル」の考え方が入った[84]。障害者の定義自体を「社会モデル」にしたことによって、難病、発達障害、高次脳機能障害などが障害者として具体的に追加された[85]。そう聞いた時はなんか不思議な、信じられない気持ちでした。

――その間、まつなみさんは京都実行委員会に関わりながら実地で勉強していった感じ？

そうですね。とにかく一緒に活動しながら学んでいきました。国の推進会議の議論は、京都の条例にも関係してきそうなので、毎回の議論をネット上で読んで、できるだけ動画も見て、一生懸命追いかけるようになりました。

推進会議が出した「第一次意見」は先進的なものでした。「施設から地域への移行」や「インクルーシブ教育」等が書かれていて、私としては「よっしゃ、大事！」と思う。ところが京都実行委員会の例会では、それらに反対する意見書を出す団体がありました。最初は「なんで？」と思ったけれど、かれらが何を不安に思っているのかを聞いていくと、自立生活運動に携わってきた私が十分に考えてこなかった課題[86]があることに気づかされました。京都実行委員会は、いろんな意味で全国の「縮図」だったと思います。どっぷりと京都の活動に関わることで、運動の歴史を知ることにもなり、全国のいろんな団体の動きも理解しやすくなりました。

二〇一一年三月の東日本大震災があって、しばらくは障害者団体側も京都府も、それぞれに被災地支援で忙しくなります。京都実行委員会のメンバーにも、宮城や岩手の障害者を支援するために東北に出発した人がいました。条例に向けた動きはいったん中断しますが、その後ぼちぼち動きはじめます。

その頃にあった出来事で印象的なことを一つだけ。二〇一二年、京都の祇園でワゴン車の暴走があり、運転手を含め八人が亡くなるという不幸な事件がありました。

――他人事と思えなくて、よく覚えています。運転していた人に「てんかん」の持病があったんですよね。

そうです。その後、被害者遺族から運転手を雇用していた会社が訴えられました。「持病」と「運転免許」の関係は難しい問題をはらみますが[87]、この時期、てんかんを持つ人を危険視する風潮が高まりました。これは良くない、ということで、四〇団体の一つである「てんかん協会」の人と相談し、定例会のときにミニ勉強会がもたれました。てんかんの概要、偏見をやめてほしい、大多数のてんかん患者は服薬で発作をコントロールし安全に働いている、と説明されました。続いてこんな発言がありました――「てんかんが制度上、精神障害に分類されていることが納得できない」。

定例会の場に、緊張が走りました。精神障害の当事者もそこにいたからです。ここには「精神障害者と一緒にされたくない」という偏見があるのでは？　という指摘があり[88]、静かに両者の対話がなされました。胃が痛くなるような時間でしたが、「障害種別を越えて」活動していたからこそですね。


――まあ、ある障害当事者が、他の障害の人を差別していたり、無関心であったり、無知であったりする場面を私もたくさん見てきてずっと辛かったので、対話の機会が増えたことはほんとに画期的だと思います。ちなみに、それだけ異なる団体が一緒に活動していけた理由は何だったと思いますか？


ひとことで言えば「権利条約があったから」ですね。

活動していくうちに「あの団体とあの団体は昔、一触即発だった」、「お互い、こんな悪口を言ってた」とベテラン障害当事者から教えてもらうことがよくありました。「昔を思うと、今〇〇さんと一緒に飲んでいるのが不思議だ」と笑っている、みたいなことが本当に何度もあって。

政治的な後ろ盾が異なる団体を含め、多様な加盟団体がなんとか一緒にやってこれたのは、やはり「障害者権利条約という共通言語」（ある時に矢吹さんが言った言葉）があったおかげだと思います。みんながみんな権利条約をよく理解しているわけじゃないけど、それでも、権利条約があるから、国や行政の動きも、そこから大きくはずれることはないわけです。四〇団体のなかで細かいところで意見の違いはあっても、大きなところでは目標を共有していると思えた瞬間が、何度かありました。一部を切り取れば「私と考えが違う」と思う主張をしている団体でも、それぞれに闘ってきた歴史があり、深い思いがある。共有できることが確実にある。違う障害種別・立場の人どうしが長く一緒に活動する意義は、正直、やってみないとわからなかったです。

いよいよ「条例づくり」、本格的にスタート（二〇一二年二月〜）――私たち抜きに決めないで――「時計の針を二〇一二年二月まで一気に進める」と言ってましたね。

そうでした。二〇一二年二月のある日、あちこちの団体の事務所に、府の障害福祉課から突然FAXが送られてきました。震災でしばらく中断していたけれど、ついに京都府でも差別禁止の条例をつくるための「条例検討会議」を始める、というお知らせでした。

フタを開けてみると、府が定めた三三名の「条例検討委員」のうち、約半数を京都実行委員会のメンバーが占めました（委員は個人ではなく、団体単位で指名された）。喜んだのもつかのま、ある事実に気づきます。京都実行委員会で一緒に活動している知的障害当事者の会（ピープルファースト京都）と、精神医療ユーザー本人の会が入っていなかったのです。知的障害者の親の会、精神障害者の家族会は入っているのに。

「これは差別じゃないか？」と京都実行委員会の中で話し合い、京都府庁で協議の場を持つことになりました。その席では、知的障害の人や精神障害の人の意思がいかに無視されやすいか、本人と家族の望みは一致しないこともあることを訴えました。国の推進会議では、知的・精神障害の当事者も委員になっているんだという事実も伝えました。

府の担当者は「本人の意見を聞くことの重要性は周知している。ただ行政としては活動実態を把握していない団体を任命することは難しい」と説明し、そして、「知的障害のある人、精神障害のある人の意見を聞く場を〝別に〟設けます」と。それに対して、矢吹さんらは、「〝別に設ける〟じゃなく、委員の中に当事者がいることが大事だ」と突っぱねました。そう言えたのは、二〇〇九年からかれらと一緒にやってきたおかげで気づけたことがあったからでした。

後日、京都府から「知的障害の本人」「精神障害の本人」の枠を設けて公募することが提案され、私たちも了承。その結果、二人の公募委員が誕生しました[89]。

よかった、と思ったところで、私たちはもう一つの事実に気づきます。三五人の委員の中で女性はたった二人だけ、特に「障害のある女性」はゼロだったのです。

——うわー。よくあることとはいえ、本当にジェンダーバランスが悪すぎる！ ひどーい。

恥ずかしながら私たちも気づくのが遅かったんです。それまで、京都実行委員会に参加している各団体代表も男性が多く、当初から会計をつとめてきた脳性まひの香田晴子さんはそのことをしばしば問題視していました。「権利条約の第6条には『障害のある女性』への複合差別に取り組むように書いてある」ということを根拠に、「女性障害者」の枠を作るよう京都府に申し入れをしました。すると、こちらが驚くほどスムーズに、「女性障害者」の枠が新設されることになったんです。新設された「女性障害者」委員には、活動歴は浅いけれど意欲的だった村田恵子さん（京都頸髄損傷者連絡会）が就任しました。私が推薦したのですが、後に彼女が大きな変化をうみだしていくことを、当時誰も予想していませんでした。

「検討会議」（府）と「検討部会」（京都実委）が並走する日々

――条例づくりが本格化してからのことを、シンプルに説明してもらえますか？

結論を先に言うと、「府が主催する会議」と「京都実行委員会が主催する会議」を交互にやっていくことになりました。

府が主催する「条例検討会議」はほぼ毎月、ホテルの会議場などで開かれ、一般の人の傍聴も可能。私も毎回傍聴していくことになります。ただ、二時間できっちり終わるので、中身までつっこんだ話し合いはできませんでした。どうしても「予定調和」的になる。

私たちは、検討会議をどうしたらより実質的な議論の場にできるか何度も話し合いました。検討委員の半数以上が京都実行委員会のメンバーとはいえ、しょせん「団体の代表」。それだけでは多様な障害のある人のニーズを反映できるわけではありません。だから府の「検討会議」があるたびに、その一週間前ぐらいに、同じテーマで、より多様な声を反映させる「検討部会」をやっていくことにしました[90]。検討部会は団体に関係なく誰でも参加できるオープンなものです。さいわい、当時の京都府の課長さんが意義を理解してくださり、府庁の中の部屋を使わせてもらえることになりました[91]。

——「検討会議」と「検討部会」を交互に実施？　それ、かなり忙しくないですか？

そりゃもう。さらには「検討部会」を開くための準備会議を別にやっていましたから。たとえば、次回の検討会議は「教育」がテーマだと決まれば、「教育」がテーマの検討部会を企画する。教育に関心ある人（教員、保護者、教育について言いたいことがある障害当事者）に来てもらって徹底して話し合う、というようなことを毎回やっていったのです。「虐待」がテーマの時は、精神医療ユーザーや精神保健福祉士会の人が「病院における虐待の事例」を多数集めてこられ、なぜこんなことが起こるのか、どうしたらなくしていけるのかを発表してもらい、その後、全員で話し合いました。

この過程で、それまであまり詳しくなかった障害種別、詳しくなかった分野、テーマのことをたくさん勉強できたと思います。京都でどんな団体や個人が権利擁護に真剣に取り組んでいるのかを知ることもできました。

——ふだん京都実行委員会に参加していない人にも来てもらったりしたんですか。

はい。たとえば「情報・コミュニケーション」がテーマの時は、「盲ろう者」（視覚と聴覚の両方に障害のある人）の意見をぜひ聞きたい、ということで、聴覚障害団体の人にお願いして、地方に住む「盲ろう」の方に来てもらいました。「触手話」の通訳を通して、盲ろうの方から聞いた話は鮮烈でした。
その少し前に、京都府南部豪雨（二〇一二年八月）がありました。盲ろうの方は警報が出ているのを知らず家にいたんですね。幸い、知人が心配して家まで訪ねてきたおかげで避難できたそうです。ニュースはもちろん、「雨音」も情報。情報が入手できないことは、文字通り命にかかわります。取り残されがちなニーズがあることが、よくわかりました。

インターミッション 条例ができたら、差別はなくなるのか？

「条例って、何の役に立つの？」「条例ができたって、差別がなくなるわけがない」という声は、この間、しょっちゅう聞いてきた。私自身、「そりゃ、なくなるわけがないよなあ」と思いながらも、条例が実現することでどんな変化がありうるのか、おぼろげに考えるようになった。少なくとも、「差別じゃないか」と思うことがあったときに相談する窓口ができる。行政の人が、「（お店などに対して）説明する、話し合いの場をもつことを提案する」など、問題解決の手がかりができることはある。従来「仕方がない」とされてきた差別的な対応を、条例に沿って「これはおかしい」と言っていける。それは無視できない変化なんじゃないかと思った。この「何の役に立つの？」という問いは、障害者差別解消法についても言えることだろう。即効性はなくても、「基準ができる」ことは大切なのだ。

「障害女性への複合差別」を条例に！　という運動（二〇一三〜一五年）
——条例の中身をつくっていったわけですが、すでに千葉県をはじめ、各地で条例ができてたんで

すよね。中身は違ったんですか。

あまり違わないです[92]。実はかなり似たり寄ったり。「それなら京都府も、他県の条例案をコピー・アンド・ペーストするだけちゃうん？」と思ったりもしました。しかし、コピペじゃつまらない。せっかくなら、少しでも京都に住む多様な障害のある人の思いを反映させたい、「京都ならではの特徴」を出そうという機運が高まってきたところで、「障害のある女性への複合差別」のことが話題にあがってきます。

――「障害のある女性」のことを条文に盛り込む運動はどうやって出てきたんですか？

先ほど話した経緯で「女性障害者」枠で委員になった村田恵子さんが、活発に発言しはじめたんです。「複合差別の問題を、ぜひ京都府条例に入れこみたい」と。村田さんは、自分が「女性障害者として」検討委員になったことの責任を強く感じていました。中途障害者である彼女は自分が経験した理不尽な経験（例：リハビリ病院での男性職員による入浴介護等）を会議の場で何度も話して下さいました。口にするのもしんどい話ですが……。障害者権利条約6条に「複合差別」が明記されていることを日本の政策に反映させようとして、二〇〇八年頃からＤＰＩ女性障害者ネットワーク[93]が活発に動いていました。

村田さんはＤＰＩ女性ネットワークにも加入し、権利条約のことも、日本での女性障害者の権利擁護のとりくみも猛勉強していきます。その真剣さには、まったく頭が下がる思いでした。村田さんの熱意に触れて、京都実委で最初から活動してきた香田晴子さんも、「女性ゆえ」の悔しい経験があったことを、積極的に語るようになりました。香田さんと村田さんはとても良いコンビで、その後も京都の女性障害者運動を牽引していきます[94]。

――完全に「当事者発」の運動だったんですね。

完全にそうです。経歴の異なる障害女性がお互いパワーを与えあっているような状況は、条例づくり運動全体に影響を及ぼしました。私は近くで「おー……」と感心していただけ。

京都実行委員会の中でも女性差別がありました。PART1のレッスン8に書いたとおりです。二人に触発されて「障害のある女性への複合差別」をぜひとも条例の中に入れよう、京都府条例の特徴にしよう、一緒にがんばろうという雰囲気が、確実に醸成されていきました。

「複合差別」をテーマとした検討部会も、内部の勉強会も開きました。さらに二〇一三年三月に主催したシンポジウムでは「わたしは人間、わたしは女――障害者差別禁止法・条例と障害女性」と題して、米津知子さんら、第一線で活動している障害女性の方々[95]が登壇し、たいへん力づけられました。

繰り返し「複合差別」の問題を訴えることで、当初はポカーンとしていた他の検討委員の男性たちも真剣に耳を傾けるようになりました。「そういえば、うちの団体では……」と足元のジェンダーバランスを気にしたり、障害女性が置かれている状況で気になっていることを話す人もポツポツと出てきました。ちょうどその頃（二〇一三年六月）、国では「障害者差別解消法」が成立します。

インターミッション　条例づくりのさなかで「障害者差別解消法」成立（二〇一三年六月）

濃密な日々を送っていた二〇一三年六月二六日の国会で「障害者差別解消法」が可決、成立した（施行は三年後の二〇一六年四月と決まる）。私はこの間の国の動き（推進会議）を必死で追いかけていたものの、ほんとうに「差別」という言葉の入った法律ができるのか半信半疑だった。

障害者運動の中でも、「差別」という言葉を政府は嫌ってるみたいだから、もっとふわっとした名前の法律になるんじゃ？　という噂を聞いた。たとえば「共生社会推進法」など。

しかし、困難な駆け引きもあったようではあるが、最終的に、「差別」という言葉の入った国の法律ができた。石川准さん（推進会議の後続である「障害者政策委員会」議長）は「ラクダが針の穴を通るように」と表現されていたので、ほんとにギリギリのところで実現したのだろう。

「差別」という言葉は、あると、ないでは大違いだと思う。ただ、当時さまざまな障害のある人から「な〜んだ、差別禁止法ではなく、差別解消法かよ」と残念がる声が聞かれた。罰則がないため、なまぬるい法律だ、という声があったのも当然だとは思う。

しかし「差別」も「禁止」も大変キツイ響きをもった言葉である。「差別禁止」という四文字に必要以上におびえる人が世間には多くいることを（あちこち研修に出かける先で）感じていた私は、「差別解消」という語は落としどころとして悪くない、と思えた。「対話によって認識が変わり、結果的にバリアが解消されていく」ことをめざす法律、と考えることもできるんじゃないか？と。「禁止されたから、仕方なく差別をやめる」のではなく、対話することによって結果的に差別が「解消」していくことは、現実的な目標にできると思ったのだ。

解消法が成立した二〇一三年六月二六日夜、京都実行委員会のメンバー数人（検討会議委員も含む）は急きょ呼びかけあって、京都駅に隣接する駅ビル「アバンティ」地下の居酒屋で祝杯をあげた。ちなみに、参議院で採択された時には「附帯決議」がついていて、「障害のある女性への複合差別」のことも書かれていた。そのことは京都の条例にプラスになりそうだ！　と盛り上がったのを覚えている。

――障害者差別解消法ができた時、世の中ではあまり話題になりませんでしたね。

そうです。法律ができた！　と祝杯をあげていた人は、全国でも少なかったのでは。

障害者差別解消法は、できるまでの議論（推進会議の「差別禁止部会」）が難しかったこともあり、一般の人たちはもとより、障害者運動の界隈でも必ずしも関心が高くなかったです（介護サービスにかかわる「障害者総合支援法」に比べて）。それは、「差別」について関心がないわけじゃなくて、これまで日本にない法律だったから、想像しにくかったからだと私は考えています。

――そうやって、国の法律ができたあとに、京都府の条例もできていくんですね。

検討会議は一三回を重ねて、二〇一三年九月に終了しました。同じ回数以上の「検討部会」もやったことになりますね。

条例の骨子が固まり、一一月にパブリックコメントが募集されることになりました。恥ずかしながら、私はそれまでパブコメを送ったことがなかったのですが、どれだけパブコメが集まるかで府民の関心の高さが示せるとわかり、がぜん真剣になりました。パブコメを書くための資料を作ったり、書き方がわからない人もいるだろうから「パブコメを書く会」を開いて、地元の新聞に取材してもらったり。結果として、八〇〇通を超えるパブコメが京都府障害福祉課に寄せられ、そのうち四五〇通が「複合差別」に触れたものだったと発表されました。

年明けからは「議員まわり」。京都実委のメンバーで府議会の全部の会派を訪ね、条例の必要性を説明しました。「障害女性への複合差別」に関心をもつ議員は、会派に関係なくいたことにホッとしたのを覚えています。

――条例の成立を待っている間に、ちょうど障害者権利条約が批准されたんですね。

二〇一四年一月、「ついに日本政府が障害者権利条約を批准する」というニュースを受け取りました。しかしこの時も、報道はめちゃめちゃ地味。新聞では小さなベタ記事。テレビで報じられた記憶はありません。批准って、こんなに地味なのかと思いました。

国際的な人権の条約に一般の人の関心が低いことは二十代の時からわかっていました。言葉が難しいし、とっつきにくいし。せっかく長年の障害者運動の結晶が、ついに日本でも有効になったのに、そのことについて行政がパンフレットを作ることもない。

とはいえ、仮に「権利条約にはこんなことが書いてあります……」という中身を広報したとしても、ほとんどの人がピンと来ないですよね。条約を具体化した「法律」や「条例」を通して内容を広めていくしかない、と悟りました。

ついに、複合差別の条文が入った条例ができた（二〇一四年三月）

――そしてついに京都府の条例ができる、と。

忘れもしない二〇一四年三月一一日の京都府議会。京都実行委員会から一〇人ほどのメンバーで傍聴し、「京都府　障害のある人もない人も　いきいきと暮らしやすい　社会づくり条例」が全会一致で採択されるところを見届けました。ほんとは「障害者権利条例」という名称を求めていたのですが、結局、ゆるふわな名称になりました。まあ、全国どこでもそうなので仕方ありません。

成立した条例の条文には、しっかり「障害のある女性には複合的な困難」があることや、複合差別を受けたと思われる場合も「特定相談」（＝条例に沿って京都府に設けられる相談窓口）で相談できるということが明記されていました。その箇所を確認した時のなんともいえない嬉しさは忘れられません。障害者差別についての自治体の条例としては全国で一〇番目ですが、「障害のある女性」という字句が入ったものは初めてでした[96]。

インターミッション　京都の障害女性の運動、その後

「障害女性への複合差別」に引き続き取り組んでいくため、「女性部会」というグループを京都実行委員会の中に設けた。団体と関係なく個人で参加でき、関心があれば非障害女性も一緒に活動できる（私もその一人）。「なかなか話を聞いてもらえない人も気軽に参加しやすいように」ということで、障害種別を越えた「茶話会」を開いたり、優生保護法の裁判、「望まない異性介助」の問題など、さまざまなテーマで学習会を開催したりしている。

ジュネーブの国連での女性差別撤廃委員会（二〇一五）に「障害女性として」行ってきた人の話を聞く会を持った数年後に、今度は障害者権利条約の日本審査のロビイングに行ってきた障害女性の話を聞く会を開催した。このとき、複数の条約に関係するのは、まさに「複合」した差別の問題だからなんだと思った。

中心メンバーの香田さんと村田さんの活動については注94も参照。

条例の施行（二〇一五年四月一日）は一年後でした。京都実行委員会で「どう周知するか」を相談し、スタート当日朝は、「相談窓口の電話番号等の情報が入ったティッシュ」をつくって京都府庁前や四条河原町（繁華街）で配りました。ティッシュに入れる紙を作って封入する作業は、加盟団体の中の作業所が引き受けてくれました。

条例が施行されてからの京都実委は、相談窓口に寄せられた「相談」がどのように解決につながったか、つながっていないかを調べたり、府と話し合いの場を持ったり、毎年「ともに安心して暮らせるデザインフォーラム」という市民向けイベントを開催したりしています。

――「条例」は役に立っていると思いますか？

答えにくい質問ですね。条例に基づいて相談窓口ができましたが[97]、条例が施行された一年後に差別解消法が始まりました。だから正直、「条例が始まってからの変化」と「差別解消法が始まってからの変化」を切り分けられないと思ってます。

「条例の認知度ってめちゃくちゃ低いな」と思うことがあります。府民の間で、こういう条例があると知っている人はごく少数。国の法律（解消法）の知名度のほうが上でしょう。でも「京都府民なら、この条例を知っとくべき」とは言えません。自分が住んでいる自治体にどんな条例があるか、知らないのが当たり前だから。ちなみに私が住む京都市には「宴会のときは日本酒で乾杯しよう」という清酒条例があるそうですが、「知らんがな」って感じですし。

条例の知名度が低いままなんだったら、あんなに頑張って条例をつくった意味はなかったのか？　というと、そうは思いません。条例に基づく「特定相談」の窓口には、専門性のある相談員二名がいて、私の知る限り、誠実に業務にあたっているようです。相談を受けた事例について、事業者に条例の説明をしたり、「再発防止のために研修を行ってほしい」という障害当事者の声を届けたり。相談に対応するしくみがあるだけでも、条例をつくった意味はあると思っています。

――ところでまつなみさんは「条例」をつくる運動でどんな役割を担いましたか？

けんそん抜きで、自分がしたことは本当にわずかです。いろんな場に欠かさず参加したこと、ぐらいかな。連絡・調整・イベント開催などの実務をがんばったのは他の事務局員です し[98]、運動の主体は一貫して障害当事者でした。ごくたまに「障害の社会モデル」や障害者権利条約の中身についてかみくだいて説明したり、また国の制度改革（推進会議）が今何をやっているか等を伝えたりする機会はありました。「ごくたまに」であっても、そのために勉強したことは自分の血肉になったと思います。

「条例ができた」こと自体はすごいことではありません。そのころ全国各地で同時進行的にできていったわけですから。でもそのプロセスでいろんな対話や調整があり、私はそれを十二分に体験させてもらった。「目撃者・証人」として、この経験を社会に還元していきたいと思いました。

せっかく差別をなくす条例や法律ができてきたんだから、わかりやすく説明して、市民が理解できるように／障害当事者が「使いこなせる」ようにすることが大事だ、と思っていたところ、「渡りに船」のお誘いを受けるのです。それが、啓発雑誌に連載を持つことでした。

二〇一四年初めに、大阪にある部落解放・人権研究所というところが発行している『ヒューマンライツ』という月刊誌に、「合理的配慮」について記事を書かないか？　というお誘いを受けました。

7 なぜ「社会モデルの普及」がライフワークになったか（二〇一四年〜）

——障害者差別解消法のことを書いたり話したりする日々の中で

——『ヒューマンライツ』がどんな雑誌か、教えてください。

主に西日本で読まれている人権啓発の情報誌です。購読しているのは行政や企業で「人権」関係の部署にいる人、教員、NGO・NPO関係者などです。部落差別をなくす取り組みの歴史の中、一九七〇年代には多くの企業が採用時に本籍地で差別していた事実が発覚します。おとな、特に職場での啓発が大事ということで、一九八一年に『社会啓発情報』という雑誌が創刊され、のちに『ヒューマンライツ』に改称しました。発行元の部落解放・人権研究所（以下「研究所」）は、社会人向けに「人権大学講座」「人権夏期講座」などの研修事業を行っているところでもあります。

——依頼が来たのは、「合理的配慮」について企業の人から不安の声があがっていたからでは？

その通りです。「法律が始まるのはまだ二年先だけど、企業の担当者から不安の声が寄せられている」というのが依頼のきっかけでした。特に、解消法の「合理的配慮をしなかったら、差別になる」という箇所が不安をかきたてたようです。多くの企業関係者にとって、障害者は身近な存在ではありません。新しい法律ができて、「差別をした」と責められるかもしれない?!……。ただ、そういう声は京都で条例の運動をしている時も、企業関係者である条例検討委員からも聞いていました。「うちみたいな中小企業が『エレベーターをつけてくれ』と言われても困るんだ」という具合に。

執筆の依頼を受けた時から、合理的配慮をわかってもらうには、「障害の社会モデル」の理解が不可欠だと思ってきました。合理的配慮は「思いやり」ではない。そもそも社会環境にバリアがあるために権利が制限されているのが問題なんだから、「対話しながら、バリアをとりのぞくように調整する」ことだと説明していく必要がある。しかしそうそう簡単に伝わりはしない。障害のある人のリアルな生活や声を知らなさすぎる相手には、一度や二度の説明では、頭に入れてもらえません。そこで私は、「連載」をさせてほしいと伝えました。連載なら、いろんな具体例を出して『合理的配慮』の説明ができ、何より、そのベースになっている「社会モデル」の考え方も伝えられる！　と思ったのです。

――そうやって連載が始まって、それがこの本のPART1になってるわけですね。

そういうことです。ただ連載を始めてからも迷いの連続でした。差別解消法はこれまで全くなかったタイプの法律なので、実際にどんなふうに運用されていくか、（法が施行される前の）二〇一四年の時点では予想しにくかったのです。だから、めちゃくちゃ慎重になりました。自分が間違ったことを書かないか不安で、勉強になりそうな場には片っ端から足を運びました。国際人権法の川島聡さん、東俊裕弁護士、長瀬修さん、DPIの崔栄繁さん（以上は全員、アドホック委員会の時にお世話になった）など、その時点で権利条約に詳しい人の講演にはすべて足を運び、食らいつくように聞いてまわりました。「かみくだいて伝える」のが自分の役割だけど、嘘はダメ。確実なことしか言いたくない。だから読めるものは全部読んで、がんばって吸収しました。

研修という旅（特に二〇一五年〜）

――なるほど、連載があったおかげで、がんばって勉強したわけですね。

そうですね。さいわい、連載はけっこう好評で、「ヒューマンライツの連載を読んだ、研修講師として来てほしい」という依頼が企業や自治体から来るようになりました。口コミでも広がり、法律が始まる前年はめちゃくちゃ忙しくなりました。公務員の研修がいちばん多かったですが、企業向け、教職員研修、市民向け講座、福祉事業者や宗教団体からの依頼もありました。それまで多少講演の経験はあったものの、まだ始まっていない「障害者差別解消法」をどのように伝えたらいいのか？　まず「社会モデル」の話をするけれど、どのように言えば説得力をもつのか？……対象に合わせて内容をどのように変えるかも含めて、必死で試行錯誤しているうちに、少しずつ自分なりの「型」ができていきました。

行った先で、担当者から「うちでこんな問題がありまして……」と相談を受けたり、質疑応答の際の参加者とのやりとりからいろいろ考えたり……。研修の講師をやればやるほど考える材料が増えたため、連載は結局、四年間続きました。

講師の仕事は二〇一五年に約六〇回。差別解消法が始まった二〇一六年は年間八〇回を超え、記憶が飛ぶような日々でした。研究員職を退職した[99]こともあり、ますます「研修ざんまい」の日々になっていきます。

――年間八〇回！　それが本業みたいですね。

むろん、それは「解消法バブル」みたいなもので、その後は少しずつ減っていきますが、今も（テーマは多様化させつつ）年間三〇回ほどは研修を引き受けています。非常勤講師はほんと低収入なので、（単発の講師と介助の収入を含めても）生活はカツカツです。だけど、障害者差別解消法のベースにある「社会モデル」の考え方は、放っておいても広まるようなものではないし、この役目を担える人が少ないのもわかっているので、気力を振り絞っています。条例づくり運動とその後の研修ラッシュを通して、様々な課題や国の政策も少しは見えるようになってきたところで、「障害の社会モデル」を根本テーマにした研修等をやっていくのもいいんじゃないか、自分がこれまで学んだことや経験を生かせる仕事じゃないかと思えるようになったんですね。「ライフワーク」という言葉が頭に浮かぶようになったのはこの頃からです。

「社会モデル」に基づく法律ができたことは、まぎれもなく運動の成果です。でも法律が知られないままだと、障害のある人がお店などで合理的配慮を申し出ても、空振りに終わります。相談窓口等に持っていくのもエネルギーがいるし、あきらめたり無力感に陥ったりする人もいるかもしれない。他方、お店側が研修をきちんと受けていれば、そこで対話が始まり、合理的配慮がなされる可能性が高くなるし、その「風景」がまた、周りの人への「教育」にもなる。

それを思えば、今このタイミングで研修に力を入れなくてどうするんだ？　と思っていました。差別解消法をよりよく普及させることは、「社会モデル」の考え方の普及でもあります。それは「障害」領域にとどまらない人権教育実践だし、一生かけて取り組む価値があると思うようになっていました。「ライフワーク」というのは、そういう意味ですね。

障害者差別解消法がスタートしてから（二〇一六年春〜）
——少し話が前後しますが、差別解消法がスタートした時のことを教えてください。

「いよいよ」と落ち着かない日々でしたが、世間ではまるで無関心でしたね。

二〇一六年三月三一日は東京でパレード[100]に参加、四月一日は、京都実行委員会のみなさんと京都市内八か所でティッシュを配りました（一年前のものをプチ修正し、「差別解消法が始まります」と「京都府の相談窓口」を印刷したもの）。条例づくりを一緒にやってきた事務局の友人が、隣でティッシュを配りながら「私たち全員のための法律です！」と言っているのを聞いて、私には良い仲間がいるなぁと感動したのを覚えています。

内閣府や地方自治体は一応、「新しい法律が始まります！」という市民向けポスターやパンフレットを作成していましたが、ほとんどの人には全然ピンと来ていない。だから直接（私なりの熱を込めて）話す意味があると思って、せっせと研修に出かける日々でした。

ほんの少しは、法施行による変化を感じることもありました。非常勤先の大学が、「障害学生への合理的配慮」に以前よりは取り組むようになったと感じたり、差別事件が新聞報道[101]されたり。

そんなある日、ハンマーで後ろから殴られるような出来事が起こります。

七月二六日・二七日は松山で研修でした。早朝に家を出て、瀬戸大橋線からすばらしい景色を見ているとき、スマホにニュースの第一報が入ってきました。

――相模原障害者殺傷事件の第一報ですね。その後、必然的にいろんなことを考えたんですよね。

はい。相模原事件については、PART1のレッスン11でも書いてるので最小限にとどめます。ただ、津久井やまゆり園がどのようなところか、どのような経緯で本人たちが入所したか等を知るにつれ、事件が起こる前からかれらは「社会」から排除されてきた、と考えずにはいられませんでした。その「社会」には、私も含まれています。自立生活が大事だと長年思ってきたのに、知的障害のある人がまだまだ多く施設で暮らしていることを、どこか「しかたがない」と思っていなかったか？　と、今さらながら自問自答しました。

二〇一〇年から国の障害者制度改革が進んでいく中で、運動のリーダーの尾上浩二さんは「車の両輪」ということをよくおっしゃっていました。推進会議には二つの部会があり、「福祉サービスを充実させて誰もが地域で自分らしく暮らせるようにする総合福祉部会」と、「差別なく、平等に社会参加できるようにする差別禁止部会」です。どちらが欠けても、人権が守られる社会に進んでいけない、同じように大切だ、車の両輪なんだ、ということですね。

――あの事件では、被害者のお名前が全然報道されなかったのもショックでしたね。

本当に。犠牲者の名前や写真は公表されませんでした。遺族の強い希望ということでしたが、遺族が「明かしてほしくない」と思ってしまう状況に追い込んだのは社会です。家族（とくに母親）にケアを丸投げし、地域でも孤立した家族は疲れ果てて施設を頼る。そうした状況に、私が参加してきた自立生活運動も十分に手をさしのべられていませんでした[102]。「障害の社会モデル」を考えるということは、家族にそうさせた「社会のあり方」[103]をも考えなければいけないんだ、と強く意識するようになりました。

障害者権利条約の第19条（どこで誰とどんなふうに暮らすかは自分で決められる）は「自立生活条項」と呼ばれ、最重要といわれていますが、その意味が刺さるようにわかってきました。障害のある人が圧倒的に奪われてきたのは、「自分の人生の主導権を自分がもつ」権利ではないか。健常者中心の社会は、障害者を見えにくいところに排除し、その結果、障壁だらけの社会ができあがっている。そうしたあり方を根本から見直し、誰もが地域で、差別されずに暮らせるよう、社会全体をつくりなおさないといけない。

――やまゆり園での事件のあと、知的障害のある人ももっと自立生活を、という流れになってきましたね。

まだ全体の中では小さい流れかもしれないけど、知的障害のある人も地域でその人らしく生きられるようにする方策を真剣に考えはじめた人たちが多数います。私が住む京都もそんな地域の一つです[104]。この数年でも、一人暮らしを始める知的障害のある人が増えてきていて、私は友達として、介助者として関わらせてもらっています。

PART1の「レッスン11の終わりに」でも書きましたが、「道草」という映画はその流れの中で撮られたものです。

8 そして今——改正差別解消法の施行も踏まえて

——時代は一気に現在へ。この間もずっと、合理的配慮の研修などをしてきたんでしょうか。

はい。「炎上」を経験したり[105]、コロナ禍の遠隔の仕事に苦労したりしつつ、非常勤講師（と研修と介助者）で生活してきました。研修で出会う人々や学生がどれぐらい法律や「合理的配慮」を知っているか、知らないままかを常にウォッチしながら仕事をしてきました。

PART1の元になっている連載をしていた当時よりも明らかに悪くなったと思うのは、SNS上で障害のある人がバッシングの対象になるケースが増えたことです。二〇二一年のJR東日本の件、二〇二四年三月の映画館の件[106]などが典型ですね。障害のある人が権利侵害を受けて声を上げたことについて、本人の人格に問題があるかのような印象操作がされたり、「わがまま」「感謝が足りない」などと叩く。さらには「自分は（家族は）障害があるけどこんなことをしない」と分断を煽る言説が出てきたり[107]。この構造は二〇一七年のバニラエア事件の時（PART1レッスン10）からまったく変わらないですね。

「いじめ」と何ら変わらないバッシングに加わっている人は論外として、障害のある人の多様なリアルを知らなさすぎる（かつ、知らないという自覚がない）ためにバッシングに誘導されてしまう層が厚いことが気がかりです。これは、学校や職場や地域で障害のある人と日常的につきあっている人が少ないということも一つの要因だけども、「出会う機会さえあれば」という単純なものでもないですよね[108]。学校や職場をインクルーシブな場所にしていくだけでも、啓発や研修だけでも限界がある。とはいえどちらも必要だし、そのあり方をいつも考えています。

――近年、良かったと思うこととして、二〇二二年に国連が日本の審査をして「総括所見」を出したことだ、と話してましたね。少し説明してもらえますか？

「障害者権利条約から見たら、日本はここを直さないと」というレポートが「総括所見」です。簡単にいうと、国連には、「条約を批准した国で、ほんとに権利条約が守られているかどうか」を定期的に調べて、通知表みたいなもの（総括所見）を出す、というしくみがあるのです。日本は二〇一四年に批准してから初めての審査を二〇二二年夏に受けました[109]。その前に、審査をする国連の障害者権利委員会の人たちに実情を伝えるロビイングをするため、日本から一〇〇人もの人が現地ジュネーブに行きました。

国連では、ＮＧＯ（障害者団体）からの声を重視します。二〇〇六年のアドホック委員会でもそうでしたよね。各国の審査では、事前にその国の政府が出すレポートも参照しますが、市民社会、つまりＮＧＯが出したレポートを詳しく見てくれます。その上さらに、直前のロビイングの機会もあるというわけです。

私は金欠でジュネーブに行けなかったけれど、日本からたくさん障害当事者が渡航しました。国連の障害者権利委員会と日本政府の「建設的対話」はオンラインで、リアルタイムで聞けました。日本の障害者が置かれている状況を、「障害者権利条約というモノサシ（基準）」ではかったら何が見えるか、詳しい質問がいくつもなされるのを見て、「権利条約が生きてる！」（当たり前だけど）とワクワクしました。

――通知表（総括所見）のポイントだけ教えてもらえますか

通知表だから、良いことも書いてあるわけですね。曲がりなりにも日本政府が法を整備してきたことは評価されました。読書バリアフリー法（二〇一九年）[110]、情報アクセシビリティ法（二〇二二年）、障害者差別解消法の改正（二〇二四年）など。でもそれを実のあるものにしていくのは、これからですね。

「もっとがんばれ」と厳しく言われたのは主に二点です。まず病院や施設からの「地域移行」が進んでいない。もう一つは教育の問題です。障害の有無で学ぶ場を分ける「分離教育」体制のままでは、社会の分断も解消されません[111]。総括所見では、どのように段階的に変えていけばいいのかの道筋も示しています。「総括所見」の中身をわかりやすく広めていくのがとても大切だと思うし、自分ができることを考えたいです。

インターミッション　桜が見られるから？

日本審査で、第19条（施設からの地域移行）の話をしているときに、厚労省の人が急に「日本では春に桜が咲きます」と言い始めた。日本の入所施設は高い塀に囲まれているわけじゃなく、春は花見を楽しむ人もいる、そんなに不自由じゃありませんよ、というトーンだった。

ＰＣに向かって思わず、「何が桜や。私はサルスベリ派やで！[112]」とつぶやいた。そういう問題ではないけども……。障害のある友人もこの答弁に非常に怒っていた。

実際の施設では、きまりや職員の人手不足によって、自由に外出できない。桜は見られたとしても、花に興味が無い人、電車やスポーツ選手を見たい人もいるはずだ。そもそも自分の世界を広げる機会すらも大幅に奪われている施設入所者も多いだろうに。19条の意義を矮小化してほしくない。

差別解消法が改正された（二〇二四年四月）

――改正された障害者差別解消法が二〇二四年四月から施行されましたね。

ポイントはなんといっても「民間事業者も合理的配慮を行うのが、努力義務じゃなくて義務になったこと」です。それと、差別と思われることが起こったあとの相談、問題解決の体制[113]を整えることということです。どちらも、障害のある人が当初から求めてきたことでした。

研修では、「義務」になることへの不安の声を多く聞いてきました。でも基本はこれまでと変わらない。対話をして、検討して、改善する。どう頑張っても「過度な負担」があってできない場合は、ちゃんと説明すればいいのも、これまでと同じです。

二〇二四年四月の改正を前に、企業関係者から「障害のある人から無茶なことを要求されたらどうしよう」といった懸念を述べられると、あれ、十年前にも同じようなこと言ってなかったっけ？　と、時差ボケの気分に陥ります。『ヒューマンライツ』の連載を始めた二〇一四年頃も、二〇一六年の施行前も、さんざん「なんでもかんでもしないといけないんですか」などと言われてきたので（ＰＡＲＴ1の冒頭）。もちろん、その後学んで、認識を変化させた人はいるでしょう。でもいまだに次々と、「いま初めて知った！」という人が出てくる。それだけマジョリティは層が厚い。法律の説明をするだけでなく、「社会モデル」の捉え方を今こそ定着させたいと思っています。

——やはりポイントは「社会モデル」の理解なんですね。

そう思って私は研修や授業をしてきました。事業者は、自分がこれまで生きてきた環境の中で「いかにバリアを意識せずに済んだか」に思いをめぐらせてほしい。知らなくて済むのは、ＰＡＲＴ1のレッスン1のおわりにで書いている通り、「特権」です。健常者中心に社会が設計されているせいで、具体的にどんなバリアがあって、どんなふうに障害のある人の生活を制限しているかを学ぶ。そうした学びがなければ、合理的配慮の意味はわからないままでしょう。

——法改正されても、急に社会は変わらないと思いますが、長期的な見通しはありますか？

この八年の間でも、法律が参照されることで「合理的配慮がなされるようになった」事例は蓄積されてきた。障害のある人が嫌な思いをした件数の多い領域もわかってきています。たとえば

「医療」の現場とか。効果的な差別防止策がとられてほしいです。

法制化で人の気持ちが変わるわけではないけど、法ができたら「そのことを考えざるを得ない人」が増えます。「法律ができたからしかたがない」という消極的な動機であっても、手続きとして対話がなされ、合理的配慮が行われる場面が増えたら、それが当たり前になっていく。風景が変わるはずです。風景が変われば意識もいつしか変わっていく。

たとえばセクハラ、パワハラへの認識は、雇用機会均等法という法律（およびその改正）を通して、時間をかけて少しずつ浸透して、変わっていきました。むろんその間に研修等、普及の努力があったわけですが。

――最後に、これからどんなことをしていきたいですか？

これまで通り「障害の社会モデル（人権モデル）」[114]をベースにした研修をして、障害者権利条約の中身が実現することに微力ながら貢献できたら、というのがまず第一。私がこれまで出会ってきた人たちの長年の努力の成果がそこ（権利条約）に詰まっていると思うから頑張れるのかな。

それから、PART1でも書きましたが、「社会モデルは障害のことだけじゃない」と思っていて、領域をこえて差別をなくすことにつながる実践もやっていきたいです。インターセクショナリティ（交差性）という言葉があるけども、障害のある性的マイノリティを含めた「複合差別」の問題に取り組むことも大事だし、「社会モデル的な考え方をもとに横断的な差別禁止法をつくっていく」ことにも興味があります[115]。

ただほんと、「行ったり来たり」なんですよね。知識も認識もいっぺんに広がるわけじゃないから、「国連は……」みたいな話をした直後に、何十年も時計の針が戻ったような現実に引き合わされる。だからあまり風呂敷を広げず、ぼちぼちと。

■注

1 尾下さんのプロフィール：一九七四年兵庫県生まれ。関西で育ち、小学校教員をしていたが、三〇歳を過ぎてから原因不明の体調不良のため仕事を続けることができなくなり、「線維筋痛症」という難治性慢性疼痛疾患と診断される。自身の疾患の患者会などの難病患者の当事者活動や「制度の谷間」「見えない障害」についての発信に携わる。なお、PART1レッスン4の最後に登場する「難病の友人」は彼女である。

2 この部分で、PART1の最後「うしろめたさ」の所で書いた友人の言葉（二一三ページ）を紹介することもある。なお、友人は現在、一日二二時間の介助を受けながら自立生活を続けており、二〇二四年に色鉛筆画の本を出版した。すてきな本なのでお手にとってみてほしい。
いうちちひろ『ひだまりの歌』（星雲社）https://www.kinokuniya.co.jp/f/dsg-01-9784434330377

3 自立生活とは、介助が必要な障害者が、地域（実家や施設・病院以外の場所）で、介助を受けながらその人らしく生活するスタイルのこと。アメリカのIndependent Living Movementに起源があり、障害のある人が「自分で自分の生活（人生）を決められる」ように社会を変えていく運動である。現在の障害者権利条約第19条の元にもなっている。日本ではダスキンによる障害者リーダー養成プログラム等により渡米した障害者らによって一九八〇年代後半から自立生活センターが設立されていき、「自立生活」の考え方も普及していった。一方で、一九七〇年頃から「青い芝の会」などにより日本独自の障害者運動の展開もあり、それらが融合して日本の障害者運動は展開されていった。
日本における自立生活運動については、以下を参照してほしい。
安積純子・立岩真也他『生の技法――家と施設を出て暮らす障害者の社会学』（増補改訂された文庫版は二〇一七年、生活書院）
前田拓也『介助現場の社会学――身体障害者の自立生活と介助者のリアリティ』（二〇〇九年、生活書院）

渡邉琢『介助者たちは、どう生きていくのか――障害者の地域自立生活と介助という営み』（二〇一一年、生活書院）
海老原宏美、海老原けぇ子『［増補新装版］まぁ、空気でも吸って――人と社会：人工呼吸器の風がつなぐもの』（二〇二二年、現代書館）

4 柴田大輔『まちで生きる、まちが変わる――つくば自立生活センターほにゃらの挑戦』（二〇二四年、夕書房）

5 『なんでアムネスティ？』阪本和子著（一九八九年、農山漁村文化協会）。川西市立図書館で見つけた。
「良心の囚人の釈放」はアムネスティ活動の原点。とはいえ当時も、すべての人への拷問の禁止、政治犯への公正な裁判など、人権侵害の実態に応じて多様な活動を行っていた。

6 世界人権宣言は、第二次世界大戦による惨禍の反省にたって議論され、一九四八年一二月一〇日に国連総会で採択された宣言であり、現在の国連のさまざまな「〇〇条約」の出発点となっている。人類の歴史上はじめて、例外なく「すべての人」に適用されるべき人権を具体的に定めた一覧表だと私は理解している。世界人権宣言には法的な拘束力がないので、その後「国際人権規約」（自由権規約、社会権規約）や、さまざまな「〇〇条約」がつくられていく。アムネスティというＮＧＯの活動の根拠が「世界人権宣言」（およびそれに基づく国際的な人権文書）だということは、特定の政治勢力や思想や宗教に偏ることなく、ただ「普遍的な人権」の実現のための活動だということを意味する。
二〇代の頃の自分が「国際人権文書」の意味を完全に理解していたわけではないが、人権とは「共感」や「思いやり」ではなく、合意形成によって作られたルールであり、世界で承認されているものなのだという感覚を持てたことは良かったと思っている。

7 アムネスティについては大学院に進学後、金欠のため退会してしまった。途中で放り出した活動もあり、当時を知る人には「スミマセン」という気持ちだ。しかし普遍的な「人権」の考え方を学べたことは、その後の私の土台の一つになった。

8 これは人権侵害の被害者を守るため。利害関係が一切ない他国の市民が「世界人権宣言のみ」を根拠に手紙を送る、という構図だった。

9 「友人が買い物しているのに、店員さんが隣にいる私とばかり話そうとする」とか、タクシーを拾おうとしても止まってくれないとか、後になって「差別だった」と思えた出来事はいくつもあった。

10 小中学校でいじめを受けたこと（先生はわかってくれないと思いこんでいた）、宗教について自分の思いを聞かれなかったこと、等の私自身の経験が思い出されたのだと思う。

11 そのワークショップでは、「かわいそうな子どもがいるから」助けないと、ということではなく、子どもをめぐる既存の価値観を変えていかないといけない、だから「子どもの権利条約」が定められた、ということを学んだ。「侵害されやすいからこそ、権利として定める」という考え方は、ずっと後になって、障害者権利条約がつくられはじめてから（二〇〇二年以降）、何度も思いだすことになる。

12 子ども権利条約を日本が批准する際、新しい法律がつくられなかったことが、その後の「条約の実施」に禍根を残した、と東俊裕弁護士（後述）がよく話していた。だから「新法を作ってから批准しろ」と。確かに、大学院進学後の私は「子ども権利条約に興味のない教育関係者」がいかに多いかを痛感してきた。子どもの権利を守る活動はさまざまに続けられ、ようやく二〇二二年に「子ども基本法」が成立。「子どもの権利」にかかわる良書の出版も増えてきたと感じている。

13 アムネスティ日本支部（当時）は以前にも「世界人権宣言翻訳コンテスト」を実施していた。子ども権利条約については、「子ども自身にも参加してほしい（語学力は重要ではない）」ので「翻訳・創作コンテスト」とした。審査員に著名人を起用、メディアにも掲載された。最優秀作品は一四歳によるものであり、小学館から出版された。『子どもによる 子どものための 子どもの権利条約』（著者：小口尚子・福岡鮎美、協力：アムネスティ・インターナショナル日本・谷川俊太郎）。

14 ワークショップは、当時のアムネスティインターナショナルフィリピン支部が主催。フィリピンに留学経験のある日本のアムネスティ会員・平本実さんの尽力で実現した。

15 その後も（派遣社員をしていて融通がきいたこともあり）数回フィリピンを訪れた。その中で個別具体的な問題に関心をもつ機会も何度もあった。日本のフィリピンパブで働いていたことのある女性とその子どもに出会い、子どもの父と連絡がとれないという話をよく聞いたり、日本のＯＤＡ（政府開発援助）が引き起こしている問題や、日本占領時の強制労働や性暴力などの歴史に触れたり。その背景には、両国間の力関係を伴う歴史、それに基づくフィリピン人への蔑視があると感じた。個人として憤りを覚えるけども、問題はあまりに複雑だった。結局、国際協力も大事だけど、日本社会をより公正で、人権が大切にされる社会に変えることが大事じゃないかと思うようになり、おとな向けの教育に携わりたいと思うようになっていった。

16　たとえばある地域の人権問題についてデモやアピール活動をして、報道がなされても、記事を読むのはもともと関心がある人だけ。行動の意味はあると思いつつも、自己満足ではないか？　社会を変えることにつながってないのではないかとよく自問させられた。

17　ただ、本当に「自分は自分でいい」と思えるようになるまでには、幾人かの人および場との出会いが必要だった。本一冊ぐらいのボリュームになるので略。

18　「人権教育のための国連十年」とは、国連が一九九五年から行ったキャンペーン。当時、東西冷戦終結後に旧ユーゴの内戦、ルワンダでの虐殺など大規模人権侵害が続発したことを受け、「人権」の理念を浸透させるために計画的に教育を行う必要が提起されていた。日本政府も国内行動計画をつくり、学校現場でも実施された。ただし国際人権の考え方は重視されず、従来通り「思いやり」などの徳目を重視した実践が主流だった。

19　その当時は、部落問題にかかわる直接的な体験（差別的な噂を聞いた、といったことを含めて）が無さ過ぎて、本をいくら読んでも理解しきれなかった。また、たとえば同和教育運動の中に「部落問題を掘っていけば他の差別問題も理解できる」といった言説があることにも納得ができなかった。当時「同和教育の遺産を引き継いでこそ普遍的な人権教育を発展できる」といったことが言われていたが、「人権教育」で扱われている障害者の描かれ方が情緒的であったり、性的マイノリティへの差別が扱われなかったりすることに疑問を持ったりもしていた（あくまで一九九〇年代に感じたことであり、現在は様相が変わっている）。

20　大阪で大学院生活を送り、地域の人権センターでアルバイトをしたおかげで、同和教育の歴史や部落問題の現状をさまざまな機会に学ぶことができ、しだいに腑に落ちた。また、ＮＧＯで学んだ国際的な人権基準の意味も、障害を含め具体的なマイノリティの状況を学んだあとで理解が深まった。私が執筆や研修でお世話になっている大阪の部落解放・人権研究所でも、両方の人権教育の実践者・研究者が関わっている。

21　地域での自立生活を支える介護サービスについて、全国で使える法律は二〇〇三年以前はなかったけれども、運動や交渉の結果、一部の自治体に介護にお金を出す制度（全身性障害者介護人派遣事業）ができていた。友人が働くＣＩＬは「有償」介助を基本とする草分け的な団体だった。さらにいうと、当時はまだ一九七〇年代からの「青い芝の会」運動の流れを汲んで、あえて「無償」での介助でよしとする現場もあちこちにあった。「すべての健全者が障害者介護にかかわるべき」という理想が語られてもいたようだ。一方、それでは限られた障害者しか地域で暮らせないという現実を前に、公的介護保障のために闘う人も増えていく。

22 関心のある方には、角岡伸彦『カニは横に歩く』（講談社）がおすすめ。

23 メインストリーム協会（兵庫県西宮市）。阪神淡路大震災で事務所も大きな被害を受け、当時は仮設事務所だった。現在はとても広い事務所を構えている。

24 「障害者甲子園」はメインストリーム協会が若い障害者に自立生活のことを知ってもらうこと等を目的に毎年開催していた数日間のイベント。参加者だった故・海老原宏美さんが次のように書いている。〝そもそも、私が初めてＣＩＬ（自立生活センター）を知ったのは、一九九三年の夏、兵庫県西宮市にある自立生活センター「メインストリーム協会」主催の「障害者甲子園」に参加したときです。全国から集まった障害を持つ高校生と、関西の普通校に通う「普通な」高校生と交流をしながらすごした障害者甲子園は、それまで親や先生など、大人に依存しがちだった私の生活を確かに変えました。〟（ＣＩＬ東大和のサイト https://cil-ymt.com/00_toplinks/rijicho.html）

25 24時間テレビへの違和感を一緒に語っていた人たちの中の一人が、現在はＮＨＫ大阪放送局の「バリバラ」のレギュラー・ご意見番として活躍されている玉木幸則さん。

26 この本のことを教えてくれたのは、大阪で社会教育の仕事をしているＨさん。私が一九九七年・九八年に参加した性的マイノリティに関わる連続講座の企画者だったＨさんから、「新しい、大事な取り組みが始まってるから、読んだらいいよ」と教えてもらった。出版されたのが一九九九年三月、その三か月後に私はまんまと障害学の世界に「招待」されたことになる。

27 たとえば車いすユーザーの友達とどこどこで遊んだ、という話を職場やＮＧＯの人に話すと、「まあ、お手伝いしてあげてえらいね」的な反応を受ける、といった経験を何度もしていた。

28 『招待』一四ページ。

厳密にいうと、これはイギリス障害学による「障害」の定義で、アメリカの障害学での「障害」は、身体と社会環境との相互作用で生じると定義している（その後できた権利条約はこちらに近い）。だが身体ではなく「社会環境」に焦点をあてる必要性を主張した点では、英も米も同じである。

29 だれか、「医学モデルの提唱者」がいる、という意味ではなく、従来のありがちな障害観をあらわすための便宜的な用語。

30 この障害NGOがDPI（Disabled People International　障害者インターナショナル）。障害種別をこえた当事者団体（NGO）。二〇〇六年に国連のアドホック委員会を見にいって以降、、私もお世話になることに。

31 長瀬修さんは国連で仕事をしてきた人なので、『招待』の1章で、「障害者の機会均等化に関する基準規則」（一九九三年）のことも書いていた。いずれ、障害者の人権についても国連で条約ができるのでは、と示唆された文章を読んだのはこれが初めてだった。NGO活動をしていた頃「子どもの権利」や女性差別の条約はあるのに、なぜ障害者については人権の条約はないのだろう？　とぼんやり思ったことはあったが、やり過ごしていた。

32 インタビュアーの尾下さんが、難病の当事者であり患者活動をしている人なので、意見を聞いている。

33 日本の障害者運動（「青い芝の会」の運動にしても自立生活運動にしても）の担い手の中には、子ども時代に意味のない訓練や有害な手術を施されたという経験を持つ人がいる。

34 「障害を治したい」という思いや治そうとすること自体をどう考えるのかと問われることがある。人生の中途で障害をもった人が、特に当初は「なんとかして元の身体に戻りたい」と思うのは当然だろう。ただ、「障害を軽減しないと社会の一員として認めませんよ」という圧力や、障害者を「劣等」視する価値観は、薄れていくべきものだ。どこまで治そうとするか、しないか、途中でやめるかは自分で決めていいはずだし、実際、そうやって折り合いをつけている人はたくさんいる。なのに、えんえんと「治す努力（障害を軽減する努力）」をしなきゃいけないような空気がこの社会にはある。障害者運動や障害学はその圧力に抗ってきた。

35 何冊か紹介されていた本の中では、石川准『アイデンティティ・ゲーム』（一九九二年、新評論）も私にとって、大事な本である。「障害者役割」（障害のある人は、ヒューマニズムを喚起するようにふるまうことが期待されている）という用語には、それまで自分が抱えていたモヤモヤに言葉が与えられた気がした。

36 『生の技法』の最初の章を書いている安積遊歩さんは、私が最初に出会った友人（いうちちひろさん）の親友であり、『癒しのセクシートリップ』（一九九六年、太郎次郎社）は、既に読んでいたこともあり、理解しやすかった。なお、本書執筆中の二〇二三年七月末、立岩真也さんの訃報に接した。この十数年京都の障害者運動の傍らで大切な役割を担っているのも見てきたので衝撃だった。ご冥福をお祈りします。

37　インターミッション、二三五ページを参照。

38　『招待』本の中に、メーリングリストへの呼びかけがあった。

39　長瀬修さん、石川准さん、立岩真也さん、倉本智明さんをはじめ『招待』に執筆している人たち（＝私の中では有名人）と直接メールでやり取りできたり、研究会の場で気さくに話ができた。

40　会場は、阪神淡路大震災の時に緊急避難所になっていた早川福祉会館。その後、私が住んでいた茨木市の公共施設を使うようになり、私は会場予約&宴会予約係になっていく。

41　飲み会は、たとえば視覚障害のある人はどうやってメールを「読んで」いるのかを教えてもらったり、介助者と一緒に参加している重度障害者がお店に「介助者分の料金をとらないように」交渉するのを目の当たりにしたりする場だった。異なる障害のある人たちで「一緒に何かする」経験は貴重だった。

42　神戸大学の教員、津田英二さんが一九九九年に全盲の学生と一緒に始めた研究会。私や、他の視覚障害のある学生らが「常連」だった。全盲学生の卒業後、「サロン」に移行し、二〇〇六年まで継続した。

43　メーリングリストも関西部会も、数年後には瓦解してしまった。二〇〇三年に障害学会が発足したり、一部の大学に関連する機関ができたりしたためでもある。誰でも出入りできる場で、「障害学に出会う、議論する」という点では恵まれた大学院生時代だったと思う。いま障害学に興味を持った学生や障害当事者には、そうした場が少ないことが気になっている。

44　インタビュアーの尾下さんと私は、在日コリアンの運動や教育について関心を共有していたので、たとえば「民族の祭りであるマダンにおいて日本人がチマチョゴリを着ることはどうなのか？」といった議論があったことをこの時に話したけれども、省略。

45　これはＰＡＲＴ１のレッスン１で触れた「特権」、「マジョリティとは、気がつかずに済む人の話」ということとも重なっている。障害学が日本で立ち上がった当初に東京で行われた連続講座の記録集で、石川准氏は次のように語っている。
「……障害者は、障害者というアイデンティティとか立場を引き受けるにせよ拒絶するにせよ、つねに「障害者」として振舞わなければなりません。（中略）対照的に、健常者は、健常者というアイデンティティはおろか、健常者という立場を自覚する必要すらないのです。（略）**障害者に感情移入して共感したり、感動**

したり、激励したり、庇護したり、憐憫したり、知ったかぶりをしたりする健常者に、そのような「余計なこと」をする前に、自己のあり方を相対化し反省することを迫るような言説を紡ぎだしていくことが障害学には求められていると思います（石川准『障害学を語る』エンパワメント研究所、二〇〇〇年、四二頁）。

また当時の大阪人権博物館（リバティ大阪）でおこなわれた連続講座では、倉本智明氏が**「どこにイーゼルを立てて描いたのかわからない絵を見せて『障害学です』と言われても、黙って破り捨てる」**という言い方で、健常者が立場性を無視した議論を行うことに釘を刺している（大阪人権博物館編『障害学の現在——リバティセミナー講演集』二〇〇二年、大阪人権博物館）。

46 「障害の個人モデル」とは、困難を克服する責任主体を、障害のある人（個人）に負わせようとする枠組み。意味的には「障害の医学モデル」と近いが、問題の発生原因ではなく、責任主体がどこにあるかに重点がある。いうまでもなく、困難を克服するのは社会全体の責任だと考えるのが「社会モデル」である。

日本社会における「障害理解教育」「啓発」等においては、障害のある個人の「良い性格」や「がんばり」「感謝する姿」などを見せることが「理解」だという錯誤がまかりとおっているのはなぜかと考えてきたが、一つにはこれは「個人モデル」的な障害観が強いせいではないか。障害のある人がどんな「良い人」か、といったことは、人権と何ら関係がないのに、健常者にとって都合のいい「良さ」が懸命に語られてしまうし、障害者自身がそこに巻き込まれることもある。こうした「個人モデル」的な障害観はまちがいなく、社会的障壁（文化、観念の障壁）だと私は考えている。

47 障害当事者運動が、いかに「本当に当事者が主導する運動」にしていくかに苦心している様子も折々に見てきた。自分は運動の役に立つような専門知識を持っているわけでもないし、直接的に「障害のある人を手伝う」よりも、健常者の認識を変えるほうに力を注ぐほうが合っていると思えた。大学院生の時期に私は、「健常者は余計なことをするな」と叩き込まれたのだと思う。

48 障害者の生活を支える介助に公的なお金が出る制度（公的介護保障）を求めてきた運動の歴史の中で一九九九年はいまだ混沌とした時期だった。二〇〇三年より前は全国的には制度がなかったけれど、運動の結果、全身性介護人派遣事業などの制度ができている自治体が都市部を中心にあった。私自身は有償で介助者人生をスタートしたけれど、このころはまだ、「重度障害者をボランティアグループが介助するコミュニティ」があちらこちらに残っていた。制度化されてからもボランティアを残し、有償介助と併用している人もいた。

49 阪神淡路大震災後に、少しだけボランティアでの介助を体験したが、続けられなかった。

50 まずは数か月でも、と思って始めたが、気が付くと四半世紀続けていることになる（一九九九～二〇〇一年は兵庫県西宮市、二〇〇一～二〇〇八年は大阪の茨木市、二〇一〇年～現在まで京都市で、いずれも自立生活センターの登録介助者）。

51 それからベタ過ぎる話だけども、ひとくちに車いすユーザーといっても、身体の使い方も生活スタイルも考え方も、本当に一人ひとり違うということを介助者をすることで実感できたとも思う。

52 私は非常勤先の授業（人権教育、人権論、障害者と人権、障害者理解）で「自立生活」の話をするが、その際、入所施設について「安心で良いところだと思っていた」という感想を書いてくる学生さんが多く、それはこの一五年間変わらない。

53 いまだ家族に大きな介護負担が強いられる現実がある。それは地域での福祉サービスの充実によって解消されなければならない。だが、「施設解体」を求める障害者運動の主張が、一部の家族を傷つけてきた事実は心に刻む必要があると思っている。たとえば以下の本を参照。児玉真美『殺す親 殺させられる親――重い障害のある人の親の立場で考える尊厳死・意思決定・地域移行』（二〇一九年、生活書院）。

54 当時大阪府立大の博士課程にいた。現・淑徳大学教授。

55 原題は〝Exploring Disability〟

56 なお、「社会モデル」は英と米の障害学で少し定義が異なるが、私自身は（少なくとも日本社会で一般に普及させる意味では）気にする必要はないと考えている。

57 大規模施設に入所している知的障害者・重複障害者などを指す。

58 個人モデルについては注46を参照。

59 松波めぐみ「障害者問題を扱う人権啓発」再考――「個人－社会モデル」「障害者役割」を手がかりとして」『部落解放研究』151号、二〇〇三年（生存学のウェブサイト http://www.arsvi.com/2000/030425mm.htm）。

60 「社会モデル」の考え方に基づいて障害者の人権を考えられるようにしていくべきだ、という思いで論文を書いたものの、限られた人にしか関心をもってもらえないとも感じていた。「障害学」はマイナーなものだし、障害のある人をめぐる人権問題には「社会モデル」の説明だけではカバーできない部分があることも感じていた。当時の孤立感や「自信のなさ」を思い出すと、私はその後、障害者権利条約ができたこと、それに基づいて法律ができたことによっておおいに力づけられてきたのだなぁと思う。

61 その間に、日本語を第一言語としない子どもの学習サポートで、しばらく公立中学校に通った時期もある。

62 二十代の時はフェミニズムにピンとこなかった。障害学を学んだ後で、また複合差別の問題を考えるようになってようやく自分の問題として「ピンとくる」ようになった。当時の模索の成果を挙げておく。松波めぐみ「戦略、あるいは呪縛としてのロマンチックラブ・イデオロギー——障害女性とセクシュアリティの「間」に何があるのか」（倉本智明編『セクシュアリティの障害学』二〇〇五年、明石書店）、松波めぐみ「障害をもつ女子の「ジェンダー化」と教育」（木村涼子・古久保さくら編『ジェンダーで考える教育の現在』二〇〇八年、解放出版社）等。

63 世界人権宣言ができた頃には障害者運動など影も形もなかったわけだし、障害者自身の声を抜きにして「人権」の法制度ができていたともいえる。だから障害者運動に携わる人が国際的な人権文書になかなか関心が持てなかったのもやむをえないことだったと今は思う。

64 たとえば二〇〇四年に長瀬さんと川島さんが著した『障害者の権利条約』（明石書店）を読んでみたが非常に難しくて歯が立たなかった。京都・嵯峨野で二〇〇四年にあったＪＤＦ（日本障害フォーラム）主催のセミナーに参加したけども、理解が追い付かなかった。

65 障害学会で出会った友人・瀬山紀子さん（当時お茶の水女子大学大学院、現在埼玉大学教員）は「障害者欠格条項をなくす会」などの活動を続けており、ＤＰＩ日本会議の人とも接点があったため、大阪でのＤＰＩ全国大会（二〇〇六年五月）の際にスタッフに声をかけるよう助言してくれた。その後、京都での障害女性の活動も応援してくれている。

66 ＤＰＩのほか、視覚障害・ろう者・難聴者の団体、ＪＤ（日本障害者協議会）、（元）議員、弁護士、記者、大学生、福祉関係者など総勢四〇人ほどのチームに、通訳も複数名。私がもともと知っていたのは、長瀬修さんと、全盲の筑波大生・福地健太郎さん（現ＪＩＣＡ、彼が高校生の時「神戸障害学サロン」で出会う）、途中から合流した土屋葉さん（愛知大教員）だけ。渡航前は右も左もわからなかったので、すでにアドホック委員会に何度も参加している人がいるチームに混ぜてもらえて、たいへん心強かった。平野みどりさん（当時は熊本県会議員、現在ＤＰＩ日本会議議長）、福祉新聞（当時）の三宅祐子さん、辻川圭乃弁護士（その後、優生保護法の裁判でも活躍）にも大変お世話になった。

67 二〇〇八年のアドボケーター養成講座でその情熱に触れた（後述）。

68 あくまでも「私がわかりえたこと」なので、断片的だったり、必ずしも正確ではない点があるかもしれません。

69 私が帰国した後、第８回アドホック最終日に条約案がまとまり、「あとは微調整して、国連総会で採択するだけ」という状態になっていた。障害のある人たちの長年の運動が「権利条約」に結実していく、そのプロセスを、ほんの一瞬でも見てくることができたのは本当に良かったと思う。

70 ただし二〇一六年末に、その後連載を持つことになる雑誌『ヒューマンライツ』に、「世界が動くとき」という報告記事を書かせてもらった。同号にジュネーブで活躍した国際人権法学者・川島聡さんの記事も。

71 論文を出せないまま大学院を単位取得退学し、二〇〇八年から京都にある世界人権問題研究センターという財団法人で、週三日の任期付きの研究員の職についた。このセンターで国際人権、同和問題（部落問題）、在日外国人の人権、ジェンダー等の研究者である同僚と日常的に話ができたことは得難い経験だった。二〇〇九年に起きた朝鮮学校襲撃事件をはじめ苛烈をきわめていた在日外国人へのヘイトスピーチなど、具体的な問題についてもよく話しあった。ここで働いたことは、マイノリティ運動（実践現場）と研究の関係を考える機会にもなった。時間のやりくりがしやすかったおかげで、後述の「条例づくり」運動に多くの時間とエネルギーを割くことができた。

72 羽田野・照山・松波『障害のある先生たち』（生活書院）。ＰＡＲＴ１のレッスン６も参照。

73 たとえば臼井さんは、欠格条項が撤廃された後に聴覚障害のある薬剤師がどんなふうに働いているのかを効果的に発信したり、海外の法律を調べて説得力を持たせるということを話してくださった。尾上さんからは、ＪＲや私鉄の駅員にエレベーターの必要性をわからせるための「体験会」を行ったことをうかがった。

74 その後、野沢和弘さんの『条例のある町』（ぶどう社）という本を読んだほか、京都や大阪でも野沢さんの講演を聞いた。また条例をつくったときの千葉県の担当者の講演、視覚障害のある高梨憲司委員の講演なども聴く機会があり、京都の条例づくりの際、ずいぶん参考にさせてもらった。

75　男女雇用機会均等法は「雇用労働」に特化していて、包括的な性差別禁止法ではない。部落差別についての同和対策特別措置法も「事業」を行う期限付きの法律だった。

76　杉野昭博『障害学――理論形成と射程』（東京大学出版会、二〇〇七年）より。

「社会モデルが主張するのは、差別禁止法など、強制力をもった環境改変手段の確立によって障害を除去することだ」（六頁）

「差別禁止法は……雇用率が何ポイントあがるかといったことだけのために制定されているわけではなく、障害者差別という偏見に対抗するために制定されている」（八頁）

「社会モデルを、その実践モデルとしての差別禁止法と一体のものとして見ることによって理解を深めることができるのだが、そのような姿勢がこれまでの日本の障害学には欠けていたように思う。社会モデルの理論射程は、社会の制度的障壁とともに観念的障壁をも暴き出す。さらに社会モデルは、実践レベルにおいて、制度的障壁を非合法化する差別禁止法を発動させ、そうした法的強制力は社会教育を通じて個人の意識のなかの観念的障壁にも働きかけ、個人の行動の変容を促すことになる。」（九頁）

77　なおアドボケーター講座はこの大阪だけでなく東京でも開かれ、各地で動きをつくりだすもとにはなったのではないかと思う。同時期に茨城県や鹿児島県でも条例ができ、障害当事者が活発に関与していた。

78　そのデモは「介護報酬の引き上げ」を求めるのが主目的。デモをして、京都選出の国会議員に要望を届けるものだった。これまで自立生活運動の中で出会っていたような雰囲気の車いすユーザーが多く、親しみを覚えた。

79　矢吹さんは私が最初に出会った西宮の友人・いうちさんと同じ障害名（骨形成不全）なので、もしかして何かの繋がりがあるかも？　と思って友人の名前を言ってみたところ、古い知り合い同士だということがわかった。おかげで、一気に距離が縮まった。矢吹さんといううちさんは同じ障害つながりというわけでなく、一九八〇年代に開催された「車いす市民集会」で出会っていたことがわかった。

　なお、矢吹さんは大変惜しまれながら二〇二一年二月二日、闘病生活の末に逝去された。違う立場の人ともていねいに関係をつくっていく姿勢、ユーモア、司会やあいさつで話す場面でも「決してありきたりのことは言わない」というこだわり、穏やかだけど怒る時にしっかり怒ること等、矢吹さんから学んだことは本当に計り知れない。

思い出すのはなぜか、ＪＣＩＬの事務所で「京都デザインフォーラム」（京都実行委員会が毎年行っている市民参加のイベント）を準備している時に、「開催案内を府議会、市議会の委員全員に送る」という事務作業を淡々とやっている矢吹さんの姿だ。シールの印刷を手伝いながら、「どうせ参加してくれないんじゃ……」と言ってしまった私に対し、「秘書さんとか、誰かが見てるかもしれない」とつぶやき、作業の手を止めなかった。地道な運動の大切さを示してくださったのだと思う。

80 ちょうど「かりん燈――万人の所得保障を求める介助者の会」の活動が盛んだった頃。自分の経験や思いを率直に話す機会もあり、ＪＣＩＬのスタッフや介助者と距離が縮まっていった。http://karintoupossible.seesaa.net/ 自分はあくまでも「京都実行委員会の事務局員」だったが、本格的に京都での活動にかかわろうと思うようになり、大阪から京都に転居。京都での介助は二〇一〇年四月から始めて現在に至る。

81 事務局はＪＣＩＬ（日本自立生活センター）。事務局員は私を含め数人いたが、ＪＣＩＬの介護派遣をおこなう事業所の職員だった横川ひかりさんが中心的に実務を引き受けて下さった。

82 制度改革が始まったのは民主党政権下であった。障害者団体の連合体であるＪＤＦ（日本障害フォーラム）などの要望がよく通り、高いレベルで「障害者自身の参加」が叶ったのはそのことと関係があると思う。なお二〇一二年一二月に自民党への政権交代があり、私の周りでは「これで障害者差別禁止法（仮）の成立が難しくなったのでは」と危ぶむ声をよく聞いた。

83 この推進会議の初回を、私は京都の聴覚言語障害センターのスクリーンで見た（ＰＡＲＴ１のレッスン２、五一ページ）

84 「障害」の定義が変更され、〝「社会的障壁」との関係で〟という文言が入った。

85 障害者基本法改正では、「社会モデル」の考え方を踏まえ、障害者の定義が見直された（２条１号）。「障害」の範囲について、発達障害や難病等に起因する障害が含まれることを明確化し、制度の谷間をなくすため、「身体障害、知的障害、精神障害（発達障害を含む。）その他の心身の機能の障害」を「障害」とした（２条１号）。難病等に起因する障害は「その他心身の機能の障害」に含まれることになる。また社会モデルの考え方を踏まえ、障害者が日常生活又は社会生活において受ける制限をもたらす原因となる「社会的障壁」についても規定された（２条２号）。

86 「地域移行」を考えにくい知的障害（および重複障害）がある人の家族をめぐる状況、分離教育を肯定する（地域の学校に入ったけれど実質的に排除され、養護学校等に助けられたと考える）家族の思いなど。

87 運転免許をめぐる欠格条項については、「障害者欠格条項をなくす会」が長年取り組んでいる。事故が起こると「運転免許取得の条件を厳しくすべき」という議論が起こりがちだが、疾患名により一律に免許を取得させないことは権利の制限に結び付くため、地道な取り組みによって見直しが行われてきた。同会による『障害のある人の欠格条項ってなんだろうＱ＆Ａ』（解放出版社、二〇二三年）は体験談も多く収録しており、おすすめ。

88 この「精神障害に分類されたくない」という発言は、発達障害のある人やその家族等からも出されることがある。どんな障害や疾患へのスティグマ（マイナスのレッテル）も容認すべきでないことが共有されてほしい。

89 国の推進会議と同様、知的障害の委員には、支援者が同席することが認められた。

90 「検討部会」は、京都実行委員会の会員団体であり、かつ京都府が設置する「検討会議」の委員になった数人と、京都実行委員会の事務局メンバー有志とで担っていた。

91 当時の課長さんは、「検討部会」も時間の許す限り見に来られたし、当事者団体の活動を常に尊重してくださった（その後、別の課長にかわると、全くそうではなくなった）。

92 北海道の条例など、福祉施策の計画を含んでいるケースもあるので、構成や長さは異なる。ただ、基本となる法律がある以上、大きく異なったものにはなっていない。

93 障害のある女性の権利擁護をめざすネットワーク団体で、政策提言も行っている（「ＤＰＩ女性障害者ネットワーク」は会員制だが、メーリングリストは関心のある人ならだれでも入れる。ｗｅｂ参照。https://dwnj.chobi.net/）。

94 香田さんと村田さんは、その後、性暴力被害者支援を行う団体の研修を受け、相談員としても活躍している。ＤＰＩ女性障害者ネットワークによる二〇二三年の報告書「障害のある女性の困難　複合差別実態調査とその後10年の活動から」にも寄稿されている。

95 加納恵子さん（当時関西大学教員）や米津知子さん（SOSHIREN）、藤原久美子さん（神戸Beすけっと）。その後も京都実委の女性部会と交流が続いている。

96 京都で「先例」ができた後、国分寺市など、いくつかの自治体条例に「複合差別」の文言が入った。

97　初年度の平成二七年度は六三件、二八年度の相談件数が一〇五件、しかしその後は大きく増えることなく、令和三年が一三一件、令和四年が一三七件であった。京都府により内訳も公表されている。

98　ＪＣＩＬの介護派遣事業所の職員だった横川ひかりさんが、事務局員として尽力した。健常者の立場で運動にコミットしている仲間がいたことは私の大きな支えだった。彼女はその後宮城県に移住し、旧優生保護法の裁判の支援者として地道に活動を続けている。

99　世界人権問題研究センターの専任研究員はもともと任期付きの職であり、二〇一六年三月末で任期満了となった。以降はフリーター（いわゆる「専業非常勤」）として、六ヵ所の大学で授業を担当している。

100　東京では障害者運動に携わってきた人たちによるパレードが開催されたが、全国的にこうしたイベントは少なく、まだ法の施行にピンと来ていない人が多いことを痛感していた。

101　たとえば居酒屋において聴覚障害のある人の予約を取り消した件。ＰＡＲＴ１の六三ページ。

102　重度知的障害のあるお子さんを持つ岡部耕典さん（早稲田大学）がこの時期によく発言されていた言葉が印象に残っている。それは、施設を維持することを主張する「家族会」などを批判する障害者団体は、「あなたのお子さんをうちの団体で受け入れます。一緒に歩みましょう」といった立場表明をすべきではないか、ということだ。実際に重度知的障害者が施設以外で（親が負担を負うことなく）生活できる、という情報は全く届いていなかった。やまゆり園事件で重傷を負った尾野一八さんの両親は、その後映画「道草」を撮った宍戸監督らとの出会いを経て、一八さんの「一人暮らし」を実現されたが、事件以前には、重度訪問介護という制度や、一人暮らしの実例があることを知らなかった、とメディアで語られている。

103　家族にそうさせた「社会のあり方」を考える、ということは、障害や福祉の領域の話にとどまらない。家父長制、ジェンダー、家族に負わせすぎる規範の問題を考えざるをえない。「障害の社会モデル」について考えることは、障害だけでなくさまざまなマジョリティ中心規範を問い直すことに必然的に繋がっていく。

104　運動仲間でもあるＪＣＩＬの渡邉さんが事件直後に書いた文章は今もｗｅｂで読める。「亡くなられた方々は、なぜ地域社会で生きることができなかったのか？――相模原障害者殺傷事件における社会の責任と課題」（2016.8.9）　https://synodos.jp/opinion/welfare/17696/

その後の京都での取り組みに触れられるものとして、廣川淳平・佐々木和子『自立生活、楽し！――知的障害があっても地域で生きる 親・介助者・支援者の立場から』（二〇二一年、解放出版社）がある。制度をどう使っているか、率直なところも書いているので、読んでみてください。

105　二〇一九年七月に起こったバス乗車拒否事件。私が非常勤先の授業にお呼びした車いすユーザーが、JR瀬田駅前のロータリーで、車いすマークのついたバスに乗ろうとしたところ、「スロープの出し方、知らんねん」という運転手の言葉によって乗降介助をしてもらえず、乗車拒否され、結局四五分後のバスに乗ることを強いられた。この件については車いすユーザー本人がバス会社に問い合わせたところ、会社側は調査の末、非を認め、謝罪した。また、大津市で活動する団体の尽力により、この時に拒否された当事者、地元の車いすユーザーとともに「再発防止のための、バス会社との話し合い」を持つことができた。さらに九月には国土交通省からバス会社への行政処分が下された。差別がきちんと認められたことは良かったが、この件について私がTwitterで発信したところ「炎上」し、ネット上のニュースには酷いコメントが大量についた。「炎上」という現象の怖さを身をもって知り、その後そこのバス停を使うことが苦痛になった。詳しくは以下を読んでほしい。
松波めぐみ「『事件』はそうそう起こらないし、あきらめた人の姿は見えない——乗車拒否事件という嵐の後で考えたこと」『支援 vol.11』（二〇二一年、生活書院）

106　二〇二四年三月に車いすユーザー女性が映画館で段差のある席を利用した際、スタッフの介助を受けた。女性は過去にも三度、この席を利用していたにもかかわらず、「次は別のスクリーンを利用してほしい」という旨のことを言われた事件。これは差別解消法でいう「不当な差別的取り扱い」にあたるが、問題を告発した女性に対し苛烈なバッシングが繰り広げられた。

107　「自分は障害者だが、こんな行動はとらない」といった投稿が増えるが、それはSNSで障害者が攻撃されるのを目のあたりにして、自分を守らなければと思わされてしまうからだと思う。

108　学校や職場で日常的に接触することが理解をもたらすことはありうるが、「出会いさえすれば」差別的な考えを持たなくなるものではないということは言うまでもない。「男女が一緒に働けばジェンダーバイアスが縮小する」わけでは全くないのと同じだ。健常者ばかりの職場で、一見平穏に働いていても、抑圧を感じている人は大勢いるだろう。

109　コロナ禍により二年間延期された。

110
読書バリアフリー法は、視覚障害者や読字に困難がある発達障害者、寝たきりや上肢に障害があるなどの理由により、書籍を持つことやページをめくることが難しい、あるいは眼球使用が困難な身体障害者が自分に合った方法で読書できる社会の実現に向けて、本をさまざまな形式で提供することを推進するために制定された法律。しかし（電子書籍やオーディオブック、テキストデータ提供等による）アクセシブルな書籍を発行することが義務化されているわけではなく、実際にはまだまだ読書の権利が制約されている。この現状を鮮やかに世に問うたのが、二〇二三年に『ハンチバック』で芥川賞を受賞した市川沙央さん。ページをめくる、読書姿勢を保つといったことに困難がある市川さんは「読書文化のマチズモを憎んでいた」という表現で、読書のバリアを告発した。メディアの取材にも応じ、この法律が周知されることに貢献している。

111
むろん「ただ地域の学校・学級に入れればいい」というのでは全くなく、通常学級のあり方自体を大きく変えなければならない。合理的配慮をきちんと行うための予算措置や人の配置、さらに学級定員を減らすなど大幅な改革をしなければ、インクルーシブ教育への転換は実現していかないだろう。教員への「社会モデル」（人権モデル）の研修も重要だ。教育制度全般にかかわる改革が必要だが、総括所見ではその道筋も示されている。

112
私は真夏に咲くサルスベリの花が好きで、よく写真を撮っている。

113
内閣府にワンストップ窓口として「つなぐ窓口」が創設され、試行的に二〇二三年一〇月一六日から開始されている。

114
「人権モデル」については、PART1レッスン12の注2、二一六ページを参照。

115
個人的には、障害者差別解消法をめぐって考えてきたことを、他のマイノリティの権利擁護や、「包括的差別禁止法」をめざす動きに役立てることができたら、と思っている。

二〇二三年六月にLGBT理解増進法という、「一体なぜこんなことに？」と思う法律が通ってしまった。障害者差別解消法をつくる時と比べて「当事者参加」を確保するしくみがあまりに貧弱で、トランスジェンダーへのヘイト・バッシングの影響をもろに受けてしまった内容だったことで、LGBTの権利擁護に携わっている友人たちの落胆ぶりは大きかった。ただ私は、ひどい法律でも使いようはある、変えていけるはずだと考えている。法律を根拠に「きちんと啓発してほしい」と行政に求めていく等だ。ちゃんと勉強している人は行政の中にもいるはずで、まともな研修や啓発が行われるような仕組みができていってほしい。

初出一覧
（PART1）

レッスン１　「特権」をもつ側であること

1　社員食堂の風景――変わりたくない企業文化を考える：『ヒューマンライツ』一般社団法人　部落解放・人権研究所、2014年8月号
2　「あ、ごめん」で権利を奪わない社会にしていくために：『ヒューマンライツ』2015年1月号
3　間取り図マニアとして思う：『ヒューマンライツ』2016年12月号

レッスン２　情報のバリアを放置してきた社会に気づく

1　まだまだ重い扉――「がんばって」という前に：『ヒューマンライツ』2015年6月号
2　病室を出て考えたこと――「意見の表明」を難しくしているのは？：『ヒューマンライツ』2015年8月号
3　飲み会の席での情報保障は「ちょっと…」？：『ヒューマンライツ』2017年2月号
4　聴言センターのロビーで見た風景――「これまで合理的配慮がなかった」ことへの想像力を：『ヒューマンライツ』2016年4月号

レッスン３　「対話」はなぜ大事で、どんな時に難しいのか

1　一時的に「できなくなった」職員が教えてくれたこと：『ヒューマンライツ』2015年11月号
2　忙しい居酒屋では筆談できない？：『ヒューマンライツ』2016年1月号
3　「安全」を理由に対話をサボるところで差別は起きる：『ヒューマンライツ』2017年12月号

レッスン４　文化的障壁（社会の慣行、価値観などのバリア）を考える

1　バスの中とお通夜の風景――「待つ」という新しい慣行：『ヒューマンライツ』2016年2月号
2　「相談」しにくいのはなぜ？――「クレーマー扱い」が怖い社会の中で：『ヒューマンライツ』2018年1月号
3　「まず、排除しない」から始めよう：『ヒューマンライツ』2017年1月号
4　「見えない」障害とは、何が「見えない」のだろう？：『ヒューマンライツ』2015年12月号

レッスン５　学びの場と「合理的配慮」①――学ぶ権利を保障する

1　「魔法の杖」でなく、「対話を始める合図」として：『ヒューマンライツ』2015年7月号
2　「ずるい」という声にどう答えるか？――教育現場における合理的配慮：野口晃菜・喜多一馬編『差別のない社会をつくるインクルーシブ教育』学事出版、2022年

レッスン6　学びの場と合理的配慮②――障害のある先生

1　お菓子を食べている学生を注意できなかったら教員失格？：『ヒューマンライツ』2017年5月号
2　障害のある先生の体験が語るもの：IMADR通信　no,199（反差別国際運動）2019年

レッスン7　研修、啓発のあり方を考える

1　この既視感は、なぜ？――予定調和を破るために：『ヒューマンライツ』2016年7月号
2　「理解」は、らせん状にしか訪れない――特に知的障害の人に関わって：『ヒューマンライツ』2016年8月号
3　障害当事者による「寸劇」という試み：『ヒューマンライツ』2016年5月号
4　社会モデルの視点を欠いた「障害理解教育」にしないために：『ヒューマンライツ』2016年5月号

レッスン8　複合差別を考える――幾重にも「マジョリティ中心」の社会の中で

1　日常の複合差別――優生保護法は終わっていない：『ヒューマンライツ』2017年4月号
2　障害者運動の中の性差別――京都の条例づくり運動の経験から：書き下ろし

レッスン9　社会モデルは「障害」のことだけじゃない

1　たとえば「外国人保護者と学校」を考える――社会モデルは「障害」だけのものじゃない：『ヒューマンライツ』2015年4月号
2　多様性を隠してきた学校を変える――「社会モデル」で考えてみよう：季刊『セクシュアリティ』74号（「人間と性」教育研究協議会）エイデル出版、2016年

レッスン10　障害者バッシング

1　バニラエア事件があぶりだしたもの　前編：『ヒューマンライツ』2017年8月号
2　バニラエア事件があぶりだしたもの　後編：『ヒューマンライツ』2017年9月号
3　続・バニラエア事件があぶりだしたもの――「主張するマイノリティ」への抵抗感：『ヒューマンライツ』2017年10月号

レッスン11　相模原障害者殺傷事件の後で

1　どんな「社会」で一九人の命は奪われたのか？：『ヒューマンライツ』2016年9月号
2　保津峡を超えたら？――時計の針を動かすために：『ヒューマンライツ』2016年11月号
3　「ここにいる」のに理由はいらない――映画「風は生きよという」に寄せて：『ヒューマンライツ』2017年3月号

レッスン12　「うしろめたさ」とつきあう：『ヒューマンライツ』2018年5月号

おわりに

ここまで読んでくださってありがとうございました。ＰＡＲＴ2の年表を掲げてみます。

著者および京都の条例づくり運動について　（　）内は国内外の動き

一九六七年　兵庫県生まれ。一九九〇年　就職。
一九九三年　二五歳の時、学園祭で出会った車いすユーザーと友達になる。
（一九九五年　阪神淡路大震災）
一九九九年　仕事をやめて大学院に進学。「障害学」と出会う。介助を始める。
（二〇〇三年　障害学会が発足）
二〇〇六年夏　障害者権利条約を策定するための「アドホック委員会」傍聴。
（二〇〇六年一二月　国連総会で障害者権利条約が採択される）
二〇〇八年四月　大学院を単位取得退学、世界人権問題研究センターで研究員に（〜二〇一六年三月）。
二〇〇八年秋　「アドボケーター養成講座」参加。京都の運動に顔を出し始める。

二〇〇九年一月　「障害者権利条約の批准と完全実施をめざす京都実行委員会」発足、事務局員に。

（二〇〇九年末　障がい者制度改革推進会議がスタート）

（二〇一一年　東日本大震災）

（二〇一一年　障害者基本法改正）

二〇一二～一三年　京都府で、差別解消のための条例検討会議が開催される。

（二〇一三年六月　障害者差別解消法が成立。施行は二〇一六年から）

（二〇一四年一月　日本が障害者権利条約を批准）

二〇一四年三月　京都府で「障害のある人もない人もいきいきと暮らしやすい社会づくり条例」成立。施行は二〇一五年四月から。

二〇一四年春　『ヒューマンライツ』の連載を開始。

二〇一六年三月末　世界人権問題研究センター研究員を退職、専業非常勤になる。

（二〇一六年四月一日　障害者差別解消法、スタート）

（二〇一六年七月二六日　相模原障害者殺傷〔やまゆり園〕事件）

二〇一八年五月　『ヒューマンライツ』の連載終える。

（二〇二二年八月　障害者権利条約について、初の日本審査。九月に「総括所見」発表）

（二〇二四年四月　改正障害者差別解消法、スタート）

改めて、なんと時間がかかってしまったのだろう、と思わざるをえません。PART1のもとになった連載は二〇一八年に終わりました。連載中から「いずれ本にしてほしい」という声を少なからずいただいていたし、そのつもりでした。ところが私自身の余裕のなさ、迷い、経済的不安、心身の不調等により、何度も冬眠や春眠（?）をくりかえすことになりました。

連載終了から現在までの間の社会の変化は、PART1各レッスンの「おわりに」とPART2の最後で補足したものの、十分反映できていないという思いもあります。作業が遅れていく中、本の価値が薄れていくような焦りにもとらわれました。

その間に力づけられた出会いを一つだけ挙げます。コロナ禍初期は、非常勤講師としても介助者としてもしんどい時期でしたが、二〇二〇年秋から参加したオンラインゼミ「あぜみ」（野口晃菜さん主宰）で、障害者権利条約のことを、自分の経験も含めて話す機会を持てました。それまでの自分の背景（障害学、人権NGO、関西の人権教育界隈、自立生活運動）とは異なる背景をもつ人たちから予想外に反響があり、深い話ができたことに、「やっぱり本を作ろう」と背中を押してもらったように思います。

この本ができるまでには、本当に多くの人の力が必要でした。「合理的配慮」について、研究の第一人者である飯野由里子さん、西倉実季さん、星加良司さんは、連載の全原稿を読んでコメントする会を開いてくださり、その後も励ましてくださいました（『合理的配慮――対話を拓く、対話が拓く』有斐閣、二〇一六年、『「社会」を扱う新たなモード――「障害の社会モデル」の使い方』生活書院、二〇二二年は、合理的配慮をきちんと学びたい人には最適)。

ＰＡＲＴ２のインタビュアーをつとめてくれた尾下葉子さん、私の文章の長年の読者である鬼木たまみさん、障害当事者の立場から「社会モデル」を学ぶ意義を伝えてくれた油田優衣さん、顔を見ては叱咤激励してくれた中村佳代さんと千賀子さん、励まし続けてくれた友人たち(あかたちかこさん、阿久澤麻理子さん、浅野悠生さん、市川彩さん、伊藤葉子さん、今井貴代子さん、打浪文子さん、加納恵子さん、岸上真巳さん、塩安九十九さん、社納葉子さん、瀬山紀子さん、照山絢子さん、土肥いつきさん、羽田野真帆さん、原めぐみさん、朴秋香さん、堀家由妃代さん、三木幸美さん、三井さよさん、圓山里子さん、向山夏奈さん、山下幸子さん……)、本の草稿を読んでコメントしてくださったみやはらちあきさん、そして校正を手伝ってくれた皆さま(伊是名夏子さん、長瀬正子さん、中野まこさん、柳下恵子さん)。お名前を挙げきれませんが、深く感謝いたします。

ＰＡＲＴ１の元になっている『ヒューマンライツ』連載時の担当として毎回的確なコメントをくださった片木真理子さんのおかげで、「運動や障害学を知らない人にどう伝えるか」を考え続けることができました。連載のきっかけをくれた栗本知子さんにも感謝します。小泉浩子さん、岡山祐美さん、渡邉琢さんをはじめとするＪＣＩＬ(日本自立生活センター)の皆さんにはいつもお世話になっているとともに、大きな刺激をもらっています。濃い日々をご一緒した「障害者権利条約の批准と完全実施をめざす京都実行委員会」の皆さんにも改めてお礼を申し上げます。私の怠慢のせいで故・矢吹文敏さんに本書を読んでもらえなかったことが残念でなりません。大切な居場所である京都のバザールカフェの皆さん、出身の研究室の方々、世界人権問題研究センターでお世話になった方々、非常勤先の大学でお世話になっている方々、授業でお世話になっている大阪、兵庫、京都の障害者団体の方々、「書く」機会を提供してくださった方々にも深く感謝しています。そして講演や研修等に呼んでくださった各地の方々との対話も大きな財産になっています。

「社会モデル」という言葉は使わずとも、そのエッセンスを最初っから叩き込んでくれたいうちちひろさんにも改めてお礼を伝えます。

そして最後はやはり、長年辛抱強くお待ちくださり、この本を世に送り出すことに尽力くださった生活書院の髙橋淳さんに最大の感謝をささげたいと思います。

松波めぐみ

二〇二四年七月　サルスベリが咲きだす季節に

本書のテキストデータを提供いたします

　本書をご購入いただいた方のうち、視覚障害、肢体不自由などの理由で書字へのアクセスが困難な方に本書のテキストデータを提供いたします。希望される方は、以下の方法にしたがってお申し込みください。

◎データの提供形式＝CD-R、メールによるファイル添付（メールアドレスをお知らせください）。

◎データの提供形式・お名前・ご住所を明記した用紙、返信用封筒、下の引換券（コピー不可）および200円切手（メールによるファイル添付をご希望の場合不要）を同封のうえ弊社までお送りください。

●本書内容の複製は点訳・音訳データなど視覚障害の方のための利用に限り認めます。内容の改変や流用、転載、その他営利を目的とした利用はお断りします。

◎あて先
〒160-0008
東京都新宿区四谷三栄町6-5 木原ビル303
生活書院編集部　テキストデータ係

キ・リ・ト・リ・線

【引換券】

「社会モデルで考える」
ためのレッスン

著者紹介

松波　めぐみ
まつなみ・めぐみ

1967年生まれ。2008年、大阪大学大学院人間科学研究科博士後期課程単位取得退学。公益財団法人世界人権問題研究センター専任研究員（2008～2016）を経て、大阪公立大学ほかで非常勤講師。2009年から「障害者権利条約の批准と完全実施をめざす京都実行員会」事務局員。2024年10月より大阪公立大学国際基幹教育院特任准教授。

編著書に、『人権教育総合年表——同和教育、国際理解教育から生涯学習まで』（上杉孝實・平沢安政との共編著、明石書店、2013）、『障害のある先生たち——「障害」と「教育」が交錯する場所で』（羽田野真帆・照山絢子との共編著、生活書院、2018）

分担執筆に、『セクシュアリティの障害学』（倉本智明編著、明石書店、2005）、『ジェンダーの視点から学ぶ教育の現在——フェミニズム教育学をめざして』（木村涼子・古久保さくら編著、解放出版社、2008）、『地球市民の人権教育——15歳からのレッスンプラン』（肥下彰男・阿久澤麻理子編著、解放出版社、2015）、『よくわかるジェンダー・スタディーズ——人文社会科学から自然科学まで』（木村涼子・伊田久美子・熊安貴美江編著、ミネルヴァ書房、2013）、『ふらっとライフ——それぞれの「日常」から見える社会』（ふらっと教育パートナーズ・伏見裕子編、北樹出版、2020）、『差別のない社会をつくるインクルーシブ教育：だれの言葉にも同じだけ価値がある』（野口晃菜・喜多一馬編著、学事出版、2022）などがある。

◉著者への研修等のお仕事のご依頼は、右のQRコードからGoogleフォームにおすすみください。

「社会モデルで考える」ためのレッスン
——障害者差別解消法と合理的配慮の理解と活用のために

発　行———— 2024年 7 月31日　初版第 1 刷発行
2024年10月15日　初版第 2 刷発行
著　者———— 松波めぐみ
発行者———— 髙橋　淳
発行所———— 株式会社　生活書院
〒160-0008
東京都新宿区四谷三栄町6-5 木原ビル303
ＴＥＬ 03-3226-1203　ＦＡＸ 03-3226-1204
振替 00170-0-649766
http://www.seikatsushoin.com
印刷・製本—— 株式会社シナノ

Printed in Japan

ISBN 978-4-86500-173-0